岭南学术文库第三辑　　　　　　　　主编：徐信忠　王　曦

本书为教育部人文社会科学研究规划基金项目"人民币汇率变动：微观传导机制和产业结构调整效应"（批准号：07JA790087）和广东省软科学计划项目"人民币汇率变动的微观传导机制及产业结构调整效应——基于广东省外向型经济的实证研究和对策分析"（批准号：2007B070900037）、广东省优秀博士论文基金项目"人民币汇率变动的就业效应"的最终成果，并得到教育部重大攻关项目"人民币国际化进程中的金融风险和安全研究"（批准号：11JZD022）和中山大学岭南学院的资助。

人民币汇率变动的产业结构调整效应

谭秋梅　陈　平　著

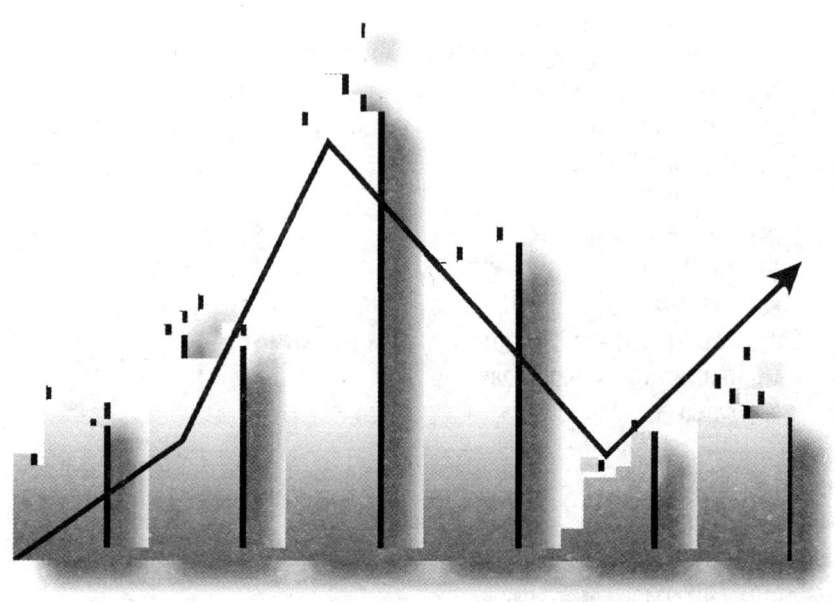

图书在版编目（CIP）数据

人民币汇率变动的产业结构调整效应/谭秋梅，陈平著 . —北京：经济管理出版社，2013.12
ISBN 978 – 7 – 5096 – 2882 – 9

Ⅰ.①人… Ⅱ.①谭…②陈… Ⅲ.①人民币汇率—汇率波动—影响—产业结构调整—研究—中国 Ⅳ.①F121.3

中国版本图书馆 CIP 数据核字（2013）第 304037 号

组稿编辑：王光艳
责任编辑：许　兵
责任印制：黄章平
责任校对：超　凡

出版发行：经济管理出版社
（北京市海淀区北蜂窝 8 号中雅大厦 A 座 11 层　100038）
网　　址：www.E – mp.com.cn
电　　话：(010) 51915602
印　　刷：三河市延风印装厂
经　　销：新华书店
开　　本：720mm×1000mm/16
印　　张：16.25
字　　数：305 千字
版　　次：2014 年 6 月第 1 版　2014 年 6 月第 1 次印刷
书　　号：ISBN 978 – 7 – 5096 – 2882 – 9
定　　价：58.00 元

·版权所有　翻印必究·
凡购本社图书，如有印装错误，由本社读者服务部负责调换。
联系地址：北京阜外月坛北小街 2 号
电话：(010) 68022974　邮编：100836

岭南学术文库第三辑
编 委 会

编委会主任： 徐信忠

编委会委员：（按姓名拼音顺序）

陈广汉　陈宏辉　储小平　李胜兰
李善民　陆　军　施俊琦　舒　元
宋海清　王美今　王　曦　王燕鸣
张建琦　张文彪

前　言

在中国改革开放的过程中，产业结构随着要素禀赋供给优势的转化而不断优化升级，但同时随着经济全球化的不断发展，产业结构调整的动力不可忽略地来源于对外部门的发展，汇率作为影响对外部门发展的关键因素，其变动必然对于产业结构的调整产生深远影响。从日本的经验来看，20世纪70年代以后的日元大幅升值确实给日本的经济发展和产业结构带来了巨大冲击，一方面引起了日本产业的海外转移，另一方面促使日本传统产业进行优化和升级。因此，本书将在开放经济条件下，基于汇率视角研究中国产业结构的调整和升级。

以往对汇率变动的经济传递效应和产业结构调整效应进行探讨的研究内容庞杂，数量繁多，包括汇率的价格传导效应、汇率的经济增长效应、汇率对于国内劳动市场的影响、汇率变动对于外商直接投资的引导作用，以及最早涉及汇率的产业结构调整效应的"相依经济学"等等。但遗憾的是，直接涉及汇率变动的产业结构调整效应的研究仍然乏善可陈，这主要是因为传统研究往往注重总量分析，而没有将汇率变动的影响细分到行业；并且传统研究以宏观分析为主，缺乏对于微观作用机制的深入探讨。因此，本书将在前人研究的基础上构建一套理论分析体系，从微观层面厂商的利润最大化决策入手，选取若干中间变量，系统地分析汇率变动对于产业结构的整个作用机制。

本书共分为八章：

第一章首先介绍了本书问题提出的背景、理论价值和现实意义，并对相关概念进行了界定，最后介绍了本书的创作思路和写作思路。

第二章对于汇率变动的经济传递效应和产业结构调整效应的研究文献进行了系统的回顾和总结，分别介绍了以往关于汇率变动对于价格、产出、劳动市场、产业结构以及投资的研究成果和局限性。

为了系统地分析，本书将国内生产分为可出口的贸易品部门、进口替代品部门和非贸易品部门，将贸易方式分为一般贸易和加工贸易。第三章到第六章集中在可贸易品部门的讨论。本书在第三章中首先构建了以微观主体厂商的利润最大化决策为基础的理论模型,并在模型中引入了各种代表行业特征的变量,根据理论分析验证了不同行业对于汇率变动的反应不同,而其反应敏感度正是受各种行业特征的影响。同时,本书还单独分析了进口替代品部门和加工贸易部门对于汇率冲击的反应,对于它们的产量汇率弹性和就业汇率弹性也进行了深入分析。最后,本书选取农业、能源、食品、纺织、化工等9个贸易品部门对就业的汇率弹性进行了实证研究,结果基本与理论预期一致,9个行业的就业汇率弹性落在 -0.0932~-0.6173的范围内,产量汇率弹性落在 -0.0879~-0.1436的范围内,说明汇率变动对我国经济的影响存在行业差异,且影响力有限。

在基本模型即可贸易品模型的静态分析的基础上,本书在第四章的调整成本模型中放松了假设,引入厂商改变生产计划的调整成本,进而探讨了汇率变动下产量的动态调整过程。本章的理论分析得到了两个创新性的结论:首先,汇率变动对于产量调整的短期效应和长期效应不同;其次,当进口原材料投入比例很大时,产量汇率弹性可能为负。在实证研究中,本书利用面板门槛数据模型验证了进口原材料投入比例的门槛效应,认为这一门槛值约为0.264。

基于第四章的研究,可以看出汇率变动对经济的影响具有一定的滞后性,这一点在以往的实证研究中也得到了认可,因此在第五章中本书引入了沉淀成本的概念对于人民币汇率的回滞现象进行了供求分析,并用两阶段的SUR检验验证了人民币汇率确实存在回滞现象,突出表现在1996年之后。

第六章在基本模型的基础上,将非劳动力投入细分为资本投入和原材料投入,并假定厂商根据理性预期做出决策,将模型拓展后分析了固定资产投资对于汇率变动的反应。本章的鲜明特色是填补了以往在汇率变动对于国内内生投资需求影响方面的研究空缺,并且考察了行业在国内外市场的利润加成以及资金使用成本等行业特征如何影响其固定资产投资的汇率弹性。

对于可贸易品部门的分析告一段落后,本书在第七章单独考察了非贸易部门的就业及产量对于汇率变动的反应。理论分析的结果指出,汇率变动通过影响两部门商品的相对价格以及要素投入的相对价格,对贸易部门和非贸易部门的相对规模产生影响。

在第八章本书结合前面的理论模型分析和实证分析,详细地讨论了这一轮的人民币趋势性升值对于各个行业可能产生何种影响,也即人民币汇率变动将会带来的产业结构调整效应。最后,结合中国目前的体制特征和经济现状,本书提出了应对目前人民币升值和产业结构亟须转型升级的汇率政策和产业政策,对于我国日后的汇率体制改革和产业结构调整具有重要的政策指导意义。

目 录

第一章 绪论 ... 1

第一节 问题的提出 ... 1
一、选题背景 ... 1
二、理论价值 ... 4
三、现实意义 ... 4

第二节 概念界定 ... 5
一、产业结构（Industrial Structure） ... 5
二、一价定律（Law of One Price, LOP） ... 5
三、汇率传导（Exchange Rate Pass-Through, ERPT） ... 6
四、汇率完全传导（Complete Exchange Rate Pass-Through） ... 6
五、汇率不完全传导（Incomplete Exchange Rate Pass-Through） ... 7
六、汇率回滞（Exchange Rate Hysteresis） ... 7
七、沉淀成本（Sunk Cost） ... 7
八、调整成本（Adjusting Cost） ... 7
九、加工贸易（Processing Trade） ... 8
十、进口替代战略（Import Substitution） ... 8
十一、可贸易性（Tradability） ... 8
十二、非贸易品部门（Nontradable Sector） ... 8
十三、理性预期（Rational Expectation） ... 9
十四、J曲线效应（J-Curve Effect） ... 9
十五、三阶段理论（Three Stages Theory） ... 10

第三节 思路与框架 ... 10
一、研究思路 ... 10

二、本书框架 ……………………………………………………… 11

第四节　本书创新 ………………………………………………… 14

一、理论方面的创新 ……………………………………………… 14

二、实证方面的创新 ……………………………………………… 15

三、结论的创新意义 ……………………………………………… 15

第二章　文献综述 …………………………………………………… 17

第一节　汇率变动的价格传导效应 ……………………………… 17

一、一价定律（The Law of One Price，LOP）………………… 18

二、汇率和关税传导（Exchange Rate and Tariff Pass - Through，ERPT）……………………………………………………… 20

三、汇率不完全传导的微观层面原因 …………………………… 23

四、汇率不完全传导的宏观层面原因 …………………………… 30

五、人民币汇率变动的价格传导效应 …………………………… 33

六、汇率变动的价格传导效应小结 ……………………………… 35

第二节　汇率变动对劳动市场的影响 …………………………… 36

一、汇率变动对劳动力需求的影响 ……………………………… 37

二、汇率变动对工资水平的影响 ………………………………… 40

三、汇率变动对非贸易品部门劳动力需求与工资的影响 ……… 41

四、人民币汇率变动对国内就业和工资的影响 ………………… 41

五、汇率变动对劳动市场影响小结 ……………………………… 42

第三节　汇率变动对产出的影响 ………………………………… 43

一、汇率水平变动（升值/贬值）与国内产出的关系 …………… 44

二、汇率制度与总产出的关系 …………………………………… 49

三、人民币汇率变动对中国产出增长的影响研究 ……………… 50

四、汇率变动的产出传导效应小结 ……………………………… 51

第四节　汇率变动的产业结构调整效应 ………………………… 52

一、国内外关于汇率变动的产业结构调整效应的文献研究 …… 52

二、汇率变动对加工贸易的影响 ………………………………… 58

三、汇率变动对非贸易品部门的影响 …………………………… 60

第五节　汇率变动对投资的影响 ………………………………… 63

一、汇率水平变动对 FDI 影响的研究 …………………………… 63

二、汇率波动性对 FDI 流入的影响 ……………………………… 65

三、汇率偏度对 FDI 流入的影响 …… 66
四、人民币汇率变动对 FDI 影响的研究 …… 67
五、汇率变动对投资影响小结 …… 68

第三章 基于产业特征的汇率传导及其产出效应：可贸易品模型 …… 69

第一节 引言 …… 69
第二节 基于产业特征的汇率传导模型：基本模型 …… 71
一、基本模型的建立 …… 71
二、产量汇率弹性的影响因素 …… 73
三、关于劳动力需求汇率弹性的讨论 …… 78
四、关于价格汇率弹性的讨论 …… 79
第三节 加工贸易的汇率传导模型 …… 81
第四节 汇率变动对于进口替代品的影响：进口替代品模型 …… 82
一、进口替代品模型的建立 …… 82
二、进口替代品部门的产量汇率弹性 …… 83
第五节 可贸易品部门实证研究 …… 85
一、可贸易品部门汇率变动与就业关系的实证研究 …… 85
二、可贸易品部门汇率变动与产出关系的实证研究 …… 91
第六节 本章小结 …… 99
本章附录 …… 100
一、产量汇率弹性的求解过程 …… 100
二、进口替代品模型中最优解的求解过程 …… 102

第四章 汇率变动下的产量动态调整过程 …… 104

第一节 引言 …… 104
第二节 引入调整成本的汇率传导模型：调整成本模型 …… 105
一、调整成本模型：引入厂商改变生产计划的调整成本 …… 105
二、最优解的调整项的汇率弹性的影响因素 …… 107
三、最优解的长期趋势项的汇率弹性的影响因素 …… 109
四、模型启示 …… 110
第三节 贸易品部门门槛模型实证 …… 111
一、门槛自回归模型简介 …… 111

二、门槛模型的设定 …………………………………………………… 112
　　三、门槛效应的检验 …………………………………………………… 113
　第四节　本章小结 ………………………………………………………… 115
　本章附录 …………………………………………………………………… 116
　　一、求解厂商最优化问题中运用尼克尔（1986）的
　　　　线性近似方法 ……………………………………………………… 116
　　二、ε、（式4-9）、（式4-10）和（式4-11）的求解过程 …… 119
　　三、$\dfrac{\partial |\theta|}{\partial e_t}$ 和 $\dfrac{\partial \mu}{\partial e_t}$ 的计算过程 ……………………………………… 122

第五章　人民币汇率回滞问题的供求分析和SUR检验 …………… 124

　第一节　引言 ……………………………………………………………… 124
　第二节　回滞的微观基础分析：考虑沉淀成本 ………………………… 125
　　一、回滞的供给分析 …………………………………………………… 126
　　二、回滞的需求分析 …………………………………………………… 129
　　三、回滞的均衡分析 …………………………………………………… 130
　第三节　人民币汇率变动与我国对外贸易的关系 ……………………… 132
　第四节　人民币回滞问题的实证分析 …………………………………… 133
　　一、计量模型的选取与数据说明 ……………………………………… 133
　　二、第一阶段的SUR检验 ……………………………………………… 134
　　三、第二阶段的SUR检验 ……………………………………………… 135
　第五节　本章小结 ………………………………………………………… 137

第六章　汇率变动对固定资产投资的影响 …………………………… 138

　第一节　引言 ……………………………………………………………… 138
　第二节　理性预期下的固定资产投资模型 ……………………………… 139
　第三节　本章小结 ………………………………………………………… 146
　本章附录 …………………………………………………………………… 146
　　一、（式6-15）的求解过程 …………………………………………… 146
　　二、$\dfrac{\partial I_t}{\partial e_t}$、$\dfrac{\partial \Pi_t^k}{\partial e_t}$ 的求导过程 …………………………………… 148

第七章　汇率变动对非贸易品部门的影响 …… 150

第一节　引言 …… 150
第二节　非贸易品模型 …… 151
　　一、非贸易品部门就业汇率弹性 …… 151
　　二、非贸易品部门产量汇率弹性 …… 152
第三节　对贸易品部门和非贸易品部门的经验分析 …… 160
　　一、汇率变动与就业的经验分析 …… 160
　　二、汇率变动与产出的经验分析 …… 164
第四节　本章小结 …… 167
本章附录 …… 167
　　一、（式7-12）中大括号内的化简过程 …… 167
　　二、（式7-21）中 δ 的解法 …… 168
　　三、$\frac{\partial \ln \delta}{\partial e_t}$ 的求解过程 …… 169

第八章　结论与政策建议 …… 172

第一节　人民币汇率变动的产业结构效应：基于模型和实证的结果讨论 …… 172
　　一、人民币汇率升值促进非贸易品部门发展 …… 172
　　二、人民币汇率升值对低附加值产业影响深远 …… 173
　　三、人民币汇率升值对进口替代品挑战更大 …… 173
　　四、人民币汇率升值推动贸易品部门升级和转型 …… 174
　　五、人民币汇率升值对加工贸易影响不定 …… 174
　　六、人民币汇率升值对高开放度行业影响不一 …… 175
　　七、必需品行业对人民币升值反应不大 …… 176
　　八、人民币汇率升值将带来产业外移效应 …… 176
第二节　人民币升值对不同行业的影响 …… 176
　　一、人民币升值对贸易品部门的影响 …… 177
　　二、人民币升值对非贸易品部门的影响 …… 183
第三节　应对人民币升值、促进产业结构升级的措施：汇率政策 …… 186
　　一、坚持汇率制度的渐进性改革 …… 186
　　二、采取措施减小人民币趋势性升值的压力 …… 186

第四节　应对人民币升值、促进产业结构升级的措施 …………… 187
　　一、推动贸易品部门的产业结构升级 ……………………………… 187
　　二、引导非贸易品部门健康快速发展 ……………………………… 190
　　三、鼓励产业的地区转移 …………………………………………… 191
　　四、加大对一般贸易的支持力度 …………………………………… 191
　　五、合理引进外商直接投资 ………………………………………… 192
　　六、加大力度拉动内需 ……………………………………………… 192
　　七、提高出口退税促进出口 ………………………………………… 193
第五节　本书的局限性及研究展望 ……………………………………… 193

附录 …………………………………………………………………………… 194

　　附录Ⅰ　投入产出表 ………………………………………………… 194
　　附录Ⅱ　门槛自回归模型的 Stata 程序 …………………………… 197
　　附录Ⅲ　我国出口退税率调整过程一览表 ………………………… 220

参考文献 ……………………………………………………………………… 228

后记 …………………………………………………………………………… 246

第一章 绪 论

第一节 问题的提出

一、选题背景

我国随着经济体制改革的深化,必将采取更加灵活的汇率制度,这意味着人民币汇率的浮动区间将扩大;而随着我国经济以大大高于世界平均水平的强劲增长势头的发展,在哈罗德(Harrod)—巴拉萨(Balassa)—萨缪尔森(Samuelson)效应的作用下,人民币汇率将在扩大的浮动中出现趋势性的升值运动。另外,在我国贸易收支存在巨额顺差的现实情况下,应放弃通过货币贬值以扩张贸易的做法,从而避免国际政治压力以及防止货币贬值对贸易结构升级的反向作用。从人民币汇率的实际走势来看,从 2005 年 7 月 21 日我国实行更加市场化的人民币汇率形成机制开始,人民币汇率经历了三年之久的升值过程,升值幅度高达 23.23% 以上,如图 1-1 和图 1-2 所示。在汇率趋势性①升值的条件下,不断优化贸易结构、进一步推动贸易结构升级对于中国未来对外贸易的稳定和国内经济的可持续发展具有特别重要的意义。这促使学者们思考人民币汇率变动的微观传递机制及其产业结构调整效应。

---

① 2005 年汇改之后,人民币汇率经历了 6 年之久的升值过程。尽管在 2008 年金融危机之后,人民币对美元汇率有小幅下跌,但人民币对其他主要贸易国的汇率并未贬值。并且从人民币对美元的中长期走势来看,中国经济增长相对于美国和其他国家仍保持强劲的势头,人民币处于中长期上行通道的支撑因素仍然存在,而美国的经济金融危机及相应的政策走向也决定着美元汇率的长期弱势。

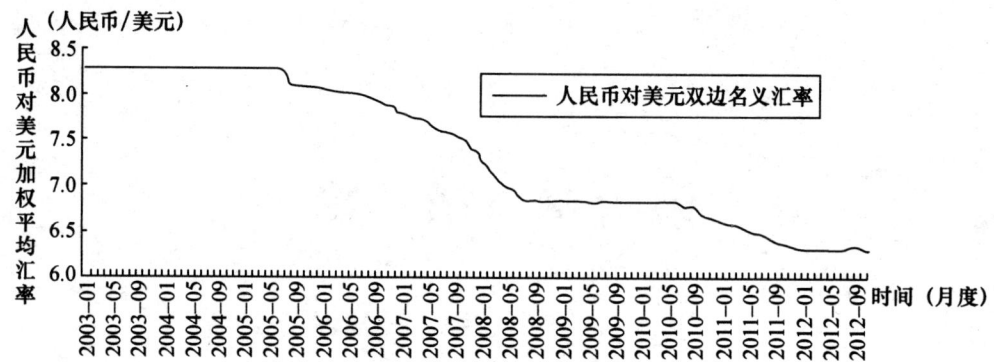

图 1-1　2003 年 1 月 ~ 2012 年 12 月人民币对美元汇率走势（直接标价法）
数据来源：中国经济信息网统计数据库。

图 1-2　BIS 计算 2003 年 1 月 ~ 2012 年 12 月人民币实际有效汇率指数走势（间接标价法）
资料来源：BIS（国际清算银行）官方网站：www.bis.org/statistics/eer/index.htm。

从日本的经验来看，1971 年 8 月，日本开始实行浮动汇率制，此后的二十余年间，日元经历了四次大幅升值。趋势性日元升值，特别是在 1985~1988 年、1993~1995 年间的几次日元大幅度升值对日本的经济发展产生了深远影响，也对日本的产业结构调整起到重要推动作用。日元的趋势性升值大大降低了日本的出口竞争力，货物贸易顺差占国内生产总值（GDP）比重不断下降，日本的外向型经济受到冲击。1970~1985 年，日本年均经济增长仍然保持在 4.3%，1985 年日元升值后，1986 年日本的经济增长首次跌到 2.5%，随后几年虽有所回升，但已无法回到原来的水平，尤其是 1990~1996 年，年均增长率只有 0.7%，甚至几度出现负增长。在产业结构调整方面：一方面，日元的趋势性升值使得日本可贸易品价格竞争力下降，造成了日本传统产业衰落，使这些部门的生产向具有比较优势的国家和地区进行产业转移，1980~1984年，日本向新兴工业经济体平均每年直接投资约为7.4亿美元，汇率升值后的1985~1989年，上升至年均25.4亿美元，大量的产业向海外转移给日本带来了"产业空洞化"的危机；但另一方面，日元升值也刺激了日本采用新技术和先进产品来获得新的竞争优势，从而促进了日本贸易结构的升级。

人民币汇率目前的趋势性升值过程与日元在1985年"广场协议"的升值的背景有很多相似之处。因而，毋庸置疑，汇率变动的经济传递效应和产业结构调整效应是目前亟须研究的问题。

从目前的研究状况来看，关于汇率变动的经济传递效应的研究几乎涉及宏观经济的所有方面，主要包括汇率变动对于价格、产出、劳动力需求和工资、对外贸易、外商直接投资和国内利率的影响。尽管数量丰富，但这些研究还有很多需要补充和完善的地方。传统的研究往往仅从宏观层面讨论汇率变动对于宏观经济变量的影响，缺乏对于传递机制微观基础的探讨；关于汇率变动的价格、产出、劳动力需求和工资传导效应，传统的研究都关注于国内总水平，并未将传导效应细分到部门（可出口的贸易品部门、进口替代品部门以及非贸易品部门）或行业，难以系统地讨论汇率变动的产业结构调整效应；除了汇率的价格传导效应，以往的研究中，关于汇率变动对于产出、劳动力需求和工资的影响是正向还是负向甚至都不能得到统一的结论；以往关于汇率变动对于投资影响的研究仅仅关注外商直接投资，对于国内固定资产投资的规模和结构对于汇率变动的反应考察较少。

在经济学的研究中，关于产业结构变动和优化问题的研究已有上百年历史。从理论上看，产业结构升级问题属于发展经济学中工业化理论的研究范畴，前人的研究多建立在对世界各国产业结构的演进规律及对经济增长影响的考察上。传统的产业结构理论认为，产业结构变动的动因来自国内的供给和需求因素，而随着经济全球化的发展，经济体的对外开放度不断提高，产业结构升级逐渐被纳入开放经济学的框架下，现代的开放经济学理论认为涉外部门也是影响一国产业结构的重要因素，那么，汇率作为影响涉外部门发展的关键因素必然对于产业结构调整产生重要影响。实际上，关于汇率变动的产业结构调整效应在理论界也早有涉及，从20世纪50年代兴起的"相依经济学"就考察了汇率的高估或低估对于贸易品部门和非贸易品部门的影响，可谓是这一领域的奠基。然而，关于汇率变动对于产业结构调整的影响至今仍然缺乏系统和深入的理论和实证研究，特别是在人民币汇率升值的产业结构调整效应方面，目前的研究几乎都是简单论述，缺乏理论和实证结果的支持。

因此，本书从汇率变动的新视角，建立微观层面的理论模型，深入探讨产业结构优化和升级的问题是具有很大的理论价值和现实意义的。

二、理论价值

本书具有重要的理论价值：第一，在汇率变动的产业结构调整效应的理论和实证研究中引入了国外相关研究成果，为人民币汇率变动对宏观经济和微观经济影响的研究提供了一个系统的分析框架；第二，已有的国外研究中，关于汇率变动的经济传递效应没有考虑到中国特殊的经济环境，如加工贸易在贸易总额中占的比重很大，对于加工贸易对于汇率变动的反应很少论述，本书在模型中对此进行了修正；第三，本书将经济体分为可出口的贸易品部门、进口替代品部门和非贸易品部门，系统完善地研究了汇率变动对于各个部门的影响，打破了以往仅仅研究汇率变动对于贸易品部门影响的局限性；第四，日常汇率变动对贸易结构的影响会因紧随其后的反向汇率运动而消失，而趋势性汇率变动以及固定汇率制度下的汇率调整由于表现出可维持的特征，从而对资源配置和产业结构调整产生重要的影响，汇率变动对贸易流量或经济增长的影响通常可以通过建立比较精确的计量经济学模型进行分析，而汇率变动的贸易结构调整效应或产业结构调整效应则与行业特征以及对汇率变动的预期相关，因而不区分行业个体效应、仅建立在时间序列基础上的计量经济分析是不准确的，正因如此，本书尝试更深入地从理论模型和实证方面分析汇率变动的产业结构调整效应；第五，关于汇率水平决定、汇率制度选择以及汇率变动的经济传递效应的文献繁多，但是直接涉及汇率变动的产业结构调整效应的文献罕见。因此，本书最大的理论价值在于独立地构建了一套逻辑体系，并选取了若干中间经济变量作为从汇率到产业结构调整的桥梁，分析了整个作用机制的传导过程。

三、现实意义

本书对探求我国汇率制度改革方向和产业结构调整方向、制定恰当的汇率政策和产业政策有深刻的现实意义。近年来，由于我国对主要贸易国的贸易逆差不断加大，因而面临巨大的国际压力，人民币汇率自汇率制度改革后一直保持着趋势性升值势头。尽管汇率制度市场化是必然趋势，人民币升值也是我国经济发展的体现，但是过快、过度的人民币升值会对国内经济发展产生消极影响，也会导致国内产业结构发生变化，诱发国内产业的海外转移等。目前我国正处于发展和转型的关键阶段，经济发展仍以外向型战略为主导，产业结构优化度不高，很多产业仍处于需要政策保护的幼稚期，因而，如何制定合理的汇率政策和产业政策对于我国经济发展具有不可估量的现实意义。本书正是针对目前我国亟须解决的问题,从理论和实证两方面考察人民币汇率变动的经济传递效应和产业结构调整效应,对我国汇率制度的改革、财政货币政策的协调以及相关的产业政策和贸易政策的制定具有重要的政策参考价值。

总之,在当前人民币趋势性升值、我国实行有管理的浮动汇率制度并逐步实现人民币资本项目可兑换的背景下,本书的深入研究,对于人民币汇率变动的微观传导机制、汇率变动对进出口的影响,人民币汇率变动与国内物价、产量和劳动力需求的关系及其产业结构调整效应等方面都具有重大的理论意义和现实意义。本书对相关的产业政策和贸易政策的评价以及我国汇率制度的改革具有重要的政策参考价值。

第二节 概念界定

一、产业结构(Industrial Structure)

一般认为,产业结构这一概念的应用始于20世纪40年代。然而,最初这一概念的定义混乱、指代不明,既可以指产业内部的企业关系,又可以指各个产业之间的关系结构。随着对于产业经济学的研究逐渐深化,产业结构的概念和研究领域逐渐明晰,目前关于产业结构通行的定义是指,各产业在其经济活动中形成的技术经济联系以及由此表现出来的一些比例关系。它是一个体系,包括各产业部门的构成形式和比例、各产业部门所处的地位及它们之间的相互联系和相互作用。产业结构的具体形态是各产业部门间的比例关系,这种比例关系不仅反映一国或一个地区产业结构的现状,而且还是其产业结构发展、演进的基础和依据。在我国,经常用来表示产业结构的比例关系,包括:农业、轻工业、重工业之间的比例关系;第一产业、第二产业、第三产业之间的比例关系;工农业和交通运输业的比例关系。

本书中的产业结构特指各行业间产量和投资规模的比例关系。本书的研究基础就是汇率变动会对各行业的产量和投资规模产生影响,但由于不同的行业特征决定了不同行业的产量汇率弹性和固定资产投资汇率弹性不同,因而导致行业间产量和投资规模的比例变动,推动产业结构调整。这就是汇率变动带来的产业结构调整效应。

二、一价定律(Law of One Price,LOP)

一价定律认为在没有运输费用和官方贸易壁垒的自由竞争市场上,一件相同商品在不同国家出售，如果以同一种货币计价，其价格应是相等的。也就是说，通过汇率折算之后的标价是一致的，若在各国间存在价格差异，则会发生商品套购，直到价差被消除，贸易停止，这时达到商品市场的均衡状态。

三、汇率传导（Exchange Rate Pass-Through，ERPT）

汇率传导作为国际经济学中的一个重要研究领域，是指汇率变动对国内物价水平的影响。但现实中，物价指数有多个，不同研究者由于出发点和研究目的不同，选择研究的侧重点和相关概念界定也有差异。因此，在对此问题展开进一步细致分析之前，对有关概念进行准确界定、梳理和比较是非常必要的。综观研究汇率传导的大量国内外文献，可将汇率传导的概念分为以下两大类：狭义的汇率传导和广义的汇率传导。

1. 狭义的汇率传导

狭义层次上的汇率传导，仅指汇率变动对进口品价格的影响。如高德伯格（Goldberg）和奈特（Knetter）(1997) 在其研究汇率物价关系的综述性文献中，将汇率传导效果或汇率传导弹性定义为"由于进口国和出口国汇率变动百分之一所导致的以进口国当地货币标价的进口品价格变化的百分比"。《新帕尔格雷夫货币金融大辞典》对汇率传导的定义为"进口价格对汇率变化反应的程度"。产业组织理论和战略贸易理论的蓬勃发展推动了众多研究者关注汇率变动对特定行业进口品价格或加总进口品价格水平的影响程度。

2. 广义的汇率传导

随着宏观开放经济模型的发展，一些研究者从更广的范畴来理解和考察汇率传导效果，将汇率传导效果定义为"国内价格对汇率变动的反应过程"。因此，广义层次上的汇率传导，是指国内价格水平，包括消费者价格、生产者价格、投资品价格、零售价格、批发价格等不同价格指标，对汇率变动的反应程度。在以往文献中，研究最多的是汇率对于进口品价格和消费者价格的传导。

除了以上两种定义，也有部分学者将研究的重点放在汇率对于出口品价格的传导作用和传导机制上，因为汇率显然会通过影响进口品价格和国内物价对出口品价格产生影响。

四、汇率完全传导（Complete Exchange Rate Pass-Through）

在传统的以购买力平价和国际收支理论为基础的汇率传导理论中，假设本国是一个小国，世界市场是完全竞争的，本国只是一个价格接受者，那么在没有运输成本、关税和其他贸易障碍的情况下，国际套利使一价定律成立，即同一种商品价格用同一种货币来表示，在不同的国家和地区，价格要相等。此时，国内货币贬值（升值）将同比例地提高（降低）进口商品的价格（以国内货币表示）。因此，如果一价定律成立，则汇率变动会引起进口商品价格同比例变动。这就是汇率的完全传导，也即汇率传导系数等于1。但汇率的完全传导需满足两个条件：市场是完全竞争的，商品的价格加成比例始终为零；边际成本不变。

五、汇率不完全传导（Incomplete Exchange Rate Pass – Through）

在实践中，完全汇率传导的两个严格假设几乎是难以满足的，从而物价上涨幅度与汇率贬值程度并不一致，即使考虑到滞后影响，以本币表示的进口品价格上涨幅度也往往小于汇率贬值幅度，即相对于波动剧烈的汇率，物价水平则要平稳得多。根据高德伯格和奈特（1997）的实证研究，美元升值（贬值）10%，美国进口品价格平均下降（上升）6%，即价格变动仅是汇率变动的60%。这种现象就属于汇率的不完全传导，也即汇率传导系数小于1的传导。

六、汇率回滞（Exchange Rate Hysteresis）

回滞最初是一个物理学概念，它最早由苏格兰物理学家詹姆斯·艾尔弗雷德·尤因（James Alfred Ewing）提出。回滞是指一种物理现象：将一铁块置于磁场中，铁块会产生磁性，当磁场消失以后，铁块的磁性却仍然存在，而且将长时间持续。迪克西特（Dixit）认为，回滞是指即使短期的冲击消失了，系统也无法恢复到受冲击前的状态（1989b）。

20世纪90年代之后，回滞的概念被应用到了经济学领域。汇率回滞是指短期的汇率变动将对进出口价格产生持久的影响。如果汇率存在回滞问题，就意味着汇率对出口价格的不完全传导，汇率对贸易的调节机制就不能充分发挥。

七、沉淀成本（Sunk Cost）

沉淀成本一般被定义为一项投资无法通过转移或销售获得完全补偿的那部分成本。克鲁格曼（Krugman，1989）认为消费者的信息是不完全的，他们对商品品质的度量是基于自己对商品的熟悉程度，即前期的消费。对于任何新的商品，他们总是抱以不信任的态度，他们宁愿选择相同品质但自己比较熟悉的商品，这样，一个无出口业务的企业在进入国外市场时，为了使外国消费者能熟悉自己的商品，需要支付进入成本，也称为沉淀成本。它包括企业开发国外市场、建立分销网络，甚至专门针对外国人的需求开发新产品等的支出费用。这种沉淀成本一旦发生，厂商就不能靠出售其资产来弥补沉淀成本。

八、调整成本（Adjusting Cost）

调整成本是指生产厂商在扩大或缩小规模时所耗费的成本。调整成本与沉淀成本的概念并不相同,前者是指在生产过程中改变规模的成本,可以看作一个中短期的成本,对厂商中短期内产量调整的决策产生影响。后者是指在进入一个新的外国市场的初期付出的不能完全收回的成本,可以理解为一个长期的成本,对于厂商长期的进入或退出决策产生影响。

九、加工贸易(Processing Trade)

加工贸易,主要指对外加工装配、中小型补偿贸易和进料加工贸易。其突出特征为原材料全部依靠进口,产品全部外销。加工贸易的主要方式有:进料加工、来料加工、装配业务和协作生产。值得注意的是,常见的"三来一补"包括:来料加工、来件装配、来样加工和中小型补偿贸易,但其中的来样加工不属于加工贸易的范畴,因为显然它不符合原材料全部进口的特征。

十、进口替代战略(Import Substitution)

进口替代战略是指用本国产品来替代进口品,或者说,通过限制工业制成品的进口来促进本国工业化的战略。进口替代战略是20世纪五六十年代由两位来自发展中国家的经济学家普雷维什(Prebisch)和辛格(Singer)提出的,之后亚非拉许多发展中国家都在不同程度上实行了进口替代战略。在国际市场上,发展中国家生产的农产品、矿产品等初级产品价格不断下跌,而发达国家生产的消费品价格不断上升,不平等贸易关系日益突出。为了克服发达国家与发展中国家之间的不平等贸易,发展本国民族工业,广大发展中国家努力发展一些原来依靠进口的货物的生产,以供国内少数富裕阶层的消费,从而实现进口替代。

十一、可贸易性(Tradability)

对于"可贸易性"(Tradability)的理解,有广义和狭义之分。广义的可贸易性是指商品和服务可参与交易的程度,属于普遍意义上的市场交换范畴,包括国内贸易和国际贸易。然而在国际经济学的范畴内,可贸易性是指可参与国际贸易的程度,属于国际贸易范畴,这是狭义的理解。在本书的分析框架中,对"可贸易性"的理解都属于后者。

十二、非贸易品部门(Nontradable Sector)

贸易品部门与非贸易品部门的划分不是一成不变的,其划分的根据是其部门产品的可贸易性。20世纪90年代之前的理论模型,对贸易品部门与非贸易品部门的划分比较粗略。根据国际标准产业分类(International Standard Industrial Classification of All Economic Acitivities, ISIC),一般认为,农业、采矿业和制造业的商品是可贸易的,其他的几类通常认为是不可贸易的,如服务业。20 世纪 90 年代以来,随着对可贸易性问题研究的不断深入,对可贸易品部门与不可贸易品部门的划分则越来越深入、细致。在许多运用两部门模型进行具体应用分析(如对购买力平价汇率有效性)的文献中,如德·格雷戈里奥(De Gregoric)、吉奥瓦尼尼(Giovannini)和沃尔夫(Wolf)(1994)遵循以下分类标准:如果该部门的出口大于其总产出的 10%,则属于可贸易品部门;反之,则属于不可贸易品部门。

十三、理性预期(Rational Expectation)

理性预期是指在对某个经济现象(例如市场价格)进行预期时,如果人们是理性的,那么他们会最大限度的充分利用所得到的信息来作出行动,而不会犯系统性的错误,因此,平均来说,人们的预期应该是准确的。用数学语言表达,也即理性人基于目前信息集对模型变量形成的最优理性预期等于该变量的条件期望值。理性预期建立在两个前提条件上:第一,每个经济行为主体对未来事件的预期是合乎理性的,也就是说,消费者把获得消费的最大效用作为行动准则,生产者把利润最大化作为行动准则,任何经济行为主体进行当前决策时所预料的未来发生的情况,总是完全准确地符合未来实际发生的情况;第二,只要让市场机制充分发挥作用,各种产品和生产要素的价格都会通过供求变动,最终使各自的供求趋于均衡。

十四、J 曲线效应(J - Curve Effect)

在现实中,本币贬值并不能立即引起贸易数量的变化,从外向实际汇率和内向实际汇率变动到贸易数量的增减需要一段时间,这是因为掌握市场信息、扩大贸易品产量等都需要时间。在这一期间内,本币贬值不能使出口量上升,但却使出口价格下降,因此本币贬值在初期不但不会带来贸易收支的改善,反而可能导致其恶化。学者将这一现象称为"J 曲线效应",以英文字母 J 来象征贬值后的贸易额的时间轨迹或动态变化,如图 1-3 所示。

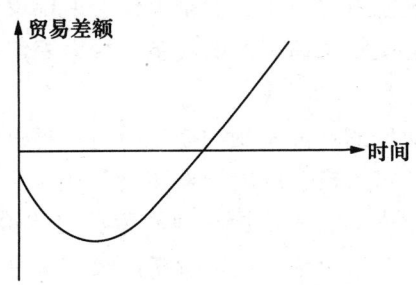

图 1-3 J 曲线效应

十五、三阶段理论（Three Stages Theory）

经济学家马吉（Magee）将贬值后的时间划分为三个阶段来具体分析 J 型曲线效应的存在原因。这三个阶段分别是：货币合同阶段（Currency – Contract Period）、传导阶段（Pass – Through Period）和数量调整阶段（Quantity Adjustment Period）。在货币合同阶段，由于在这个阶段所执行的都是原来签订好的合同，进出口数量和结构不会因贬值而改变，以本币表示的贸易差额就取决于进出口合同规定的计价货币，在进出口以外币计价的情况下，这部分进口和出口的以本币价格表示的会与贬值同比例上升，如果贬值前进口支出大于出口收入，贸易赤字也会进一步扩大。在传导阶段，开始执行贬值后新签订的进出口合同，这部分新签订合同的进出口价格会因贬值进行调整，但进出口数量却由于供求粘性还不会改变。由于以本币表示的进口产品价格上升而进口数量不变，以本币表示的进口支出就会增加；另外，以外币表示的出口品价格往往以贬值的同样幅度下降，结果以本币表示的出口收入没有增加，因而赤字仍不会减少，甚至可能增大。这一过程一直持续到数量调整阶段，进出口数量能够因贬值和价格变动而调整，这时贬值对贸易收支的正常效应开始得以发挥。

第三节　思路与框架

一、研究思路

本书的分析是基于汇率变动对于国内各个宏观经济变量的传导顺序和传导机制进行的，最终目的是探讨汇率变动对于产业结构调整的影响。不同于以往的研究，本书并未仅就宏观现象进行讨论，而是抓住宏观现象下的微观基础，基于厂商利润最大化的假设，从微观主体厂商的决策、行为等角度出发，探讨了由此产生的汇率传导效应。

分析思路是清晰而简洁的：汇率变动首先影响厂商面临的价格和成本，一个外向型的厂商所面临的进口价格、国内价格和出口价格都会在汇率变动的影响下发生变化；厂商的生产要素如资本、原材料和劳动力的价格也会发生相应变化，其中受汇率直接影响的是进口价格、出口价格以及进口原材料的价格。当厂商面临的价格和成本发生变化时导致，该厂商的利润率将发生变化，基于利润最大化的目标，厂商必将对其产量和固定资产投资进行调整。根据本书的模型设定，不同行业的厂商由不同的行业特征所代表，这些行业特征决定了不同厂商的产量和投资在面对同一汇率变动下的调整方向或幅度的差异，这就导致了国内行业间的比例关系变动。除此之外，外商直接投资也会影响国内产量和总投资的规模，以上因素共同作用，带来了国内产业结构的调整。

具体的分析思路如图 1-4 所示。

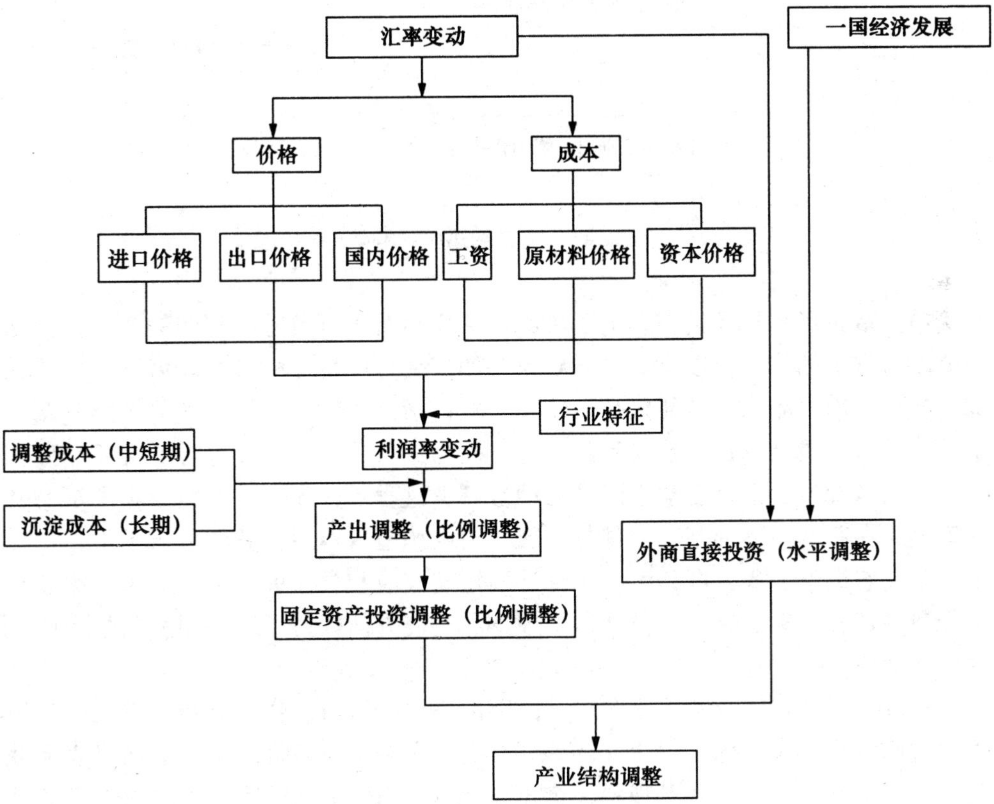

图 1-4 本书建模的技术路线

二、本书框架

本书的结构安排如下：

第一章绪论，简述本书的选题背景和意义，重要概念的界定，思路与框架，以及本书的主要创新。

第二章文献综述，回顾和总结了迄今为止关于汇率变动的经济传导效应和产业传导效应的研究，主要内容如图 1-5 所示。

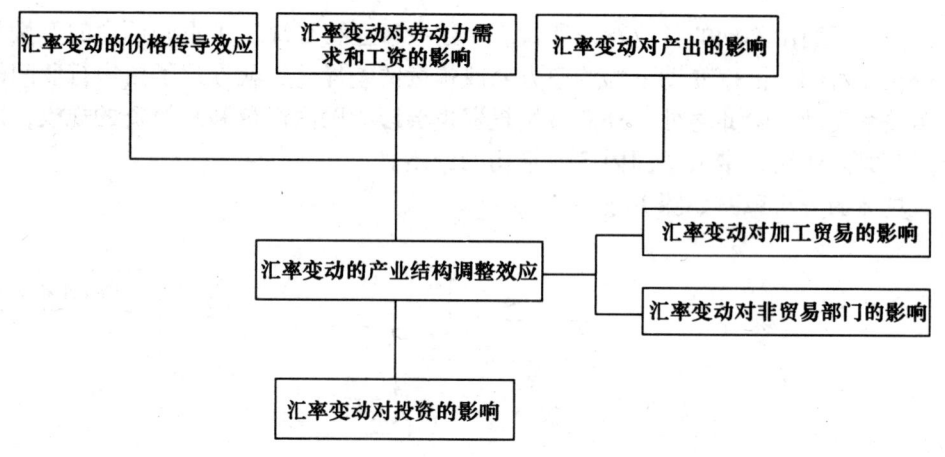

图1-5 文献综述内容框架

第三章是可贸易品模型。主要讨论汇率变动对于可贸易品部门的产量、价格和劳动力需求的传导，以及这些传导效应如何受行业特征的影响。由于可贸易品部门包括可出口品和进口替代品，贸易方式包括一般贸易和加工贸易，第三章也单独对进口替代品和加工贸易品部门建立模型进行了分析，并进行了实证检验。

第四章探讨了汇率变动下产量的动态调整过程。首先引入调整成本的汇率传导模型，在基本模型的基础上进行拓展，引入调整成本后，具体分析了汇率变动下产量动态调整过程，区分了汇率传导的短期效应和长期效应，指出了汇率变动下产量的调整具有滞后性。另外，从理论和实证方面探讨了进口原材料投入比例的门槛效应。

第五章引入沉淀成本的概念对人民币汇率回滞进行了供需分析，并在实证方面通过两阶段 SUR 检验对人民币汇率的回滞现象进行了验证，实证结果表明我国人民币汇率的确存在回滞现象，突出地表现在1996年以后。汇率回滞还表明汇率的变动幅度过大会带来出口市场的结构性变动。因此，人民币汇率的回滞现象会影响我国产业结构调整的速度，以及造成短期内产业结构的不合理性加剧。

第六章在基本模型基础上对固定资产投资模型进行拓展，将基本模型中的非劳动力投入进一步细分为原材料投入和资本投入，进而讨论了汇率变动对于不同行业固定资产投资的影响，以及不同行业的利润加成等行业特征如何影响固定资产投资对于汇率的反应。

第七章，将国内生产分为贸易品部门和非贸易品部门，研究汇率变动如何影响两个部门之间商品相对价格和要素投入的相对价格，从而导致资源在两部门间重新配置，并通过实证研究对汇率变动对于贸易品部门和非贸易品部门的不同影响进行了验证。

第八章是结论与政策建议,在理论模型和实证研究的基础上进行总结,并对我国的汇率政策、产业政策和贸易政策提出建议。

本书总体框架如图1-6所示。

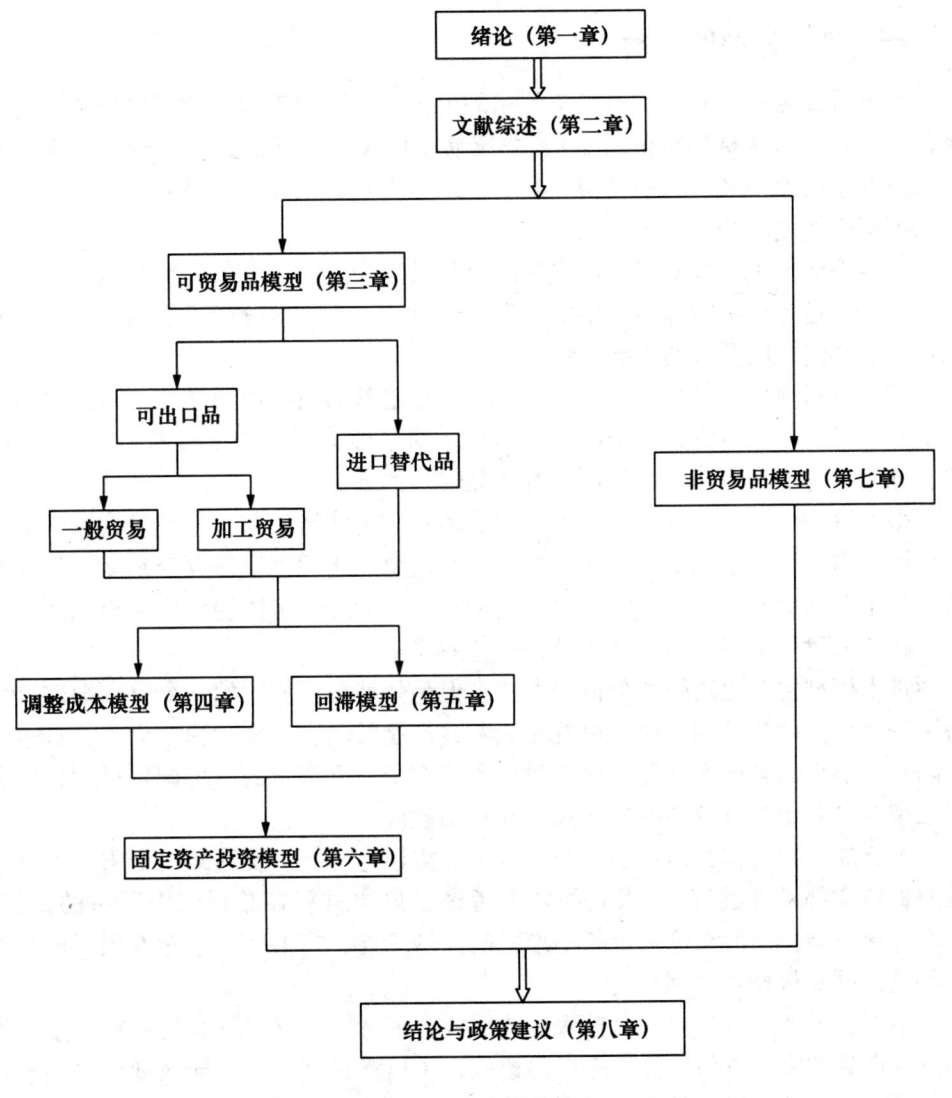

图1-6 本书结构框架

第四节 本书创新

一、理论方面的创新

本书将商品分为五类,即用于外销的可出口品、用于内销的可出口品、进口替代品(这三种统称为可贸易品)、非贸易品以及进口成品,进而建立厂商最优的动态调整模型和理性预期模型。其中,区分可贸易品和非贸易品,是研究发展中国家汇率问题的关键。

将经济体分为三大部门:可出口的贸易品部门、进口替代品部门以及非贸易品部门,通过考察不同部门对于汇率变动的反应,深入地分析了汇率变动对于资源在各个部门之间配置的重要影响。

基于我国独特的对外贸易方式,本书将加工贸易与一般贸易分开讨论,对加工贸易进行了单独讨论,使用理论模型简洁明了地刻画了加工贸易"两头在外"的特征,讨论了汇率变动对于加工贸易品部门的影响。

根据以往的经验研究,人民币汇率变动对于经济增长和贸易流量的影响具有滞后性。本书引入了调整成本和沉淀成本的概念,运用理论研究分别从中短期和长期两个时间跨度上,从时间滞后效应和汇率变动对经济体的结构性影响两个方面分析了人民币汇率变动的产业结构调整效应。

基本模型主要运用弹性分析的方法,但是弹性分析方法的一个重大缺陷是无法区分短期弹性和长期弹性,也就无法考察产量的动态调整过程。为了弥补这一缺陷,本书在调整成本模型中深入讨论了汇率变动下产量的动态调整过程,区分了汇率变动对于产量调整的短期效应和长期效应。

由于加工贸易在我国贸易总额中所占比重极大,加工贸易的一个重要特征就是原材料全部来自进口①,因此如果不考虑进口原材料在总投入中所占的比例,汇率传导模型得出的结论肯定是不准确的。基于此,本书研究中考虑到了出口贸易的进口原材料投入比例。

本书除了考虑进口原材料投入的比例外,还考虑了其他行业的特征变量,例如行业产品的需求价格弹性、进口渗透度、出口渗透度、出口导向度、本国和外国需求价格弹性差异系数和劳动力投入比例等行业特征变量,系统地探讨了汇率

---

① 据杨帆(2005)的数据,1996年我国加工贸易出口额占出口总额的55.8%,1997年加工贸易进口占总进口比例达到49%,考虑到外商机械设备进口和一般贸易中原材料和投资品进口,可能接近60%。

变动对于不同行业的产量、劳动力需求和价格的影响，克服了传统的总量研究局限。

大量文献表明，厂商采取不同的定价方式往往导致汇率传递效果的极大差异，为了使得到的模型结果具有普遍适用性，在基本模型中本书未将价格与产量的关系设定为任何特殊的形式，而是采用一般形式的需求价格方程来表示，从而使本书的结论具有普遍适用性。

二、实证方面的创新

本书在实证方面最大的创新是在数据选取方面，为了研究汇率变动对于产业结构的影响，实证检验使用的是分行业产量数据，突破了传统的实证研究中使用总量数据的局限。使用分行业产量数据使得本书在实证检验中可以区分不同行业的产量汇率弹性；利用行业特征变量，如不同行业的进口原材料投入比例、进口渗透度和出口导向度的数据，可以检验各种行业特征对就业汇率弹性和产量汇率弹性影响的方向和大小。

本书的另一创新是针对不同的模型设定使用不同时间频度的数据进行检验。如在对基本模型或调整成本模型进行检验时本书使用的是季度数据，符合模型中厂商在中短期内调整产量的设定；而在研究人民币汇率回滞问题时，采用的是年度数据，因为回滞模型是研究长期内厂商的进入和退出决策。

本书使用了门槛自回归模型，检验了产量汇率弹性的重要影响因素——进口原材料投入比例的变化是否会改变产量汇率弹性的正负符号。实证结果显示，进口原材料投入比例确实存在一个门槛值，门槛值约为 0.264，也就是说，当进口原材料比例大于 0.264 时，产量汇率弹性的符号变为负号，这时汇率贬值将带来产量收缩效应。

由于对回滞问题的实证研究还不能与理论研究同步，这是因为对回滞的直接检验对数据的要求比较高，只有少数产业的数据及短期的数据可以利用，因此用多国的数据或者间接检验方法来研究回滞现象是一个有效的解决方法。本书也采取间接方法巧妙地对人民币汇率的回滞现象进行了验证：分两阶段构建不同的 SUR 估计，在第一阶段，检验汇率变动对出口商品的外币价格的影响不显著；在第二阶段，检验商品出口的外币价格对出口量没有显著的影响。

三、结论的创新意义

通过对基本模型的理论分析，本书得到了各个行业特征变量与产量汇率弹性、劳动力汇率弹性和价格汇率弹性的关系，并且得出了一个重要结论：产量汇率弹性在一般情况下为正，但是当进口原材料投入比例相当大时，产量汇率弹性也可能为负。这一结论解释了为什么之前许多关于汇率变动对于产出影响的研究得出的结论不一致,这也凸显了本书引入行业特征变量进行分析的优势。

同样的,根据基本模型的结论,劳动力汇率弹性与产量汇率弹性符号相同,因行业特征差异可正可负,这也与前人关于劳动力需求对汇率反应的实证研究结果相符。

根据调整成本模型的结论,最优产量的调整项的产量汇率弹性与长期趋势项的产量汇率弹性符号相反;且调整项的产量汇率弹性与价格汇率弹性负相关,而长期趋势项的产量汇率弹性与价格汇率弹性成正向关系。这一结论创新性地区分了汇率对产量影响的短期效应与长期效应,可以说用理论模型验证了J曲线效应和马吉的三阶段理论,并用数学方法描述了其动态调整过程。

调整成本模型的另一个重要结论是,产量的汇率弹性一般为正,但当进口原材料的投入比例达到一定的门槛值时,产量汇率弹性可能由正转负。通过门槛自回归模型的分析,本书验证了门槛效应确实存在,进口原材料投入比例的门槛值为0.264。这一门槛值可以用于区分汇率升/贬值下产量扩张和产量紧缩的行业。

回滞模型中通过SUR检验,验证了人民币汇率存在回滞问题,突出表现在1996年以后,从而使得汇率对出口量和出口价格的影响甚微,这也是对于人民币汇率不完全传导的验证。同时,汇率回滞还表明汇率的变动幅度过大会带来出口市场的结构性变动。

除了可贸易品模型中所讨论的进口原材料投入比例、进口渗透度和出口渗透度、行业产品的需求价格弹性、行业产品的价格汇率弹性、出口导向度以及本国和外国的需求价格弹性差异系数等行业特征会影响产量汇率弹性以外,固定资产模型的结论还指出,厂商的固定资产投资对于汇率变动的反应也受到资本存量调整成本、固定资产折旧率、资金使用成本、单位资本带来的收入和利润率等行业特征的影响。其中一个重要的结论就是无论是本国市场还是外国市场,厂商利润率越高的行业固定资产投资受汇率的影响越小,这一结论可以认为是对依市定价(Pricing to Market,PTM)理论的拓展[①]。

---

① PTM理论指出了在汇率变动的情况下,厂商可能为了保住市场份额只改变利润加成,因而利润空间越大,厂商改变生产规模、调整固定资产投资的倾向越小。

第二章 文献综述

汇率变动的经济传递效应已经受到了国内外学者的普遍关注,并引发了国内外学者对汇率与产品价格、产出(经济增长)、劳动力需求和劳动力价格以及外商直接投资的广泛研究。汇率变动的产业结构效应近年来也逐渐引起关注。结合本书的研究思路,本章将从以下几个方面对以往的研究进行回顾和梳理,包括:汇率变动的价格传导效应、汇率变动对产出的影响(经济增长效应)、汇率变动对于劳动力需求和劳动力价格的影响、汇率变动对非贸易品部门的影响、汇率变动对于投资的影响以及汇率变动的产业结构调整效应。

第一节 汇率变动的价格传导效应

关于汇率变动与价格水平或通胀率的研究由来已久,传统的汇率传导理论是指汇率变动对国内物价水平的影响,根据价格的不同内涵分为狭义的汇率传导和广义的汇率传导。狭义层次上的汇率传导,仅指汇率变动对进口品价格的影响;广义层次上的汇率传导,是指国内价格水平,包括消费者价格指数[1]、生产者价格指数[2]、零售价格指数[3]、批发价格指数[4]等不同价格指标对汇率变动的反应

---

[1] 消费者价格指数(Consumer Price Index,CPI)是指衡量所选定的一篮子消费品购买价格的指数。它是反映与居民生活有关的产品及劳务价格统计出来的物价变动指标,通常作为观察通货膨胀水平的重要指标。
[2] 生产者价格指数(Producer Price Index,PPI)是衡量工业企业产品出厂价格变动趋势和变动程度的指数,是反映某一时期生产领域价格变动情况的重要经济指标,也是制定有关经济政策和国民经济核算的重要依据。
[3] 零售价格指数是由国家统计局编制,反映城乡商品零售价格变动趋势的一种经济指数。测量通货膨胀的指标之一。
[4] 批发价格指数是根据商品批发价格变动所编制的一种价格指标,其反映不同时期生产资料和消费品批发价格的变动趋势与幅度的相对数。测量通货膨胀的指标之一。

程度。

以往有关汇率与价格的研究数量众多。不同学者的研究有较大不同：第一，研究方法不同，有的使用开放宏观经济学模型，有的使用微观利润最大化模型，有的使用产业组织理论；第二，研究对象不同，有的着重强调汇率与进口品价格的关系，有的将传递过程延伸到了国内商品价格，也有一些讨论了汇率与出口品价格的关系；第三，得到的结论也不同，有的支持汇率的完全传导，有的则认为汇率对价格仅能实现不完全传导，而我国的一些研究则表明人民币汇率变动对价格的传导系数大于1；第四，理论解释也不同，学术界涌现出多种理论分支解释汇率的不完全传导。

高德伯格和奈特（1997）按照研究内容的侧重点不同将以往关于汇率与价格关系的文献划分为三大分支：一价定律（Law of One Price，LOP）、汇率传导（Exchange Rate Pass–Through，EPT）和PTM，并指出当前的研究集中在关于国际贸易市场上的市场支配力（Market Power）和市场分割（Market Segmentation）的来源。事实上，PTM、市场支配力和市场分割都是在不完全竞争假设前提下对于汇率不完全传导的理论解释，而从多恩布什（Dornbusch，1987）和克鲁格曼（1987）的开创性研究开始，学术界关于汇率不完全传导的原因研究十分丰富，除了不完全竞争外，还提出了回滞模型、制度模型等。

实证研究方面，高德伯格和奈特（1997）指出一个简单的框架可以适用所有理论分支，它们的区别来自于选择何种价格指标作为因变量，以及自变量中除了汇率之外包含的控制变量。几乎所有的实证检验都可以归结为下面的一般性公式，如（式2-1）所示：

$$p_t = \alpha + \delta X_t + \gamma E_t + \varphi Z_t + \varepsilon_t \qquad \text{（式2-1）}$$

其中所有的变量都为对数形式。p_t 在不同的研究中既可以是各种价格指数，也可以是不同商品的价格。X 是模型基本的控制变量，根据理论的不同可以是商品价格或出口商的生产成本。E 为即期汇率。Z 则代表模型中可能包含的其他控制变量。

汇率价格传导理论的发展脉络如图2-1所示，本书将据此对相关理论进行回顾。

一、一价定律（The Law of One Price，LOP）

在传统的开放宏观经济学研究中有一个重要前提，即市场完全竞争、完全自由的贸易，在此前提下，国际市场一体化（Market Intergration）会导致一价定律在世界范围成立：同质商品在不同国家价格（以同种货币标价）相同。一价定律成立的前提假设包括：厂商的利润最大化以及运输、分销和再销售是无成本的。对于商品 i，一价定律的绝对形式为：

$$p_i = Ep_i^*$$ （式 2-2）

其中，p_i 表示商品 i 在 H 国的价格，p_i^* 表示商品 i 在 F 国的价格，E 为两国间汇率（一单位 F 国货币等于 E 单位 H 国货币）。如果一价定律的绝对形式对所有商品成立，则购买力平价的绝对形式成立，即：

$$P = EP^*$$ （式 2-2'）

其中，P 和 P^* 分别表示 H 国和 F 国的价格水平。

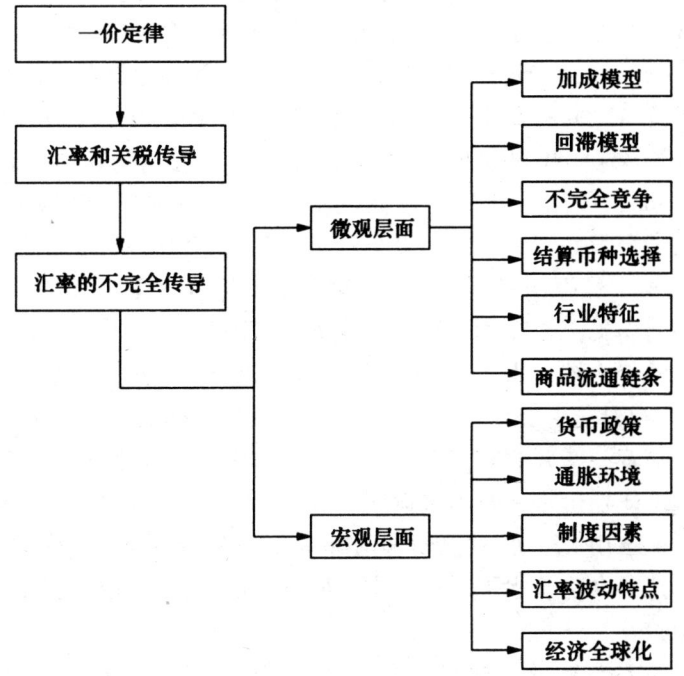

图 2-1 汇率的价格传导效应的发展脉络

由于运输、分销和再销售无成本的假设在实际中不可能成立，因而 LOP 和 PPP 的绝对形式被修正为相对形式，也就是运输和销售成本导致不同国家间的价格不再相等，但是两国价格之间存在稳定的差额：

$$p_i = \alpha E p_i^*$$ （式 2-3）
$$P = \alpha E P^*$$ （式 2-3'）

其中，α 表示国内价格占国外价格的百分比。如果 α 保持稳定，LOP（PPP）的相对形式意味着两国价格同幅度变化。根据 LOP 和 PPP，汇率变动 1% 将会引起国内价格变动 1%，也就是说，汇率变动在国内价格上的反映是迅速、完全的。

根据一般的实证检验模型,也即(式 2-1),在对 LOP 进行检验时,X_t 为另一个国家中同质商品的价格 p^*,如果 p^* 与 p 以不同种货币计价,LOP 的相对形式意味着 $\delta=1$ 和 $\gamma=1$;如果 p^* 与 p 已经以同种货币计价,则 $\delta=1$ 和 $\gamma=0$。反驳 LOP 成立的主要证据来自 $\gamma\neq 1$。

但在实证上对 LOP 的检验并未得到一致的结果。对于小国开放经济,一些研究发现汇率和国外物价水平的变化会完全传递到国内经济中,如里斯(Leith,1991)发现汇率和国外物价水平的变化百分之百地传递到博茨瓦纳国内物价水平中。但对于大型工业化开放经济,国内和国外产品不是完全可替代的,因而"一价定律"是否成立引起了大量的讨论:有的研究如麦克唐纳(MacDonald,1993)使用 Johanson 多变量协整方法,认为一系列货币对美元的汇率与它们和美国相比的相对价格之间存在长期均衡关系;但是大量的研究表明 LOP 并不成立,如克拉维斯(Kravis)和利普西(Lipsey)(1977)、艾萨德(Isard,1977)、理查森(Richardson,1978)以及吉奥瓦尼尼(Giovannini,1988)的研究都表明 LOP 在很多国家之间并不成立。弗鲁特(Froot)、金姆(Kim)和罗格夫(Rogoff)(1995)将样本数据的时间跨度拓展至 7 个世纪,同样显示了 LOP 的不成立。由于缺乏早期的名义汇率数据,他们的实证模型不适用(式 2-1)的形式,而是将不同国家的价格转化为以等价的银表示。对于半开放经济的代表性研究来自考尔博(Corbo)和麦克奈利斯(McNelis)(1989),他们认为经济开放度影响国内物价水平。随着一国开放其经济,贸易壁垒减少了,越来越多的工业产品成为贸易品,因而总体物价水平开始遵循"一价定律"。所以即使取消对国际贸易的限制,国内利率自由化、汇率预期和国际资本流动等因素依然可以影响价格水平,同时他们把国内物价水平看作是进口原材料的价格、国内劳动力成本和国内超额需求的函数。

对于 LOP 实证检验的主要缺陷是几乎所有研究都直接比较了在不同国家生产和销售的同类商品,这严重违背了同质商品的假设,因为实际上,不同国家生产的商品不可能是完全同质的。并且,不同国家的商品价格中包含了不同的运输、分销和再销售成本,这些组成部分是不可贸易的,并不服从一价定律。这些缺陷成为国际货币主义的支持者对于一价定律检验结果质疑的主要原因,例如麦克劳斯基(McCloskey)和泽歇尔(Zecher)(1984)等认为得到 LOP 不成立的经验证据仅仅因为用于检验的商品并不是完全同质的。

二、汇率和关税传导(Exchange Rate and Tariff Pass-Through,ERPT)

在 19 世纪 70 年代,关于汇率与价格关系的研究主要集中在对于 LOP 和 PPP

理论的检验上，但同时也涉及了汇率变化对于国际收支差额和经常账户差额的研究，特别是一国货币贬值是否能够改善该国的贸易差额。传统国际贸易理论中的经典理论是马歇尔—勒纳（Marshall - Lerner，ML）条件：当进口和出口的需求弹性之和大于1时，贬值可以改善贸易差额。19世纪70年代，理论界出现了对于ML条件关于出口供给完全弹性的假设的质疑，也即当货币贬值时出口价格是否保持不变？而这一问题的等价命题是出口国的汇率贬值是否会完全传递至进口国以本国货币标价的进口价格，由此引发了关于汇率传递的研究。

汇率传导（Exchange Rate Pass - Through，ERPT）的定义为进口国与出口国之间汇率变化1%会引起进口国以当地货币标价的进口商品价格变化的百分比。根据传统的对于国际收支的研究，汇率变化与进口价格变化之间的关系是一对一的，也就是汇率传导是完全的。完全的汇率传导建立在两个假设的基础上：一是价格对于成本的加成比例固定；二是边际成本固定。关于ERPT的研究侧重在测算进口价格对于汇率变化的调整比例和调整速度等方面上。典型的关于ERPT的实证研究也可以用（式2-1）表示，这时p是当地货币进口价格，X_t是度量出口商成本的变量，Z_t则可能包含国际竞争价格或国内收入。系数γ被称为汇率传导率，$\gamma=1$时称汇率传导是完全的，$\gamma<1$时称汇率传导是不完全的。

科瑞尼（Kreinin，1977）在早期的关于汇率传导的研究，使用"自然实验"的方法测量了1971年汇率制度重新调整后的汇率传导率。在标准的关于ERPT的研究中通常使用回归的方法控制其他变量，科瑞尼则比较了来自相对于进口国汇率发生变化的国家和另一个相对于进口国汇率并未发生变化的国家的进口品价格，两者之间的差异来自汇率的变化，因而可被用来计算汇率传导率。根据科瑞尼的测算，汇率变化对美国进口价格的传导率仅为50%，对德国的传导率为60%，对日本的传导率为70%，对加拿大的传导率和对比利时的传导率为90%，而汇率变化对意大利的进口价格传导率达到了100%。

19世纪80年代关于ERPT的研究集中在美国的汇率传导率的分析，大部分测算使用的模型都远比（式2-1）复杂，涵盖了非平稳性、同时性、动态调整以及价格对于汇率的对称反应，如胡永泰（Woo，1984）、胡珀（Hooper）和曼恩（Mann）（1989）。在大量文献中测算得到的汇率传导率在60%左右，与科瑞尼（Kreinin，1977）得到的汇率变化对美国进口价格的传导率50%接近，这意味着40%的汇率变化被价格加成率的变化抵消了。

不完全竞争和战略性贸易理论引发了在行业水平测算汇率传导率的研究，芬斯特拉（Feenstra，1989）的研究指出，向国外销售的寡头厂商的一阶条件显示，进口品价格对于双边汇率变化和进口关税变化的反应是对称的。如果这一结论能得到实证检验的支持，则关于ERPT的研究可以应用于贸易政策。芬斯特拉使用美国从日本进口的小汽车、小型卡车和重型摩托车的数据以及美国与日本之间的双边汇率和美国对于日本出口品关税水平进行检验，发现三个行业的汇率传导率从63%（卡车）到100%（摩托车）不等，略高于之前60%的整体汇率传导率。这一差异可能来自行业特征，也可能来自之前研究中的加总误差。并且芬斯特拉的实证研究发现，汇率对价格的滞后效应发生在两到三个季度之内。测算得到的三个行业的关税传导率从57%（卡车）到略高于100%（摩托车）不等。因此，数据支持了芬斯特拉关于对称反应的结论。

在对ERPT进行实证研究的文献中，使用的实证模型如表2-1所示。

表2-1 常用的汇率传导的实证模型

作者	实证模型
芬斯特拉等（1996）	$\ln p_{it} = \beta_0 + \beta_1 \ln c_{it} + \beta_2 \ln e_t + \beta_3 \ln p_{it}^f + \varepsilon_{it}$
坦格（Tange，1997）	$\ln p_{dt} = \beta_0 + \beta_1 \ln c_t + \sum_{k=0}^{p} \beta_k \ln e_{t-k} + \varepsilon_t$
雷兹蒂斯（Rezitis）和布朗（Brown，1999）	$\ln p_{mt} = \beta_0 + \beta_1 \ln c_t + \beta_2 \ln e_t + \beta_3 \ln p_{dt} + \beta_4 \ln y_t + \beta_5 \ln T_t + \varepsilon_t$
伯恩霍芬（Bernhofen）和徐鹏（Xu）（2000）	$\ln p_{it} = \beta_0 + \beta_1 \ln c_{it} + \beta_2 \ln e_t + \beta_3 s_{it} + \varepsilon_{it}$
卜永祥（2001）	$\ln p_t = \beta_0 + \beta_1 \ln p_t^f + \beta_2 \ln e_t + \beta_3 \ln m_t + \varepsilon_t$
尤瑟夫（Yousefi）和维兰托（Wirjanto）（2003）	$\ln p_t = \beta_0 + \beta_1 \ln c_t + \beta_2 \ln e_t + \beta_3 \ln p_t^f + \beta_4 t + \varepsilon_t$
博威（Bowe）和索尔特韦特（Saltvedt）（2004）	$\ln p_d = \beta_0 + \beta_1 \ln c_d + \beta_2 \ln e + \beta_3 \ln p_f + \varepsilon$

伯恩霍芬和徐鹏（2000）通过对美国、德国、日本三国的29个石化企业1982~1993年面板数据的实证研究说明，在样本期内，不完全的市场竞争以及外国公司（德国和日本）对终端销售市场（美国市场）的市场控制力（Market Power）导致了汇率的不完全价格传导（类似研究还可参见：芬斯特拉等，1996；坦格，1997）；芬斯特拉和肯德尔（Kendall）（1997）对美国、德国、法国和瑞典与其他12个终端销售国1970~1988年48种商品双边贸易的面板数据研究以及卡地亚里（Kadiyali，1997）对日本两家电影公司向美国出口电影的实证研究，均发现了同一种商品在不同的地理位置存在不同价格的现象，即出口商依市场而定价的行为。因此，对于不同的国家或同一国家不同的产业甚至同一国家同一产业的不同市场，汇率价格传导效应的程度都会有所不同［卡地亚里，1997；德弗罗（Devereux）等，2004；格罗斯（Gross）和施密特（Schmitt），2000］。在国内研究方面，卜永祥（2001）对人民币汇率变动与国内物价水平之间关系的协整分析结果说明，名义有效汇率和国内物价水平、国外物价水平以及国内货币供应量存在长期关系。短期内，汇率对零售物价和生产者价格有着不同的影响，相比

之下，汇率和国外物价水平变化对生产者价格的影响显得快捷、显著。

总体而言，关于 ERPT 的研究结论基本一致，即美国的汇率传导率在60%左右，而其他国家的传导率显然更高。这一领域的研究提出了不完全传导的问题，引发了关于汇率不完全传导的大量研究，不同学者从各种角度解释了不完全传导问题，本书将从微观层面和宏观层面对汇率不完全传导的理论进行梳理。

三、汇率不完全传导的微观层面原因

1. 加成模型

对典型的加成模型①进行一定的变形，是得到不完全传导或者因市定价最常用的方法。在加成模型最一般的形式中，这个加成量（或者说边际利润）仅仅是企业需求价格弹性的一个函数，所以他们通常被指为需求方，或者是由需求引发的传导模型或因市定价模型（PT/PTM）。多恩布什（1987a）、范伯格（Feinberg，1989）、胡珀和曼恩（1989）、杨（Yang）和黄（Hwang）（1994）的加成模型包括其他变量，但需求价格弹性始终被假定为影响力最大的变量。

需求价格弹性的重要性表明，市场的竞争程度（如市场结构）和汇率传导之间有着很强的相关关系。为了说明市场结构和传导之间的联系，假设一个美国企业出口商品 i 到加拿大，求解其利润最大化问题：

$$\max_{p_i} \pi = \left(p_i - \frac{c_i^*}{e}\right) q_i(p_i) \qquad （式2-4）$$

p_i 是商品的美元价格，$q_i(p_i)$ 代表需求函数。双边汇率代表外币对美元汇价（例如，¥/$），$c_i^*/e$ 指出口国以美元计价的边际成本。

假设边际成本不变，以及进口国（加拿大）没有可比较产品，下面的一阶条件给出了一般的加成定价模式②：

$$p_i = \left(\frac{\eta_i}{\eta_i - 1}\right)\frac{c_i^*}{e} \qquad （式2-5）$$

$\eta_i = -(\partial q_i/\partial p_i)(p_i/q_i)$ 是加拿大市场自身的需求价格弹性。

（式2-5）两边取对数，写成对数的形式：

$\ln p_i = \ln \eta_i - \ln(\eta_i - 1) + \ln c_i^* - \ln e$

假设 $\ln p_i$ 是 $\ln e$ 的函数，对 $\ln e$ 求导得：

---

① 该模型中企业边际成本一定百分比的价格。

② 由 $\frac{\partial \pi}{\partial p_i} = 0 \Rightarrow \left(p_i - \frac{c_i^*}{e}\right)\frac{\partial q_i}{\partial p_i} + q_i(p_i) = 0 \Rightarrow p_i \frac{\partial q_i}{\partial p_i} = \frac{c_i}{e} \cdot \frac{\partial q_i}{\partial p_i} - q_i \Rightarrow p_i = \frac{c_i^*}{e} - q_i \frac{\partial p_i}{\partial q_i} \Rightarrow p_i = \frac{c_i^*}{e} - p_i \frac{q_i}{p_i} \cdot \frac{\partial p_i}{\partial q_i} = \frac{c_i^*}{e} + \frac{p_i}{\eta_i} \Rightarrow$ （移项得）$p_i = \left(\frac{\eta_i}{\eta_i - 1}\right)\frac{c_i^*}{e}$

$$\frac{d\ln p_i}{d\ln e} = \left[\frac{d\ln \eta_i}{d\ln p_i} - \frac{d\ln(\eta_i - 1)}{d\ln p_i}\right]\frac{d\ln p_i}{d\ln e} + \frac{d\ln c_i^*}{d\ln e} - 1$$

合并同类项,假定边际成本不变意味着 $\frac{d\ln c_i^*}{d\ln e} = 0$,以下面的形式表示传导:

$$\frac{d\ln p_i}{d\ln e} = \frac{-1}{\left[1 - \frac{d\ln \eta_i}{d\ln p_i} + \frac{d\ln(\eta_i - 1)}{d\ln p_i}\right]} \qquad (式2-6)$$

$\frac{d\ln p_i}{d\ln e}$ 即为传导系数。如果这些出口企业在完全竞争的环境中运作(如存在着许多相同的出口企业),传导是完全的。在这种情况下,需求是完全弹性的($\eta_i \to \infty$),同时分母中关于 η_i 的两项会被消除掉,结果是:

$$\frac{d\ln p_i}{d\ln e} = -1 \qquad (式2-7)$$

另外,面临向下倾斜的行业需求曲线的出口垄断者在不同价格水平上面临不同的需求价格弹性。例外的情况是,垄断者面临一个不变的需求曲线弹性。在这种情况下:

$$\frac{d\ln \eta_i}{d\ln p_i} = \frac{d\ln(\eta_i - 1)}{d\ln p_i} = 0 \qquad (式2-8)$$

这种情形也是完全的传导。以上两种极端情形,包括 $\eta_i \to \infty$ 和 η_i 为常数情形,都可以得到完全传导。

但是,考虑到一般情形,行业需求曲线比不变弹性的需求曲线更凸,则垄断者加价会随着汇率的变动而波动,因此只能观测到部分的传导。例如,以一个相对直观的方式去说明,假设垄断者面临线性的需求曲线,那么有 $q_i = \alpha + \beta p_i$,它只能有一个在 $0 \sim 0.5$ 之间的传导系数。弹性以需求量参数和价格来表达:

$$\eta_i = -\frac{dq_i}{dp_i}\frac{p_i}{q_i} = \frac{\beta p_i}{\alpha - \beta p_i}$$

于是:

$$\frac{d\ln \eta_i}{d\ln p_i} = \frac{d\eta_i}{dp_i}\frac{p_i}{\eta_i} = \frac{\alpha}{\alpha - \beta p_i} \qquad (式2-9)$$

并且有:

$$\frac{d\ln(\eta_i - 1)}{d\ln p_i} = \frac{d(\eta_i - 1)}{dp_i}\frac{p_i}{\eta_i - 1} = \frac{\alpha \beta p_i}{(\alpha - \beta p_i)(-\alpha + 2\beta p_i)} \qquad (式2-10)$$

将(式2-9)和(式2-10)代入(式2-6),有:

$$\frac{d\ln p_i}{d\ln e} = \frac{1}{\left[1 - \frac{\alpha}{(\alpha - \beta p_i)} + \frac{\alpha \beta p_i}{(\alpha - \beta p_i)(-\alpha + 2\beta p_i)}\right]} \qquad (式2-11)$$

也就是：

$$\frac{d\ln p_i}{d\ln e} = -\frac{1}{2}\frac{(\eta_i - 1)}{\eta_i} \tag{2-12}$$

假定 $\eta_i > 1$，也就是说，垄断者只能够在需求曲线的弹性部分进行选择。当 $\eta_i \to \infty$，传导最大化为 50%，或者说垄断使得产品价格接近保留价格①。

因此，加价模型背后的大概意思是，当从两个极端的市场结构转向一个垄断性的竞争框架时，预期汇率传导系数在 0~1 之间变化。

曼恩（1986）认为边际利润是汇率和贸易品之间联系的关键，它拓展了建立在一价定律基础上的分析，放松了完全竞争的假设，用传导关系的短期变化可以解释观察到的宏观经济数据。运用一个限制定价模型，曼恩分析了影响定价策略和边际利润的微观经济因素和宏观经济因素②。

曼恩的实证性结论为后来的研究提供了标准，稳定性检验不能揭示出汇率传导系数的结构性变化，总体和产业水平上的数据说明了外国企业出口产品到美国所获得的边际利润和美元汇率的变动之间的高度相关关系。值得注意的是，在美元贬值时期（1977~1980年），外国企业的出口利润略有减少，而在美元升值期间（1981~1985年），外国企业的出口利润也随之略有上升。另外，美国出口商的利润量不会随着汇率的变化而产生明显的改变。在一个总体水平上，传导接近 100%，该现象是指某些美国进口企业实际上是在美元升值的时候提高边际利润。曼恩认为，这种行为（在机械工业）可能是由于国外市场的弹性不足，或出口份额很少，以至于它的需求几乎就是美国国内的需求，因此这类产品的定价行为不同于一般商品。在产业水平上，这是最先关注某些现象的文献之一。

为了得到一个可以用于实证的模型，胡珀和曼恩（1989）通过具体化加成的函数形式拓展了曼恩（1986）的分析，假定加成量依赖于单个市场内"竞争的"压力和所有市场"需求"压力的结合。特别地，Hooper - Mann 加成模型中把国内成本变量划分为劳动成本和中间物料成本，从而把由于进口物料成本变化引起的价格变化从汇率变动引起的总价格变化中区分出来。尽管这一理论受到推崇，但 Hooper - Mann 加成模型仍有两个问题：首先，也是最致命的，它的函数形式受到很多限制，不能适用于任何企业利润最大化行为，或者动态最优行为；其次，该模型假定了一个前提，即传导是不完全的，它没有涉及任何可能出现的完全传导或者传导超过 100% 的偶然情况。

---

① 保留价格被定义为对某个产品的需求量为零时的最低价格。

② 微观因素被归入市场结构的标题下，例如产品差异、生产技术以及可变的规模报酬（也就是斜率上升的供给曲线），寡头框架、工资以及限制对成本和需求进行价格调整的销售合同。宏观因素包括商业周期的不确定性和汇率的易变性。

2. 回滞模型

传统的国际经济学理论认为汇率的变动对国际贸易只有短期影响,从长期来看汇率是中性的,这是因为汇率变动最终会带来国内价格的同方向、同比例变动,实际汇率会回到原有水平(国内价格变动由此完全冲销名义汇率变动对贸易的影响)。但是这个理论在解释 20 世纪 80 年代美国的汇率与进口量之间关系时遇到了问题:在 20 世纪 80 年代初期,由于美元被严重高估,美国的贸易进口量大幅度增长;到了 80 年代中期,美元开始贬值,至 1987 年基本回到了高估前的水平,但进口量却没有恢复到 1980 年的水平,国际收支持续恶化。由于 20 世纪 80 年代的美元贬值并没有带来国际收支的相应改善,贸易品的价格和数量在汇率大幅度变动时调整却很缓慢。传统的国际贸易理论无法解释这种现象,于是包括克鲁格曼、鲍德温(Baldwin)和迪克西特在内的一些经济学家开始对贸易品的价格和数量在汇率大幅度变动时的缓慢调整提出了汇率回滞的解释。

回滞最初是一个物理学概念,它最早由苏格兰物理学家詹姆斯·艾尔弗雷德·尤因(1981)提出。它是指一种物理现象:将一铁块置于磁场中,铁块会产生磁性,当磁场消失以后,铁块的磁性却仍然存在,而且将长时间持续。概括地说,回滞是指即使短期的冲击消失了,系统也无法恢复到受冲击前的状态(迪克西特,1989b)。20 世纪 90 年代以来,经济学家已开始质疑在技术选择、劳动就业、投资、国际贸易等领域都存在回滞现象。回滞理论被应用到经济学领域后,冲击了以阿罗—德布鲁(Anow – Debreu)为代表的传统经济理论。汇率回滞是指短期的汇率变动将对进出口价格产生持久的影响,如果汇率存在回滞,就意味着汇率对出口价格的不完全传导,汇率对贸易的调节机制就不能充分发挥。

关于回滞的国内外相关文献可以分为理论研究和实证分析两部分。在理论研究方面,在 20 世纪 80 年代末期有一些学者,如迪克西特(1989a,1989b)、鲍德温和克鲁格曼(1989)在其理论文章中论证了汇率回滞存在的可能性,他们都用沉淀成本的存在来解释汇率变动与贸易流之间关系,沉淀成本模型指出:汇率不确定性和沉淀成本引起厂商在汇率水平达到一些临界值时做出进入或退出市场的决策。如果不存在沉淀成本,利润的变动将是不重要的,因为厂商会选择在有利可图的时期进入市场,而在无利可图的时期退出市场。最后,他们得出一个共同的结论:美元的大幅度升值减少了美国的竞争力,因此,为了减少贸易赤字,持续更低的汇率是必要的。

除了沉淀成本模型以外,一些学者尝试从其他的角度来解释回滞的成因。美国经济学家弗鲁特和克伦佩雷尔(Klemperer)(1989)从动态的需求角度出发采用寡头垄断市场上的两期模型,研究结果认为:由于一些出口厂商对外国市场的依赖程度很高,为了维持其在外国的市场份额,出口商很可能在不利的汇率水平下保持出口商品原来的外币价格,而牺牲短期的利润,实际上,在这种情形下由出口商单方面承担了汇率的变动。有学者认为结算货币的选择是汇率传导的重要因素,如果出口商具有很高的市场地位,能选择用本国货币作为结算货币(Producer Currency Pricing),从而把汇率风险转嫁给进口商;反之,若国际竞争激烈,出口商只能采用外国货币定价(Local Currency Pricing),汇率传导程度也因此较低[范伯格,1989;德弗罗和恩格尔(Engel),2003]。

值得一提的是克洛诺泽斯基(Kransnosel'skii)的选择性记忆模型,该模型假定现在的行为是过去对系统产生冲击的极值的一个函数。但不同于线性单位根模型,克洛诺泽斯基模型有选择地运用过去值。克罗斯(Cross,1993)对克洛诺泽斯基的研究作的简洁评价:"某些过去被遗忘了"。这个缺陷也导致了其结论的不可靠性。

关于回滞检验的实证方法,检验真实汇率的平稳性曾经是回滞检验的一个重要研究方向[吴(Wu),1996]。虽然有研究提出回滞与单位根过程表现得很相似,但两者并不能简单等同。克洛诺泽斯基和波克诺夫斯基(Poikrovski)(1990)以及梅耶戈兹(Mayergoyz,1991)考虑了动态输入—输出系统,从理论上对复杂的非线性过程和单位根过程进行了更明确的区分,他们认为回滞和单位根过程的区别可以被看作是持久性(Persistence)和残留性(Remanence)的区别,与随机游走过程相反的是,一个回滞系统的输出只是依赖于输入要素的部分过去值。这种理论上的区分具有重要意义,也就是说,用协整检验、单位根(ADF和面板单位根等)检验等不能很好地检验回滞的实质,得出来的结论不一定可靠。另外,由于直接检验的数据难以获取,一些学者尝试用间接检验的方法来检验回滞是否存在。如帕斯利(Parsley)和魏尚进(Wei)(1994)提出从两方面检验回滞,第一个假设是除了汇率的当前水平外,汇率的累积变动同样是贸易流的重要影响因素,第二个假设是出口商对汇率变动的接受程度会影响他们进入或退出市场的决策,通过两个实证模型他们得出结论是:回滞问题并不能解释美国在20世纪80年代持续的贸易逆差。

对于人民币汇率的回滞问题,国外学者还没有涉足,我国关于回滞问题的研究也是近年才开始的,主要停留在介绍国外回滞理论的应用(袁东明,2003),而对汇率回滞问题本身的研究很少。钟正生、宋旺和饶晓辉(2003)利用1981~2001年汇率和净出口的时间序列数据分别进行ADF检验和协整检验得出结论:我国这一时期的对外贸易存在回滞,突出表现在1994~1998年。但是,有学者指出单位根不能简单等同于回滞(克洛诺泽斯基和波克洛夫斯基,1990;梅耶戈兹,1991)。另外,标准的单位根检验和协整检验过程是假定变量在每个时期都有向长期均衡点移动的趋势。然而,正如巴尔克(Balke)和福比(Fomby)

（1997）观察到的，这种向长期均衡点的移动并不是在每个时期都会发生。例如，由于存在调整的固定成本，只有当对长期均衡的偏离超过了某个临界的门槛值（Threshold），从而使调整的获利超过了调整的成本时，经济人才会采取相应的行动以回到均衡状态。这种离散的调整过程可以用来描述很多经济现象，例如投资者行为。出口商离散的出口决策行为是根据汇率的门槛平稳过程来决定的。所以单纯用单位根和协整方法来判断回滞还是不可靠的。

3. 不完全竞争理论

从不完全竞争的角度对汇率变动的价格传递机制进行分析，包括对许多定价因素的考虑，如市场结构（多恩布什，1987）、需求弹性（多恩布什，1987；芬斯特拉，1989）、成本的函数形式 [谢福特（Cheffert），1994]、产品的替代程度（多恩布什，1987；奈特，1993），等等。这些研究在考虑了边际成本的变化后，考察了进出口价格对汇率变化的调整程度。许多实证研究都得到如下结论：即使在同一个国家或地区里，不同的产业对汇率变动的反应也可能不一致的。例如王（Wang）和吴（Wu）（1999）考察了一个特殊行业，即石油化工业，这是一个高度垄断的行业，在其目的地市场（至少在中国台湾地区），只面临极少的竞争。在对这个行业实证分析的基础上，他们认为，市场和产业结构在决定汇率变动的价格传导机制中起着非常重要的作用。

4. 结算币种选择理论

格拉斯曼（Grassman，1973）从实证结果观察到国际贸易通常是以出口国的币种结算，这一理论又被后来的几位学者所证实 [布莱克（Black），1985]，当然也有部分实证结果背离上述结论 [巴塞维（Basevi）等，1985]，但人们并没有太关注这一现象，比尔森（Bilson，1983）提供了一个宏观经济学的解释，吉奥瓦尼尼（1988）指出它与风险中立的出口商收益函数是否是汇率的凸函数和凹函数有关。福田（Fukuda）和丛（Cong）（1994）认为，外国市场的需求状况解释了当时日本出口企业结算币种选择的机制，而维安纳（Viaene）和弗里斯（Vries）（1992）对此提出了出口商和进口商之间战略的非合作博弈的解释。巴切塔（Baccheeta）和温库普（Wincoop）（2001）的研究成果表明，当一种产品在进口国的市场份额变得越来越大时，同类产品的替代弹性就越低，出口商的市场地位也就越强，也就更能选择本国货币作为结算货币，进而把汇率风险传递到进口国；同时，在进口国内部，进口商承担的汇率对价格的传导效应要高于零售商，进口商成为汇率对于国内消费水平造成冲击的缓冲器。

5. 行业特征

一些研究指出，如市场集中度、进口渗透度、进口品和国内产品的替代程度等行业特征，对该行业的汇率传导效果具有重要影响。一般来说，市场集中度弱、进口渗透度强的行业,汇率对国内生产者价格的传导效果更大;而市场越分割的行业,厂商实施三级价格歧视的能力越强,汇率对进口品价格的传导效果越小。

多恩布什(1987)、胡珀和曼恩(1989)从产品同质性与替代程度、国内外厂商相对市场份额、市场集中度以及厂商实行价格歧视的可能性等角度来分析成本加成份额对汇率变动的反应。研究指出,产品差别程度(或替代程度)高、国外企业相对于国内企业具有较大市场份额、企业价格歧视能力强、企业市场集中度高的企业具有较强的能力维持成本加成份额,因而汇率具有较高的价格传导效应。

6. 商品流通链条

由于汇率传导有狭义和广义之分,对于广义的汇率传导所表现出的不完全传递的现象显然可以通过商品流通链条来解释。如果把进口品看作是在最终消费的中间投入品,那么这些进口品在被送到消费者手中之前需要经历一系列配送环节,这些环节需要花费许多当地不可贸易的投入要素,如市场营销、配送和零售服务等。这样消费品中只有一部分是来源于进口,受到汇率变化影响,所以产品分配链弱化了汇率变化的价格传递效应。沿着商品流通链条,汇率对价格的传导效应应该是不断下降的,如图2-2所示。

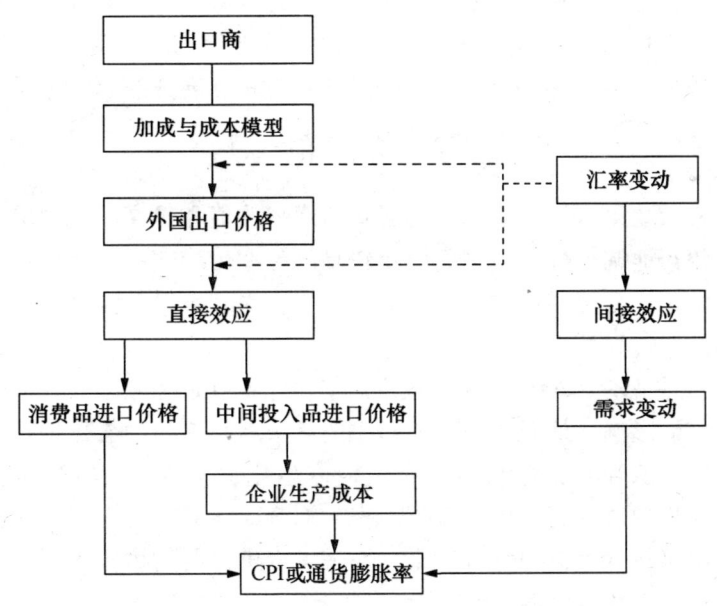

图2-2 汇率变动对价格水平的综合传导机制

资料来源:根据克拉克(Clark)等(1999)以及胡夫纳(Hufner)和施罗德(Schroder)(2003)的研究总结归纳。

巴切塔和温库普（2002）认为，如果进口品是中间品，需经生产过程才能进入消费领域，这会降低汇率对消费者价格的传导效果。伯斯坦（Burstein）、内维斯（Neves）、雷贝洛（Rebelo，2002）和坎帕（Campa，2004）在研究中都强调了进口品到达消费者手中所需要分配的成本对于汇率传导效果的影响。

四、汇率不完全传导的宏观层面原因

与微观层面的研究相比，从宏观经济学角度对汇率价格传导机制进行研究还是一个比较新的领域。传统的开放宏观经济学模型是建立在完全竞争、价格充分弹性和购买力平价基础上的，即便是新开放宏观经济学，在早期对汇率价格传递的不完全性特点也没有给予足够重视。在奥布斯特菲尔德（Obstfeld）和罗格夫（1995）（OR模型）新开放宏观经济学开创性文献中，只对传统假设中的前两个假设作了修改，仍然保留了第三个假设条件即购买力平价。由于OR模型只考虑企业出口采用生产者货币定价（Producer Currency Pricing，PCP），所以名义汇率变动就会产生一一对应的进口价格变化，所以汇率价格传递机制是完全的。在之后的研究中，贝茨（Betts）和德弗罗（Devereux）（1996、2000）（BD模型）扩展了OR模型，通过考虑非对称的企业定价行为格局，即一部分企业可以采用消费者货币定价（Local Currency Pricing，LCP），发现汇率变化不再影响进口价格，汇率对价格的传导不再是完全的了。之后从宏观角度展开的对汇率传导的研究便逐渐丰富起来，大致可以归纳为以下几个方面。

1. 货币政策

宽松的货币政策，意味着较高的通货膨胀率均值和更高的汇率波动幅度，导致进口商更频繁地调整价格，进而导致较高的汇率传导效果。所以，货币增长波动性较低的国家，汇率传导效果也相对地弱小，而货币增长波动性大的国家则具有较强大的汇率传导效果。

德弗罗和恩格尔（2003）在开放宏观经济学框架内考察了货币政策稳定性对汇率传递效应的影响。他们认为，相对小的货币增长率波动会促使汇率价格传递强度趋于下降，从而将汇率价格传递效应内生化。德弗罗、恩格尔和斯托戈德（Storgaard）（2004），以及巴切塔和温库普（2005）又指出，厂商倾向于选择货币政策稳健国家的货币作为计价货币，而一旦以进口国货币作为计价货币，汇率对于进口价格传导率自然而然会降低。

2. 通胀环境

从泰勒（Taylor，2002）开始，美国国内通胀环境对于汇率传导效果的影响被纳入了研究范围。泰勒（2000）考察了通货膨胀环境对汇率价格传递效应可能产生的影响。他认为在一个交错定价（Staggered Price）模型中，可察觉的持续

性成本变化程度比较低而且稳定,这种低通货膨胀环境降低了厂商的通货膨胀预期,稳定了企业价格调整行为,降低了汇率价格传递效应。也就是低通胀将导致汇率传导率降低,而高通胀将导致汇率传导率较高。在泰勒的这篇开创性的研究之后,涌现了大量的研究验证其理论预期。加尼翁(Gagnon)和伊里格(Ihrig)(2002)在研究汇率对消费者价格的传递时寻找到了对泰勒模型的支持证据。乔德里(Choudhri)和哈库拉(Hakura)(2006)也通过使用1979~2000年71个国家的数据进行实证研究,指出汇率与国内通胀率正相关,并且通胀率对于汇率传导率确实有正向的影响。

3. 制度因素

越来越多的学者对把制度性特征作为解释不完全传导行为的可能原因。总体而言,制度模型的支持者避开了建立在不完全竞争或者实际利润转移的复杂模型的论点,而只考虑简单的制度性障碍。他们认为,如果忽视了两个合作贸易国家的制度背景,那么解释不完全传导的原因肯定是不全面的。其中两个比较主要的制度性模型是通过非关税壁垒(Non - tariff Barriers)和跨国企业(Multi - National Enterprises)的角色去解释传导现象的。

巴格瓦蒂(Bhagwati,1988)是最早建立简单非关税壁垒(NTB)假设的学者之一。他认为,如果出口被施加了一个出口数量限制(Voluntary Export Restraint, VER),那么被出口商接受的、以目的国货币折算的价格会高于未受管制的市场价格(例如,出口国可以得到受NTB限制的产品的额外溢价)。只要VER数量仍然起着约束作用,目的国货币的贬值会使得出口商获得更低的额外溢价,从而价格不会升高。对于足够大的贬值,即使汇率传导弹性小于1,数量限制没法起到限制作用,并且目的国的货币价格会上涨。用1981~1986年美国受到NTB限制的进口品价格25%的上升作为证据,巴格瓦蒂证明他的观点,制度性特征本身可以解释长期内的不完全传导。梅农(Menon,1993b)在对澳洲汽车进口中汇率传导的分析中,运用斜率向下的需求曲线和一个"倒L"形的供给曲线去描述NTB的主要结果。供给曲线的水平部分反映了在小国假设下产品的全球价格,垂直部分代表了约束的数量限制。小幅度的贬值仅仅会使供给曲线的水平部分上移,而垂直部分保持不变。如果数量限制保持约束,传导为零。只有大幅度的贬值才会使供给曲线的水平部分上升超过目前的均衡价格,明显地消除数量限制的作用。梅农(1993b)认为他的简单模型解释了澳洲汽车进口的典型事实。

当列出决定传导程度的因素时,很多人都认同为MNEs不应该被忽略。威廉姆森(Williamson,1986)提出了一个由跨国企业主导的模型。模型和实证性估计结果说明,由于跨国公司可以通过改变内部资源调配,使得进口品的着陆成本对当地价格不那么敏感,因而出现不完全传导。梅农(1993a、1993b)认为跨国企业的角色对汇率传导解释的贡献多于 NTB。在汇率变动很大的环境下,他强调了三种可供跨国公司选择的策略,以减少与不确定性相关的风险和不良冲击。首先,他认为跨国公司在内部交易中广泛采用了"内部汇率"。内部汇率的应用使得国外子公司的定价决策免受大的汇率变动的影响。其次,跨国企业经常为面临较大汇率变动的子公司提供灵活的内部信贷协议,通过改变支付时间避免汇率变动带来的不利。再者,对跨国公司内部的交易货币选择权也会影响定价策略(梅农,1993a),通过以进口国家的货币结算,以及灵活选择支付时间,使得跨国企业有利地避开短期发生的汇率变动,或者在跨国企业内部平衡全球汇率风险。

4. 汇率波动的特点

曼恩(1986)在研究中指出了另一个可能对汇率传导产生影响的宏观经济因素——汇率波动率。他认为,汇率的波动性越大,厂商在改变定价时越谨慎,宁愿调整利润份额而非价格,从而降低汇率传导效果。所以,一般说来,汇率波动幅度越大,汇率传导效果应该越小;如果汇率变动只是暂时的,汇率传导效果较小,如果汇率变动越持久,则传导效果越大。波拉德(Pollard)和库格林(Coughlin)(2004)在研究中也指出传递程度与汇率变动程度存在相关关系。

5. 经济全球化

近年来,大量研究表明汇率传导率显著下降,如奥利维(Olivei,2002)的研究指出,汇率变动对于美国在1980~1989年的进口品价格传导率在0.5左右,而进入20世纪90年代后,汇率传导率下降至0.2。一个可以解释汇率传导率明显下降的宏观因素就是经济全球化的进程。

麦卡锡(McCarthy,1999)、高德范(Goldfajn)和威朗(Werlang,2000)的研究结果表明,经济越开放,进口和出口对国内消费影响越大,汇率变动对国内一般物价的影响越显著。格伦(Gron)、斯文森(Swenson)(2000)和博德纳(Bodnar)等(2002)指出,跨国生产使得生产厂商的成本涉及多国货币,只要不是所有货币都相对于进口国货币升值,就会出现不完全汇率传导。古斯特(Gust)、勒杜克(Leduc)和维格弗森(Vigfusson,2006)认为,全球化所带来的交易成本下降会提高出口商的加成,从而降低其定价对于汇率变动的敏感度,进而导致汇率传导效果下降。经济全球化也使得跨国公司的内部交易在国际贸易中所占的比重日趋增加,肯尼(Kenny)、麦格蒂根(McGettigan)(1996)和奥利维(Olivei)(2002)指出,跨国公司在国际贸易中使用的内部转移价格对于汇率变动的不敏感也是产生汇率不完全传导的重要原因。

6. 其他研究角度

除了这些主流的研究外,还有大量的文献从其他各个方面对于汇率变动对国内价格的传导效应进行了解释。如曼恩(1986)指出,由于在国际贸易中对于汇率套期保值技术的利用越来越多，汇率传导必然是不完全的，而且传导率将逐渐下降。杨（1997）研究显示，当进口需求曲线弹性小于1时，汇率传导效应将大于1。莱德曼（Leiderman）和巴尔（Baror）（1999）、高德范和威朗（2000）的研究显示，汇率对物价的传导效果与经济周期有关，经济繁荣时汇率传导效果大于经济萧条期。奥利维（2002）的研究指出，外国企业的规模回报状况会影响汇率传导效应。当国外企业按一个不变的加成比例对其出口品定价时，当规模报酬不变时，汇率传导效应是完全的；规模报酬递减时，汇率传导效应小于1；而规模报酬递增时，汇率变化对进口价格的传导效应大于1。

五、人民币汇率变动的价格传导效应

在国内学术界，关于这一领域的研究主要是汇率变化对国民经济某个部门的局部价格（如对外贸易品价格、进口商品的价格、出口商品的价格和农产品的价格等）的影响。

少数研究结果显示，汇率变动与本国价格水平没有必然联系，如孙立坚等（2003）针对美、中、日三国国外价格、名义汇率变动对一国进口价格、中间投入品价格和消费品价格的转嫁效应作了实证分析。结果显示，人民币汇率和出口价格对美、日两国的转嫁效应都很弱，甚至不存在，中国企业对其商品出口的定价是依据出口国的价格环境，而与本国的价格水平没有必要的联系。

大部分研究认为，人民币汇率变动对国内价格存在传导效应，但汇率对价格的传导是不完全的。国内研究中关于汇率不完全传导的理论研究并不多见，其中傅建设（1997）从理论层面探讨了汇率变动对进出口价格的影响，认为市场不完全和产业组织理论、沉淀成本理论、生产全球化理论等都从不同角度解释了汇率传递不完全的原因，因而人民币汇率变动并不能100%传递到进出口价格中。罗忠州（2008）也从理论层面解释了本币升值的价格传导机制以及不完全传导现象。他指出本币升值可通过实体经济、虚拟经济以及货币政策三个途径影响国内消费物价水平：从实体经济来看，本币升值首先影响进口价格，然后影响到批发物价，最后传导到消费价格；从虚拟经济来看，持续的本币升值可能带来资金的流动，从而影响到国内的资产价格（主要是股市和楼市），进而影响到国内的投资和消费，间接影响到国内物价水平；从政策路径来看，本币的持续升值可能会抑制一国利率的上升，从而刺激国内物价上升。同时，他使用MO模型和OR模型对于汇率的不完全传导做出了解释，指出外国PTM企业比例越高，本国物价受影响越小。罗忠州的研究为我国关于汇率的价格传导的理论研究拓展了新的方向，不再仅仅局限于实体经济的范围，而本书的理论研究还将虚拟经济拓展到非贸易品部门的范畴。

大部分的研究侧重于通过实证研究测算汇率传导率或是比较汇率对于国内各种价格水平的传导效率。如陈彪如（1992）等在专著《人民币汇率研究》中讨论了人民币汇率调整对国内价格水平的影响，并得出了人民币汇率下调将会导致出口商品、进口商品的国内价格上涨，最终导致国内整个物价水平上涨的结论，同时认为汇率下调对整体物价的影响程度取决于外贸商品在整个社会商品中的比重的大小，1992年我国的这一值约为0.2左右，即如果人民币汇率下调10%，则会导致国内物价水平上升2%。

卜永祥（2001）运用协整（Cointegration）和菲利普斯—汉森（Phillips-Hansen）两阶段分析方法分析人民币汇率变动对国内物价水平的影响。实证结果表明，长期而言，名义有效汇率和国内物价水平、国外物价水平、国内货币供应量是协整的。汇率变动影响了零售价格水平和生产资料价格水平，其中生产资料价格水平对汇率变动的弹性大于零售价格指数对汇率的弹性。

毕玉江和朱钟棣（2006）在《人民币汇率变动的价格传递效应——基于协整与误差修正模型的实证研究》中，使用协整与误差修正模型研究中国汇率变动对进口价格的传递效应。研究结果表明，人民币汇率变动对国内消费价格水平的传递是不完全的，而且传递过程存在时滞，进口价格对人民币汇率变动的弹性远高于消费者价格水平对汇率变动的弹性。

陈浪南、何秀红和陈云（2008）的研究结果表明：无论长期内还是短期内，进口价格对汇率变动的反应都很敏感；生产者价格对汇率变动的反应虽然比较及时，但是反应不足；消费者价格指数对汇率波动的反应不仅存在时滞，而且反应最弱。此外，他们还指出汇率对国内价格的传导存在结构变化现象，近年来汇率波动对国内物价的传导有上升的趋势。

以上研究一致认为汇率传导率小于1；且汇率对于进口价格传导最充分，生产者价格指数次之，消费者价格指数最弱；同时，很多研究发现价格对汇率变化的反应存在时滞。

但也有少数研究认为，人民币汇率对于国内价格水平的传导率大于1。如李颖（2008）基于国内有关数据，既考察汇率变动对总体进口价格指标的传导效应，以便更全面地分析汇率对国内一般价格水平的影响，同时又考察汇率对分类别和具体进口品价格指标的传导效应，以便更准确地比较不同类别进口品价格对汇率变动的不同反应程度。结果发现，人民币名义有效汇率对国内总体进口价格的传导效应，无论在短期还是长期基本上都大于1，表明国外出口商对人民币汇率冲击的反应持续过度。

毕玉江（2008）的研究区分了短期传递弹性和长期传递弹性，发现短期传递弹性小于1，而长期传递弹性大于1。他使用月度数据研究了汇率变动对进口价格、CPI 和工业品出厂价格的传递程度。通过基于 VECM 的脉冲响应函数和方差分解技术，研究了实际有效汇率和进口价格变动对中国工业品出厂价格和消费者价格的影响。得到如下结论：第一，基于分布滞后模型的 OLS 估计，得到汇率变动对进口价格的短期传递弹性为 0.4465（绝对值），长期传递弹性是 1.8151。显然，汇率变动对进口价格的短期传递是不完全的。第二，从长期来看，基于协整技术的实证研究表明，我国货币升值与进口价格存在负相关，而且进口价格对汇率变动的弹性达到了 0.96，说明进口价格对汇率变动还是比较敏感的。第三，协整研究表明，进口价格对汇率变动的弹性大于 CPI 对汇率变动的弹性（绝对值）。这表明汇率变动对 CPI 的传递是不完全的，而且进口价格对 CPI 的变动影响程度不高。第四，基于 VECM 的脉冲响应分析表明，汇率变动对我国价格水平的影响作用存在滞后现象。汇率变动在持续 13 个月之后对进口价格才表现出较为明显的负效应，而汇率变动对 CPI 的影响则在 4 期之后由正转负，都表现出一定的滞后效应。第五，基于 VECM 的方差分解研究显示，汇率变动对三个阶段价格水平预测方差的贡献度都是逐渐增加的。汇率冲击对工业品出厂价格波动的影响程度最高，其次是消费者价格指数（Consumer Price Index，CPI），对进口价格波动的影响程度则相对较弱。这可能是由于进口商品中有相当比例是作为生产的中间投入品，汇率变动会通过这一渠道影响工业品出厂价格。

六、汇率变动的价格传导效应小结

综上所述，目前国内外在汇率变动的价格传导效应方面的研究已经相当深入，对于各国的价格汇率弹性进行了大量的测算，对于不完全传导效应也提出了合理的解释并得到了一定的验证。但是目前的研究仍存在以下缺陷：第一，理论模型经常假设企业利用某种定价方式，如生产者定价（PCP），或者当地货币定价（LCP），不同的定价方式得出的结论是截然不同的。事实上，企业定价时往往不是在这两种定价方式中选择其中之一，而是二者兼而有之。因此，已有的研究中采用某一特殊定价方式得出的结论不具有可靠性。第二，国内关于汇率变动价格传导的实证研究一般选择国内某个综合价格指数，例如 CPI、PPI 等，而没有区分不同行业，事实上，汇率的传递效应在不同行业存在显著差别。国外的少数实证研究测算了不同行业的价格汇率弹性，但是并没有成熟的理论来解释价格汇率弹性在行业间的区别。第三，已有的研究很少涉及到非贸易品部门，而实际上非贸易品部门对汇率的价格传导机制发挥着重要作用，区分贸易品部门和非贸易品部门的研究非常有意义。第四，在实证研究方面，对人民币汇率的研究常采用年度数据或总量数据，数据期比较短，有些数据是经人为换算出来的，其准确性值得怀疑，实证方法也比较单一。

针对以上问题，本书的研究将在前人研究基础上构建微观层面的理论模型，在此模型中并未假设企业采取特定的定价方式，而是在弹性分析法的框架下，采用一般的需求价格方程来模拟企业的定价行为，从而使本书的结论具有普遍适用性。另外，本书引入行业特征变量，如进口渗透度、出口渗透度、进口原材料投入比例和劳动力投入比例等，从理论层面探讨了不同行业间价格汇率弹性的区别。除了区分行业，本书还将经济体分为贸易品和非贸易品两大部门，单独考察了非贸易品部门的产量汇率弹性。在实证研究方面，本书使用分行业的季度数据，数据量更充分，准确度更高，在实证方法上根据研究目的的不同分别采用了GMM估计、门槛自回归模型、SUR估计和协整分析等，从而丰富实证方法和完善实证结论。

第二节 汇率变动对劳动市场的影响

一国汇率水平的变动首先对进口品价格产生影响，进而传导至国内各类价格指数以及出口价格，厂商根据利润变动调整劳动力投入，并最终调整产量，对国内的就业、工资水平以及产量产生影响。关于汇率变动与劳动市场调整关系的研究主要分为两大类：汇率对于就业的影响，汇率对于工资水平的影响。大部分的研究集中于汇率变动对于贸易品部门就业和工资水平的影响，但也有部分学者开始关注非贸易品部门就业和工资水平与汇率变动的关系，如图2-3所示。

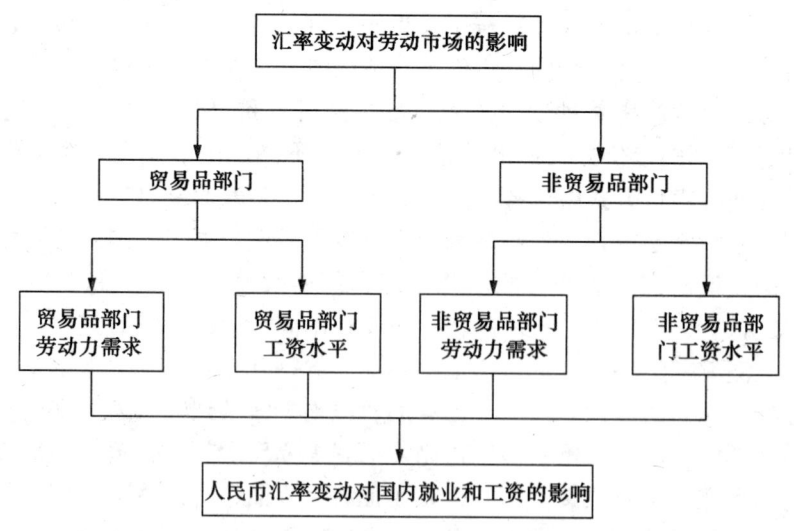

图2-3 汇率变动对劳动市场影响的文献综述结构

一、汇率变动对劳动力需求的影响

1. 汇率变动对劳动力需求影响的理论综述

关于实际汇率对贸易品部门就业的影响现有的研究基本上得出了一致结论,即贬值会促进该部门就业增加,升值则使就业减少。

最初的研究都是以美国制造业为样本,重点分析了在美国内部进口竞争的影响,即一个行业的进口份额越大,进口价格下降或者美元升值对劳动市场的损害就越大。布兰森(Branson)和洛夫(Love)(1988)检验了20世纪80年代美元的实际升值对其就业带来的影响,使用的是1970~1986年的行业数据,他们估计了基于实际汇率的劳动成本如何影响美国工业的就业。最终发现汇率的变化与制造业部门的就业变化是紧密相关的。美元的升值(贬值)与耐用品部门的产出和就业降低(增加)有很大关系。

雷文加(Revenga,1992)选用1977~1987年制造业各行业的面板数据作为样本,再次对美国的汇率变动和就业之间的关系进行了研究。他也发现汇率变动对于美国的就业有着重大的意义。

伯吉斯(Burgess)和奈特(1996)通过跨国家、跨行业的研究表明汇率变动对就业有着统计上的重要影响,并且影响的规模与行业的特征(例如竞争的结构)有关。他们估计了七国集团(Group of Seven, G7)国家的简单劳动力需求的动态模型,发现就业的汇率弹性估计从 $-1.5 \sim 1.2$ 不等,在不同国家、不同行业有着明显的不同。文章得出的结论是:大约30%的行业对汇率变动有重大反应,即本国货币升值导致工作减少。通过比较发现,德国和日本的就业似乎对汇率变化的反应有点弱,而英国、美国和加拿大的反应最为强烈。

除了大量的关于劳动力汇率弹性的研究外,更多的文献深入讨论了汇率变动影响就业水平的各种渠道。

高德伯格和特雷西(Tracy)(1999)在文中建立了劳动力需求和汇率变动的动态模型。该理论模型指出了汇率变动影响劳动力需求的三种渠道:第一,国内市场进口渗透度越大,外国商品价格竞争力越强,劳动力需求对汇率的敏感性会随之变大;第二,出口倾向增大将增加劳动力需求对汇率的敏感性,因为出口收益会相应地对汇率变动较敏感;第三,更多的进口能抵消甚至会导致反方面的汇率变动对于劳动力需求的影响结果。另外,行业的劳动密集度越大,产出与劳动力需求对汇率的敏感性越低,而且,在预期更有竞争力的行业中劳动力需求对汇率更加敏感。总的来说,美元的升值(贬值)对于有较高(低)利润空间的行业就业下降(上升)有很大影响。

科伦(Koren, 2001)研究了匈牙利356家出口公司的就业情况对实际汇率变动的反应。文中他强调即使名义汇率是稳定的，公司面临的实际汇率还是会明显地受国外市场的影响。同时，提出了汇率会通过需求渠道和成本渠道同时对劳动力需求产生影响。实际贬值提高了外国竞争者用福林（Forint）表示的等价价格，因此，提高了对本国出口产品的需求，进而提高了对劳动力的需求，这个可称之为需求渠道；反过来，本国货币的实际贬值会提高进口品的价格，通过成本渠道对就业有反方面的影响，但是依照产量函数，如果在生产中劳动力和进口投入原材料是相互替代的，那么成本的影响就受到抑制。但是这种需求和成本共同对就业产生作用的特征是工业行业特有的。

克莱因（Klein）、舒（Schuh）和特里斯特（Triest）（2003）将总的工作流具体地分为工作创造和工作破坏两部分，并分别讨论了汇率变动对其的影响。研究指出，汇率对于工作创造（Job Creation）和工作破坏（Job Destruction）的影响在行业间有着巨大的非均匀性，这与不同行业外部化程度的不同有关，部门外部化越高的行业随美元升值工作的下降率越高。他们的研究也表明，工作的破坏对于汇率的变动是敏感的，而工作创造却不敏感。这可能是源于非对称的调整成本：即创造工作要比解雇工人的成本要高。

尽管研究的角度不同，大部分有关汇率与就业的研究都认为汇率变动对于就业有重大的影响，但这一观点也遭到了一些学者的反驳，他们认为汇率与就业之间不存在显著关系。

坎帕和高德伯格（1998）的研究对象同样是美国的汇率和行业就业，然而他们研究表明，汇率对行业就业的影响比较弱。他们考虑了汇率在整个样本时间段内通过收益和成本两个方面传递对行业就业的影响，在实证研究中选用了更长的样本数据（1972~1995年，年度数据25年），并且注重ISIC两位数编码的行业就业的检验。得出了汇率变动对于工资的影响有比较重大的意义，对就业的影响较弱（就业的汇率弹性只有0.01），并且对于贸易外部性更强、行业内利润更少的行业影响更大的结论。他们也给出了不同行业受汇率的影响程度不同，主要是取决于各个行业的贸易倾向、国内外需求弹性、劳动力在生产中所占份额以及当地劳动力供给弹性。

同年，古兰察（Gourincha，1998）也对美国的就业进行了分析，他也发现行业就业对美元汇率的变动几乎没有反应，不过，他得出了另一个结论：在行业内部工作创造和工作破坏对汇率的变化有重大反应。

2. 汇率变动对劳动力需求影响的实证分析

理论研究之外，大多数文献也采用实证分析的方法研究了汇率变动对于就业的影响，大部分实证支持就业的汇率弹性为正的结论，并进一步验证劳动力对汇率的弹性在不同时期、不同地区、不同行业的区别。

高德伯格和特雷西（1999）选用1971~1995年的年度数据对美国的各行业和各州的全部劳动市场变量的汇率弹性进行了实证检验。数据显示，汇率的变动明显与行业就业变动有关。美元对出口伙伴贸易伙伴国的货币升值通过间接和直接的影响导致就业减少，而对进口投入品的提供者升值则会导致就业扩大。汇率变动对就业的影响在行业间有很大不同，20个行业中有13个行业，就业至少通过贸易渠道的一种受到汇率变动的影响。20个行业中有6个行业的就业弹性有很大的区域性差别。整段样本时间内，美元升值的净影响就是增加了就业。然而，分时期的检验表明，系数的估计值在20世纪80年代是稳定的，但是在20世纪80年代后期和90年代早期回归方程的拟合程度就恶化了。

科伦（2001）使用1992~1996年356家匈牙利出口公司的面板数据，检验了福林汇率变化对其就业的影响。在食品行业中出口份额较低的企业具有正的就业需求汇率弹性，福林贬值10%会导致同一年劳动力需求提高0.36%，高于出口份额较高的公司，这可能源于不同行业的进出口份额之间是高度相关的，就是说更高的出口份额也有更加显著的成本，因此抵消了劳动力需求的增加。另外，进口成本仅仅会比较严重地影响机械行业。每年福林贬值10%会导致同年就业减少0.41%。总体而言，汇率对劳动力需求的整体影响仍然是模棱两可的。只有在食品行业和机械行业的影响更明显（前者是正的，后者是负的）。同时指出劳动力调整的速度非常慢，尤其是在化学行业和金属行业。这意味着汇率的长期影响会更大，可能是短期的4~9倍。

克莱因、舒和特里斯特（2003）对1973~1993年间美国制造业的实证检验结果证明，美元升值1%，会带来美国的工作下降率减少0.47%，而工作的创造却基本不受影响；当美元贬值时，工作破坏率受影响的幅度不像美元升值时那么大，这样汇率变化给就业带来的总影响就不利于就业。这种不利影响因外部化程度不同在各部门间有差异性。1974~1993年，美元实际汇率升值1%，美国外部化程度最低的1/4行业工作下降率虽提高了0.415%，而外部化程度最高的1/4行业工作下降率则提高了0.58%，在其他条件一样的情况下，在开放度较高的1/4的行业里的公司工作下降率要比在开放度较低的1/4行业里的公司高22%。

贝尔克（Belke，2005）对中东欧国家（Contral and Eastern European Countrices，CEECs）国家中汇率变动对失业的影响作了详尽的检验。在捷克共和国、拉脱维亚、斯洛伐克以及匈牙利，实际有效汇率的变动对失业有重大影响。而名义有效汇率的变动情况则有所不同，匈牙利和罗马尼亚的失业受名义有效汇率和实际有效汇率变动的双重影响。而爱沙尼亚、波兰和斯洛文尼亚的失业仅受名义有效汇率变动的影响。

二、汇率变动对工资水平的影响

现有研究关于实际汇率变动对贸易品部门工资的影响上存在分歧,主要观点包括:坎帕和高德伯格(1998)的研究发现,美元贬值会显著地增加出口导向企业的长期工资;高德伯格和特雷西(2001)的研究发现,美元升值会使制造业工资大幅度下降,且反应程度超过就业;但莱博(Lebow, 1993)认为,汇率变动对工资水平的影响是不确定的。

坎帕和高德伯格(1998)专门对美国 1972~1995 年长达 24 年的工资水平和美元汇率的变动作了研究,支持行业的工资对实际汇率有重大反应的观点。在这段时间,所有制造业平均的行业工资对于永久的实际汇率变动的弹性是 0.06。然而行业工资对于汇率的反应在行业间有很大的不同,行业特征(比如行业的竞争结构、行业内劳动力的技术水平和各种贸易倾向)都与实际汇率变动对工资的影响有重大相关性。低成本价格行业、高出口倾向行业、高成本价格行业以及进口投入品需求低的行业实际工资对汇率变动的反应较小。并且,某一行业接受过大学教育的工人数目多,则该行业工资的汇率弹性变动较小。

高德伯格和特雷西(1999)研究了美国跨州、20 个制造行业里实际汇率变动对工时和工资的影响,指出实际汇率的变动对工资和工时有着统计上的显著影响,并且这种重要性在行业间有很大差别。这种不同除了由于各行业间的贸易倾向不同外,还因为不同行业国内外的产品需求弹性不同;当地劳动力供给弹性不同,导致汇率变动对工资的影响在行业间的差异。对于一个有着外部性的行业来说,美元贬值会直接提高工人工资。但是当地的劳动市场溢出者比较多就会间接地加强汇率变动对工资的影响。实证检验的结果验证了上述结论,无论对于有较高平均成本的行业还是有较低平均成本的行业,美元的升值一般都会降低工人的平均工资,但是降低幅度有限,美元升值 10% 的净影响是 -0.1%。在所研究的 20 个行业中有 14 个进出口行业,汇率变动对平均工资率的影响比较显著。有一些行业实际汇率的变动通过进口或出口渠道对工资的影响都很显著,但有时相互抵消,比如在食品、化学和交通设备行业。有 8 个行业的平均工资率对汇率的反应不等于零,但这 8 个行业的工资汇率弹性有正有负。

爱德华兹(Edwards, 1989)对发展中国家进行了考察,也得出了实际汇率贬值导致产出下降的结论,并指出贬值后很多国家都经历了实际工资的下降。主要原因:贬值会通过价格产生负的实际余额效应,进而导致产出下降;也会使收入从边际储蓄低的群体转向边际储蓄高的群体,从而导致总需求和产出的降低;另外,贬值会提高外国进口投入品的价格,使得产出下降。

莱博(1993)提出,当同时考虑贸易品部门和非贸易品部门时,不仅实际汇率变动对总体工资水平的影响是不确定的，就连对各个部门工资的影响都要视劳动力流动程度而定，他对美国贸易和非贸易品部门的实证研究结果也支持该观点。与别人的研究相比，莱博的研究优点在于将非贸易品部门纳入了实际汇率变动效应的分析。

三、汇率变动对非贸易品部门劳动力需求与工资的影响

尽管汇率变动对于贸易品部门的影响更加直接和明显，但汇率变动也可以通过影响国内价格、改变资源配置等渠道对非贸易品部门的产品价格、产量以及劳动力需求产生影响。

莱博（1993）也认为，跨部门的劳动力供给调整也会影响非贸易品部门的就业水平，他批评了将可贸易品部门独立出来的行为。在他的研究中，将非贸易品部门纳入了分析框架，认为引入非贸易品部门后可以协调关于制造业工资水平与汇率存在正向关系还是负向关系的争论。他指出，由于本国货币升值引起的可贸易品相对价格下降尽管会引起可贸易品部门的劳动力需求降低，但同时增加了非贸易品部门的劳动力需求，因此对于总体实际工资的影响不确定。同时，如果劳动力流动是足够的，本国货币升值对于可贸易品部门实际工资的影响甚至也是不确定的。

国内有部分学者也将非贸易品部门纳入研究范围，讨论了就业和工资的汇率弹性在两个部门之间的区别。如丁剑平、鄂永健（2005）用一个简单的两部门模型从理论上分析了实际汇率变动与贸易和非贸易品部门工资和就业的关系，结论是实际汇率变动对两部门就业有着方向相反的影响，对实际工资的影响则是不确定的。他们使用1980~2003年的年度数据检验了中国贸易品部门的就业人数和工资水平以及非贸易品部门的就业人数和工资水平与人民币汇率变动的关系，发现实际汇率变动和两部门实际工资均不存在长期稳定的关系，这与理论分析一致；实际汇率贬值会显著增加贸易品部门就业，也符合理论分析；但实际汇率变动对非贸易品部门就业的影响却是不显著的；进一步检验发现，实际汇率变动和就业结构之间也没有稳定的关系存在。总的来看，人民币实际汇率变动的效应主要体现在贸易品部门就业上，非贸易品部门就业对实际汇率变动不敏感，而对两部门的实际工资则没有影响。

四、人民币汇率变动对国内就业和工资的影响

国内的大部分研究集中在实际汇率变动对贸易品部门就业的影响上，结论大体一致：人民币贬值会增加就业。如俞乔（1999）曾指出，人民币汇率贬值幅度为15%时，可望增加250万~510万个就业岗位。万解秋等（2004）就1981~

2001年人民币汇率变动对就业的影响作了回归分析,结论是1981~2001年名义汇率与就业成正相关关系,即人民币名义贬值会促进就业,但是他对1994~2001年二者之间的经验研究结果是负相关关系,他认为主要原因是1994年我国进行了外汇管理体制改革。范言慧等(2005)对我国的贸易品部门就业和整体就业进行了考察,也认同人民币升值会降低就业。但这些研究都没有考虑非贸易品部门的影响,也没有研究汇率与工资水平的关系。

丁建平和鄂永健(2005)在模型中引入了非贸易品部门,同时考虑了人民币汇率变动对于工资水平的影响,对贸易品部门和非贸易品部门的工资作了经验研究。该文章选取了1980~2003年的年度数据,对人民币实际汇率和贸易品部门与非贸易品部门的实际工资分别进行了协整分析,得出的结论是:人民币实际汇率变动和贸易品部门、非贸易品部门的实际工资之间不存在协整关系,并且在同时考虑贸易品部门和非贸易品部门的情况下,实际汇率变动对实际工资的影响是不确定的。

居励(2007)同样从两部门模型出发,鉴于我国出口贸易品部门主要为采掘业和制造业为代表的第二产业,将该模型推广,把非贸易品部门分成第二产业和第三产业,通过对我国1989~2004年的数据进行实证研究发现:实际汇率变动对我国的贸易品部门与非贸易品部门的就业与工资均有显著影响,汇率变动与贸易品部门就业呈负相关而与工资呈正相关,与非贸易品部门的就业与工资均为正相关,换言之,货币升值会使贸易品部门就业减少,而实际工资会增加,并且非贸易品部门的第二产业的就业会增加,工资也会增加,同时服务业的工资水平也会上升,但就业变动不明显。

盛斌、马涛(2008)将中间产品贸易从总贸易中分离出来,单独考察了中间产品贸易对于劳动力需求的影响。他们主要使用实证研究的方法,选取了1996~2005年中国31个生产中间产品的工业部门的面板数据,通过矩估计检验了中间产品进口和出口各自对于劳动力需求的影响。研究得出结论:中间产品的出口对中国的劳动力需求有显著的拉动效应(弹性为0.8),相反地,中间产品的进口对劳动力需求变化的影响是负的(弹性为-1.52),此外中间产品贸易加大了中国制造业的风险和不稳定性。根据盛斌等的研究,汇率变动一旦影响中间产品的贸易状况,必然对国内劳动力需求产生影响。

五、汇率变动对劳动市场影响小结

通过回顾和总结,本书发现之前关于汇率变动对于劳动力需求和工资水平影响的研究虽然数量很多,但是在理论上和实证上都未得到一致的结果。国内相关领域的研究也取得一些成果,但是大部分的研究仅是针对贸易品部门的,而且理论模型多是借鉴国外成果。丁剑平、鄂永健（2005）和居励（2007）也在他们的研究中引入了关于非贸易品，然而仅仅是实证方面的验证，缺乏理论模型。除了区分两部门之外，关于不同行业劳动力需求和工资汇率弹性的研究却仍是空白。本书构建的模型中包含了各种行业特征的变量，如进口渗透度、出口渗透度、进口原材料投入比例、劳动力投入比例等，因而在本书的分析框架下可以考虑行业特征对于就业和工资的汇率弹性的影响，完善国内此方面的研究。同时，本书也将非贸易品部门单独分离，探讨了两部门之间的差异。

第三节 汇率变动对产出的影响

关于汇率变动与产出关系的研究由来已久，智利、墨西哥、波兰甚至包括中国等发展中国家在国内面临高通胀、低增长的困境时，都不同程度地采取过本国货币大幅度贬值的措施稳定通胀率、刺激经济增长，因而贬值是否真正能够带来经济的增长成为国内外学者关注的热点问题，在此领域的理论和实证研究纷繁复杂。但是大部分研究关注的是汇率变动与国内总产出的关系，并未涉及分行业的产量，因而对于国内产业结构的调整无明确指导意义。另外，国内的研究大多是经验性的，没有完整的理论模型阐释人民币汇率变动与国内产出的关系。

研究汇率变动与产出关系的文献，大致又可分为两大分支：一是汇率水平变动（升值/贬值）与国内产出的关系；二是汇率制度选择与产出的关系，即关于汇率水平和波动幅度的制度安排与产出之间的关系。其中汇率水平与经济增长的关系也是双向的：一方面，经济增长引起实际汇率升值，巴拉萨和萨缪尔森用劳动生产率的差异解释了实际汇率的升值机理，被称为巴拉萨—萨缪尔森效应（Balassa - Samuelson Effect，BS 效应）。另一方面，实际汇率的变动影响经济增长。经济增长是指某个国家或地区在一定时期内实际总产出的增加和生产能力的提升，在宏观经济学中国内生产总值 Y（也就是总产出）的定义式：$Y = C + I + G + X - M$，其中 C、I、G、X、M 分别表示消费、投资、政府支出、出口额、进口额，由于经济增长是由各构成变量的增长决定的，那么只要实际汇率的变动能影响到模型中的构成变量，就能影响到经济增长。

因此，本书将根据此理论发展分支对国内外关于汇率与产出的理论与实证研究文献进行梳理，具体结构如图 2-4 所示。

人民币汇率变动的产业结构调整效应

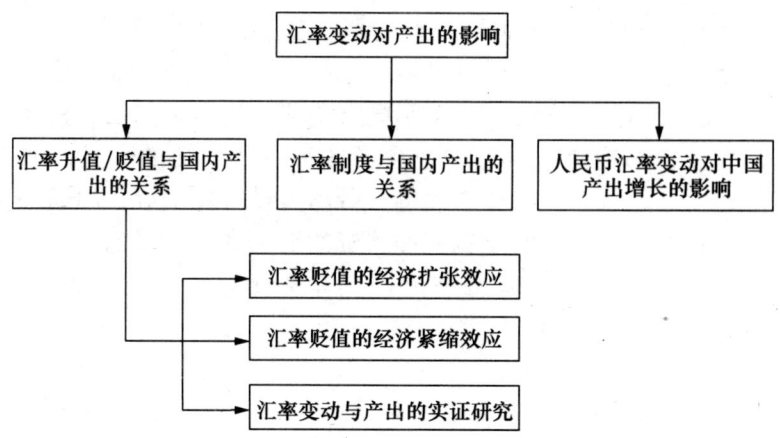

图 2-4　汇率变动产出传导效应的文献综述结构

一、汇率水平变动（升值/贬值）与国内产出的关系

1. 汇率贬值的经济扩张效应：传统理论

根据传统的理论研究，汇率变动通过经常项目和资本项目对国内经济增长产生影响：首先，汇率影响对外贸易，一般来说，汇率贬值会刺激出口，而限制进口；升值则会增加进口而减少出口。在开放经济中，净出口是总需求的重要组成部分，不仅直接决定着总供求的均衡，而且影响到经济增长的速度。其次，汇率变动会影响本国投资与外国投资的收益率，从而影响资本流动，而外国直接投资作为资本流动的一部分，也对经济增长起着重要作用。传统理论认为，在满足马歇尔—勒纳条件下，汇率贬值对经济的影响是扩张性的。

传统的弹性分析法把汇率水平的调整作为调节国际收支不平衡的基本手段，认为货币贬值会引起进出口商品价格的变化，从而引起进出口商品数量的变化，致贸易收支的变化。传统的弹性分析法提出的马歇尔—勒纳条件指出：货币贬值后，只有当出口需求价格弹性与进口商品的需求价格弹性之和大于1，即"$E_x + E_m > 1$"，贸易收支才能改善，且由于数量变动效应慢于价格变动效应，汇率贬值在最初可能还会恶化外部均衡，只有经过一段时间的调整之后，贸易收支才会逐渐好转并改善。进而净出口在乘数作用下，使得总产出成倍增长。

在弹性分析法之后，很多学者验证了汇率与经济增长之间的关系，并指出了稳定的实际汇率对于经济增长的积极作用。如爱德华兹（1988）认为，发展中国家的实际汇率行为和经济增长关系密切，20世纪80年代不稳定的实际汇率抑制了一些拉美国家的出口，而稳定的实际汇率促进了东亚经济增长。他认为稳定的实际汇率和合理的实际汇率水平是发展中国家经济增长的重要因素。科塔尼

（Cottani）等（1990）认为实际汇率和经济增长之间有这样的联系：第一，实际汇率是汇率政策与经济增长的纽带，也就是说，稳定实际汇率的汇率政策会促进经济增长。实际汇率波动越剧烈，相对价格越不确定，从而风险越大，投资期间越短，对经济增长越不利。也就是说，实际汇率是影响经济增长的间接因素。第二，汇率政策会同时影响实际汇率和经济增长，将增强实际汇率与经济增长间的关系，即汇率政策能创造稳定的环境和提高稀缺资源配置效率，从而稳定和产生合理的实际汇率。因此，实际汇率是汇率政策的指标。瑞兹尼（Razni）和柯林斯（Collins）（1997）认为实际汇率通过两种途径影响经济增长：首先，实际汇率会影响国内和外商投资，从而影响资本积累过程，而资本积累是经济增长的重要源泉；其次，实际汇率将影响贸易品部门和非贸易品部门的国际竞争力，而贸易品部门的表现是影响经济增长的重要因素。

但是关于汇率贬值促进经济增长的传统理论并未得到学术界的一致认可，随着学者们研究的不断深入，涌现大量反对该观点的实证和理论研究。

2. 汇率贬值的经济紧缩效应：对传统理论的挑战

根据传统的理论，实际汇率贬值的经济扩张效应是显而易见的。一方面，实际汇率贬值可以促进出口增加，并导致进口品由国内产品替代，因此国内总需求增加，对经济产生扩张效应。另一方面，实际汇率贬值可以推动出口行业的发展并提高一国的开放程度，这一效应被认为可以赋予一个国家长期发展的潜力。另外，还有学者认为实际汇率贬值可以阻止金融危机的重复发生。

然而，实证研究和实际国别经验并不支持这一传统观点。如爱德华兹（1989）、莫雷（Morely，1992）、罗德里格斯（Rodriguze）、迪亚兹（Diaz）（1995）的实证研究都显示实际汇率贬值倾向于使产出减少。爱德华兹（1985）的研究认为汇率贬值短期具有紧缩效应，长期效应则为中性。阿吉诺（Agenor，1991）的研究指出预期性贬值对于产出具有紧缩效应，只有非预期性贬值可以促进产出增长。

针对汇率贬值的紧缩效应，学术界有几种解释：第一，由其他因素引起的汇率与产出之间的"伪关系"；第二，产出对于汇率的反向因果关系；第三，贬值对于经济的紧缩效应。

（1）汇率与产出的"伪关系"。一个国家采取贬值策略大多是对于外部或内部的不利环境的反应。首先，当国际投资者和/或投机者攻击官方储备、本国货币价值无法固定在当前水平时，货币当局被迫进行法定贬值。而国外投资者的攻击大多发生在他们认识到出现外部冲击时（如贸易条件恶化、国际利率水平上升、资本流入减少）；当国内经济变量出现显著的非均衡时（如本国货币价值过高、巨大的经常账户和/或国际收支赤字），也会引起国外投资者的攻击。这些因素在导致本国货币贬值的同时，也会在当期或未来导致经济衰退，因此，在很多情况下,货币贬值与国内产出之间的负向关系是由这些外部或内部的不利因素造成的,而非贬值本身。卡明(Kamin,1988)和爱德华兹(1989)的经验研究都指出货币贬值与产出下降之间的关系可能来自产出对于其他外部冲击的反应。

(2)产出对于汇率的影响。研究发现,在许多采取固定汇率制的发展中国家都经历了强劲的经济增长,并伴随着实际汇率的上涨,如凯格尔(Kiguel)和利维亚坦(Liviatan,1992)一些学者建立理论模型指出,产出与实际汇率之间的因果关系是经济增长带动了实际汇率升值,没有反通胀机制辅助的扩张总需求的措施将会提高非贸易品的价格,而固定汇率制度下贸易品价格保持不变,因而导致了实际汇率(实际汇率=贸易品价格/非贸易品价格)升值。

不同的学者从不同的角度解释了在固定汇率制下需求扩张、产出增加和经济繁荣的原因,包括:稳定汇率机制的不可信,如莱因哈特(Reinhart)和韦格(Vegh)(1993);在永久收入视角下通胀率下降的效应,如尤瑞比(Uribe,01995)、罗尔多斯(Roldos,1995)、尤瑞比和门多萨(Mendoza)(1996);财政收支改善带来的预期收入增加,如雷贝洛(1994)。在上述的情形下都是国内总需求增加和产出增加引起了实际汇率升值,而不是相反的关系。

巴拉萨和萨缪尔森用劳动生产率的差异解释了经济增长导致实际汇率的升值机理,被称为BS效应。其内在机理为随着实际收入的增长,可贸易品部门劳动生产率的提高快于非贸易品部门劳动生产率的提高。由于每个国家内存在竞争压力,即两个部门中技能类似的工人工资水平必须大致相等,在其他条件不变的前提下,贸易品部门较快的劳动生产率增长提高了非贸易品部门的相对成本,因而提高了非贸易品的相对价格,导致实际汇率升值。BS效应在对许多国家的实证研究中得到了证实。马斯顿(Marston,1987)在对1973~1983年日元与美元升值的研究中,计算了OECD国家贸易品部门与非贸易品部门生产力差距,并将经济分解为10个部门。运用部门就业数据,他计算了贸易品部门与非贸易品部门之间的劳动生产力差,发现这些变量构成了对日元与美元长期升值趋势的强有力的解释。艾迪森(Edison)和克洛万(Klovan)(1987)检验了1874~1971年间英镑对挪威克朗的长期实际汇率。他们发现,在这样较长的样本期内,不论用实际产出作为生产力替代指标,还是用商品、服务作为生产力替代指标,英国与挪威的生产力增长差距确实影响两国货币的实际汇率走势。弗鲁特和罗格夫(1991)运用OECD的22个国家在1950~1959年的数据对BSH效应进行了检验,他们发现,不论使用全部样本还是各分组样本,生产力差异与实际汇率之间的相关性都很低。阿塞亚(Asea)和门多萨(Mendoza)(1994)以动态均衡模型为基础,对BS效应进行了检验。他们运用1975~1985年14个OECD国家的数据检验发现,在一个国家内,贸易品部门与非贸易品部门之间的生产力增长差距对非贸易品相对价格变动的解释力相当强；但是，国家之间非贸易品价格的变动对实际汇率的解释力却很小。伊藤（Ito，1997）用亚洲经济体 1975～1995 年数据检验经济增长与实际汇率之间是否存在稳定的关系，发现日本、韩国、中国台湾、中国香港和新加坡存在 BS 效应；而我国存在相反的 BS 效应，即实际汇率伴随着我国经济增长而贬值，并不是升值；泰国和马来西亚在经济增长的同时，伴随相对稳定的实际汇率。钦（Chinn，1997）对印度尼西亚、韩国、马来西亚和菲律宾四个国家的实际汇率进行了检验，他发现在这些国家中，制造业生产力增长 1%，带动实际汇率升值 0.5%。从长期来看，亚洲国家的经济增长与实际汇率之间存在 BS 效应。

经济增长与汇率变动之间存在这种因果关系，是导致经验研究中现实的实际汇率贬值的紧缩效应的一个可能的解释。

（3）汇率对于产出的紧缩效应。关于汇率贬值的经济增长效应的传统研究一般都侧重一次性的名义贬值对于产出的影响，但在讨论贬值对于产出的影响时有必要考察其动态的、长期的效应，下面本书主要回顾实际汇率永久贬值①对产出影响的文献。

1）经济变量的名义刚性。汇率贬值通过提高以本国货币表示的价格对贸易品和进口中间品的供给产生影响，如李赞多（Lizondo）和蒙铁尔（Montiel）（1989），由于其他变量的名义刚性导致了总体物价上涨的滞后，这一变化将导致其他经济变量实际值的改变，最终对经济活动产生影响。根据亚历杭德罗（Alejandro，1963）、克鲁格曼和泰勒（1978）以及其他学者的研究，名义工资随着价格上涨只能缓慢调整，使得收入从低储蓄率的工人向高储蓄率的资本家转移，因而消费减少，经济衰退。克鲁格曼和泰勒（1978）的研究指出，如果名义货币供给保持不变，由汇率贬值引起的通货膨胀会使实际货币供给量减少并由此导致产出水平下降。克鲁格曼和泰勒（1978）也发现，如果贸易收支处于逆差状态，实际汇率升值后，以本国货币表示的逆差扩大，也会导致总需求的紧缩。

2）市场信心不足。汇率贬值之后，价格水平并不能立即调整至均衡的稳态水平，因此短期内通胀率上升；通胀率的上升以及由最初贬值引起的贬值预期的增强，都会提高预期的汇率贬值率。最后，高通胀和贬值预期进一步引发名义利率的上涨。通胀率上涨会直接削弱商业和消费者的信心；利率上涨增加了借款者的还款压力；高通胀和高利率使得银行对存款的需求下降，如科普尔曼（Copelman，1996）和维尔纳（Werner，1996），并导致银行对信贷供给的限制。以上三种效应最终都将对消费产生负面的影响，因而导致经济衰退，产出下降。

3）相关紧缩性经济政策。为了消除贬值对通胀和贬值预期带来的负面影响，

---

① 从长期来看，名义汇率的贬值会引起价格的同比例上涨，最终实际汇率和其他经济变量保持不变，因而实际汇率的永久贬值可能需要名义汇率的持续贬值。

政府在实行法定贬值的同时往往配套出台紧缩性的财政和货币政策。因此，贬值之后的经济衰退可能部分地反映了伴随贬值措施政府出台的紧缩性经济政策的影响。

4）资产负债表效应。当本国货币贬值时，银行的外币负债以及企业和个人的外币借款的本币价值同比例上涨，这对于实行美元化（Dollarization）的国家尤为重要。有外币负债的银行、企业和个人将会遭受巨大的账面损失，资产负债表必须进行相应调整，这一负面影响可能波及到总需求下降，如李赞多和蒙铁尔（1989）。

5）资本账户问题。本国货币贬值常常伴随着资本外流。贬值之前以及贬值过程中，大量资本流出，而且在贬值的最初阶段几乎不会有资本流入。失去了利用国际资本的优势后，一国经济增长受到限制，产出下降。

3. 汇率变动与产出变化的实证研究

实际汇率变动对经济增长的影响在大量实证研究中得到了证实。少数实证研究支持传统的理论观点，即实际汇率贬值促进经济增长、产出增加；而实际汇率升值对经济增长产生负面效应、产出减少。如埃罗尔（Erol）和范·温伯根（Van Wijnberen）（1997），在一个宏观经济模拟模型中，发现实际汇率升值对土耳其具有紧缩性影响。

大量的实证研究得到了相反的结果。如爱德华兹（1989）运用样本期内相关发展中国家的面板数据，将实际GDP对货币增长、政府支出、名义与实际汇率、贸易条件等进行回归分析，发现货币贬值倾向于减低产出。莫雷（1992）以面板数据作为样本，将生产能力对货币供给量、贸易条件、进口增长、出口增长、财政节余等进行回归，发现实际汇率贬值倾向于使产出减少，而且这一效应至少要两年才能完全显示出来。罗德里格斯和迪亚兹（1995）用一个具有产出增长、实际工资增长、汇率贬值、通货膨胀、货币增长、Solow残差等六个变量的VAR模型，对秘鲁经济进行分析，他们发现产出增长主要从其本身的冲击得到解释，但汇率贬值对产出具有不利的影响。

也有研究指出，汇率贬值对于经济的影响效果在短期和长期是不同的。爱德华兹（1985）选取12个发展中国家1965～1980年相关变量之年度数据作为样本，运用简约方程形式，以各国产出为因变量，将实际汇率、贸易条件、货币供应、政府支出等作为自变量进行回归分析，发现汇率贬值在一年内有紧缩效应，而一年后紧缩效应却发生了逆转，所以从长期来看，汇率贬值效应为中性。

另外一些研究认为，贬值对经济的影响性质取决于贬值的不同类型。阿吉诺（1991）将贬值分为预期性贬值和非预期性贬值，通过运用面板数据，将产出对实际汇率的当期和滞后值以及国外收入、货币供给、政府支出、实际汇率等变量的实际值与预期值之间的背离值进行回归，发现非预期性贬值能促进产出增长，而预期性贬值却使产出减少。

二、汇率制度与总产出的关系

汇率制度选择与总产出之间关系的研究多是作为研究汇率制度与经济绩效关系的一部分,反映一国经济发展速度、一种制度选择的指标出现的。传统的方法是根据各国在国际货币基金组织记录的法定汇率制度来探讨两者之间的关系,其结论是固定汇率制度虽然有助于保持较低的通货膨胀率,但却以较低的经济增长率为代价。这一结论遭到沃尔夫、李维·耶亚提(Levy Yeyati)、莱因哈特、罗格夫和戈什(Ghosh)等经济学家的质疑,他们通过研究发现,一国所宣称的汇率制度与其实际上所实行的汇率制度之间可能存在着很大的差异。这样,根据名义上而不是实际上实施的汇率制度来研究汇率制度与经济绩效的关系所得出的结论显然有失偏颇。他们认为,要准确把握汇率制度与经济绩效的关系,就应该首先判断一国实际上所采用的汇率制度,并以此来探讨汇率制度与经济绩效的关系所得出的结论才可能是准确的,为此,他们提出了新的汇率制度分类方法——实际分类法,这一研究方法的提出不仅开辟了实证研究汇率制度与经济绩效关系的新视角,而且还促使人们对汇率制度选择的依据进行重新认识与思考,也直接影响着金融当局对汇率制度选择的思考。

李维·耶亚提和施图尔辛格(Sturznegger)(2001)使用1974~1999年154个国家的年度数据,分别采用法定分类法①和LYS实际分类法②,对汇率制度与通货膨胀和真实单位资本增长的关系进行了实证研究。他们的研究结果显示在汇率制度与通货膨胀的关系上,使用法定分类法的研究结论是,盯住汇率制下的通货膨胀率最低,浮动汇率制度下的通货膨胀率最高;使用LYS实际分类法的研究结论是,中间汇率制度下的通货膨胀率最高,盯住汇率制度下的通货膨胀率最低。关于汇率制度与真实单位资本增长的关系,使用法定分类法研究的结论是,在中间汇率制度下真实单位资本增长率最高,在浮动汇率制下,真实单位资本增长最低;然而,使用LYS实际分类法研究的结论却是,在中间汇率制下真实单位资本增长率最低,在浮动汇率制度下真实单位资本增长率最高。

莱因哈特和罗格夫(2002)使用1970~2001年间153个国家的数据分别采用法定分类法和RR实际分类法③,对汇率制度与通货膨胀和真实单位资本增长

---

① 法定分类法指IMF对于成员国汇率制度的分类。其目前的分类:一是无独立法定货币的汇率安排,主要有美元化和货币联盟;二是货币局;三是传统的盯住汇率;四是有波幅的盯住汇率;五是爬行盯住;六是有波幅的爬行盯住;七是管理浮动;八是完全浮动。

② LYS实际分类法是由李维·耶亚提和施图尔辛格(2003,2005)提出的,其分类是基于事实上的分类,它与IMF早期的基于各国所公开宣称的法定上的分类不同。目前LYS分类法是最常用的实际分类法之一。

③ RR实际分类法是由莱因哈特和罗格夫(2004)提出的,莱因哈特和罗格夫将其称为自然分类法,RR分类法将汇率制度划分为14种类型(如果把超级浮动作为一种独立的类别,则有15种),同时把这14种类型再归纳为五大类,这样就可与IMF的分类作比较。

的关系也进行了实证研究。他们的研究结论显示,在汇率制度与通货膨胀的关系上,使用法定分类法的研究结论是,自由浮动汇率制度的通货膨胀率最高,有限浮动汇率制度的通胀率最低;而使用 RR 实际分类法的研究结论是,自由浮动汇率制度下的通货膨胀率最低,自由落体式汇率制度下的通货膨胀率最高;就汇率制度与真实单位资本增长的关系而言,在法定分类法下,有限浮动汇率制度的真实单位资本增长率最高,自由浮动汇率制度的真实单位资本增长率最低;而在使用 RR 实际分类法下,有限浮动汇率制度的真实单位资本增长率最高,自由落体式汇率制度的真实单位资本增长率最低。

另外,戈什等(2003)比较了货币局制度、盯住汇率制和浮动汇率制下的经济运行状况。他们得出的结论是:货币局制度下经济增长最快,浮动汇率制次之,最后是盯住汇率制。当他们用国际货币基金组织(International Monetaly Fund,IMF)的汇率制度分类方法,把汇率分为浮动汇率制、固定汇率制和中间汇率制,得出的结论是:中间汇率制下经济运行最佳。而当他们用自己的事实汇率制度分类时,得出的结论是浮动汇率制下的经济运行最佳。

比较直接研究汇率制度与经济发展的有黄(Huang)和马尔霍特拉(Malhotra)(2004)等,他们利用 RR 分类方法得出的样本经济体在 1976~2001 年间实际上所采用的汇率制度数据和人均 GDP 数据,分析样本经济体的事实汇率制度与经济增长关系。研究表明,对于欧洲发达国家,汇率制度的选择对经济增长并无影响,而对于亚洲发展中经济体,汇率制度的选择与经济增长之间存在非线性联系,即固定汇率和管理浮动汇率,这两种比较极端的汇率制度都对应着更高的经济增长。根据这一经验结论,汇率制度的选择是否对经济增长有影响取决于经济发展的水平,因为欧洲发达经济体的市场比较完善、经济发展水平比较高,其通常在经济上更独立从而更不愿意保持固定汇率制度而使国内经济政策受制于别国;另外,他们的国际贸易依存度一般要低于发展中国家,所以在其他因素相同的情况下,他们往往更少从汇率的角度出发考虑经济问题,所以它们的汇率制度选择与经济增长无关;而亚洲发展中经济体的市场相对不完善,经济发展水平比较低,所以其汇率制度的选择与经济增长有关。

三、人民币汇率变动对中国产出增长的影响研究

国内学者也就人民币汇率对中国经济增长的影响做了一系列的研究,且大多支持汇率贬值具有扩张性效应的结论,这与国外研究结果有较大不同。李建伟、余名(2003)首先在理论上分析了汇率变动影响经济增长的路径,以 1995 年 1 月到 2003 年 6 月的统计数据为样本,运用两阶段最小二乘法,对人民币实际有效汇率与进出口贸易和利用外资的相关关系进行回归分析,结果发现人民币有效

汇率是影响中国进出口贸易和利用外资的重要因素，实际有效汇率贬值会刺激出口增加、进口减少，降低利用外资增速。他们对亚洲金融危机期间、经济衰退期间、2002年2月以后这3个时期的人民币实际有效汇率变动对中国经济增长的综合影响进行分析，得出的结论人民币实际有效汇率贬值有助于我国经济增长，而升值对我国经济增长有不利影响。

何新华等（2003）使用中国宏观经济季度模型中国宏观经济季度数据，就人民币汇率升值对中国宏观经济的影响进行模拟，结论是人民币升值将不可避免地对中国经济产生负面影响，但从模型运行结果看，这种冲击的影响是很有限的。

李未无（2005）构建了人民币实际汇率变动影响经济增长的理论模型，通过一系列计量检验，发现人民币实际汇率贬值与国内生产总值增长存在一定的长期均衡关系，人民币实际汇率贬值对中国经济增长起着积极的促进作用。

黄万阳（2005）的研究表明人民币实际有效汇率贬值的经济增长效应显著存在，且有提高趋势。20世纪80年代后期，人民币实际有效汇率贬值10%，使得剔除了通货膨胀的经济增长率提高1%。进入90年代，人民币实际有效汇率贬值10%，使得剔除了通货膨胀的经济增长率提高接近2%。黄万阳研究的另一个重要贡献是指出了是人民币实际有效汇率对经济增长有显著影响，而非名义汇率。

国内的研究结果也普遍认为实际汇率贬值的经济增长效应是具有滞后性的。张学毅（2006）对比分析17个工业发达国家的经验数据认为，多数工业国家的实际有效汇率贬值促进了其经济增长，但日元实际有效汇率升值是促进日本经济增长的，而对于中国来说，人民币实际有效汇率贬值的经济增长效应是显著的，但这种效应是滞后的，当期效应并不显著。廖国民、郑东（2006）通过实证分析发现，汇率短期内小范围的变动对经济增长不会造成大的影响。但这并不能说明长期或汇率较大幅度的变动对经济没有大的影响。货币的贬值或低估有利于吸引外国直接投资，但不利于对外直接投资；与之相反，货币的升值有利于对外直接投资，但不利于吸引外来直接投资。而有效地吸引外来直接投资对于引进国外先进技术、解决就业问题有着重要作用。同时货币的升值相对提高了出口商品的价格，降低了出口的成本优势，这无疑会影响我国商品的出口额，进而影响经济的稳定和增长。

四、汇率变动的产出传导效应小结

以往的关于汇率与产出的研究众多，大部分都是研究汇率水平变动或汇率制度选择对于国内总产出的影响，也即汇率贬值/升值或汇率制度转换的经济增长效应，但就这一问题也并未得到一致结论，而且所有的研究几乎都局限在宏观层面，没有从微观主体的行为出发，探究汇率变动与产量的关系，更未涉及汇率变动对于不同行业产量的影响。国内的相关研究更是缺乏理论层次的全面分析，大多引用国外理论研究进行实证研究。因而,本书将从微观主体的利润最大化的决策出发,探究汇率变动对于厂商最优产量决策的影响,并引入行业特征变量,探讨不同行业产量汇率弹性的差异,并将利用分行业的季度数据对理论分析进行验证。

第四节 汇率变动的产业结构调整效应

一、国内外关于汇率变动的产业结构调整效应的文献研究

1. 国外研究

在开放经济学的分析框架中,一般认为产业结构的变动不仅受国内供给因素、需求因素的影响,国际贸易和外商直接投资的数量和结构也会对产业结构变动产生深远的影响。因而,汇率变动必然与产业结构的调整有着密切的联系。汇率变动对于外商直接投资和国际贸易有着直接的影响,同时又通过外商直接投资(Foreign Direct Investment,FDI)和进出口间接地影响国内资金供应状况、商品供应状况、投资需求和消费需求的总量和结构。

关于汇率变动的产业结构调整效应,最早可以追溯到澳大利亚学派提出的相依经济分析法。在相依经济学中,产品市场被分为贸易品部门市场和非贸易品部门市场,真实汇率被定义为贸易品价格(P_T)和非贸易品价格(P_N)之比:$V = P_T/P_N$,其中贸易品价格由世界市场决定:$P_T = eP_T^*$,因而名义汇率的变化会引起真实汇率的变化,也即两部门价格竞争力的变化,从而导致资源在两部门间的重新配置,最终产业结构将会随之发生变化。

相依经济学是在试图分析小型开放经济体在外部冲击下结构变化的不断尝试中逐步发展起来的,经历了从口头形式到静态数学模型,最后到动态模型的发展过程。凯尔恩斯(Cairnes,1859)最早在宏观经济环境中引入了非贸易品部门,他研究了1852年黄金大发现之后澳大利亚的生产结构、贸易量和国内产品相对价格的变化。陶西格(Taussing,1917、1920),格雷厄姆(Graham,1922)和俄林(Ohlin,1929)也为相依经济学的早期发展做出了贡献:陶西格(1917)提出在浮动汇率制下国内两部门相对价格会发生变化,格雷厄姆(1922)使用美国的数据检验了陶西格(1917)的结论,陶西格(1920)和俄林(1929)分别研究了非贸易品在宏观经济调整过程中发挥的作用。

关于非贸易品部门的分析框架始于澳大利亚学派的索尔特(Salter,1959)、斯旺(Swan,1960)、柯登(Corden,1960)、皮尔斯(Pearce,1961),以及麦

克杜格尔（McDougall，1965）。索尔特—斯旺分析法将产品市场分为贸易品和非贸易品市场，斯旺（1960）假定"小型开放经济的进出口价格与国内供求状况相互独立"，而索尔特（1959）认为"非贸易品由于并不进入世界贸易，所以其价格仅由国内成本和需求决定"。因而，这种分析方法定义了一种由外生决定的出口品价格和外生决定的进口品价格的比来衡量的贸易条件，这样按希克斯（Hicks）的商品组合定理，出口品和进口品可以统一为贸易品。利用中央管理的名义汇率可将贸易品的世界价格换算成本币价格（$P_T = eP_T^*$），真实汇率或竞争力（V）定义为贸易品价格（P_T）与非贸易品的国内价格（P_N）之比：$V = P_T/P_N$。在相依经济模型中，外部均衡等价于贸易收支平衡，而内部均衡相当于非贸易品的需求与供给的平衡。偏离均衡的经济可以同时通过调整汇率改变竞争力和实施财政货币政策提高或降低总支出来实现内外部均衡。从直觉上看，汇率变动可以改变非贸易品的相对价格，导致资源在两部门之间的重新配置，从而改变国内的生产结构，实现重新均衡。

实际上，世界银行出版的《世界经济发展报告（1987）》中关于国家经济发展战略的分析也是基于相依经济学的框架，报告提出了汇率政策对于产业结构调整、两部门间资源配置的重要作用，如图2-5所示。

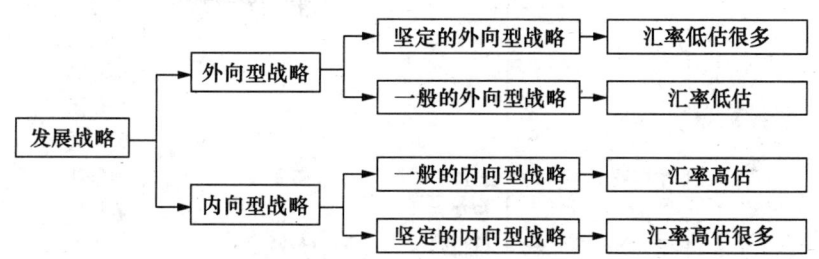

图2-5　世界银行对贸易战略的分类

该报告将经济体的贸易战略分为外向型战略和内向型战略，外向型战略在生产方面平等对待供内销的生产和供出口的生产，在消费方面平等对待购买国内产品和购买国外产品，这种战略有利于国际贸易，显然也有利于贸易品部门的发展；而内向型战略重视内销的生产，歧视供出口的生产，这种战略也就是"进口替代战略"，显然更利于非贸易品和进口替代品部门的发展。报告指出，汇率政策可以用来调整实施外向型或内向型战略：在坚定的外向型战略中，政府需要低估使得可能的进口和出口贸易的实际汇率大致相等；在一般的外向型战略中，对进口贸易的实际汇率略高于对出口贸易的实际汇率；在一般的内向型战略中，对于出口有一定的奖励措施，但有明显的反进口倾向，汇率显然定值过高；而坚定的内向型战略中汇率定值将高出更多。政府正是利用汇率的调整改变贸易品和非贸易品的竞争力，从而达到调控经济结构的目的。

世界银行1987年对41个发展中国家（地区），按它们的贸易战略的性质加以分类，并划分为两个阶段，即1963~1973年、1973~1985年，如表2-2所示。

表2-2 1963~1973年和1973~1985年41个发展中国家和地区经济按贸易战略性质的分类

时期	外向型		内向型	
	坚定外向型	一般外向型	一般内向型	坚定内向型
1963~1973年	中国香港 韩国 新加坡	巴西 喀麦隆 哥伦比亚 哥斯达黎加 科特迪瓦 危地马拉 印度尼西亚 以色列 马来西亚 泰国	玻利维亚 萨尔瓦多 洪都拉斯 肯尼亚 马达加斯加 墨西哥 尼加拉瓜 尼日利亚 菲律宾 塞内加尔 突尼斯 南斯拉夫	阿根廷 孟加拉国 布隆迪 智利 多米尼加共和国 埃塞俄比亚 加纳 印度 巴基斯坦 秘鲁 斯里兰卡 苏丹 坦桑尼亚 土耳其 乌拉圭 赞比亚
1973~1985年	中国香港 韩国 新加坡	巴西 智利 以色列 马来西亚 泰国 突尼斯 土耳其 乌拉圭	喀麦隆 哥伦比亚 哥斯达黎加 科特迪瓦 萨尔瓦多 危地马拉 洪都拉斯 印度尼西亚 肯尼亚 墨西哥 尼加拉瓜 巴基斯坦 菲律宾 塞内加尔 斯里兰卡 南斯拉夫	阿根廷 孟加拉国 玻利维亚 布隆迪 多米尼加共和国 埃塞俄比亚 加纳 印度 马达加斯加 尼日利亚 秘鲁 苏丹 坦桑尼亚 赞比亚

资料来源：《世界经济发展报告（1987）》。

以上的研究都是围绕汇率变动对于国内生产在贸易品部门和非贸易品部门之间的结构调整。作为首开先河者，鲍德温和克鲁格曼（1989）开始更加深入地考察汇率变动对于各个产业的影响，但后来的研究或者从 FDI 的角度来研究汇率变动导致的产业结构转移，如高德伯格和科尔斯塔德（Kolstad）（1995），或者集中在汇率变动对不同产业的价格传导系数不同，如奈特（1993）和杨（1995），但对产业结构调整效应仍缺乏系统而深入的研究。具体分述如下：

鲍德温和克鲁格曼（1989）第一次提出了汇率变动会对产业结构调整产生影响，先是运用局部均衡的方法分析汇率大的变动对贸易的影响（主要从进口量的角度考虑），从分析沉没成本出发，再从单个产业拓展到多个产业的问题，考虑到不同的产业特征对于产业调整的影响，即不同的产业的因沉没成本带来的无变动范围是不一样的，沉没成本投入大的产业的"无变动范围"更大，也就是说，这些沉没成本大的产业必须在经受更大的汇率变动的情况下才会发生产业的结构性变化；接着还进一步考虑更一般均衡的分析，考察了资本流动对于产业调整的影响。

高德伯格和科尔斯塔德（1995）则是从另外一个角度——FDI，来考虑汇率变动通过影响 FDI 从而带来产业结构调整。他们假定厂商是一个风险规避者，而非风险中性者，汇率波动性越高，厂商期望的均衡汇率水平越低；同时假定生产是柔性，厂商可以根据变化的情况来改变生产要素以达到利润最大化。运用跨期的两阶段生产者决策模型，作者说明了当期对于未来汇率波动性的评估如何决定厂商是通过国内生产还是国外生产来满足未来市场的需求的。而他们的发现证明，汇率波动性的增加会提升企业在海外投资建厂的冲动，从而提高 FDI，因为，如果一个企业要进入外国市场，那么在国外建立工厂能回避汇率风险。另外，在实证方面，作者还运用 1978～1991 年美国和加拿大、日本、英国之间 FDI 双边流动的季度数据对文章的理论模型进行了检验，实证表明除了美国投资到英国和日本投资到美国的 FDI 为负（但是不显著）之外，其他的 FDI 都是显著为正的，由此说明汇率波动的增大会提高厂商投资到国外的意愿，FDI 数量上升。

从高德伯格和科尔斯塔德（1995）可以看出，汇率波动性的大小会影响到产业在国际间转移的力度。也就是汇率的变动会通过国际投资影响到产业结构的调整。

诺仁（Noren，1998）在多产业部门假设下，运用一般均衡的方法来研究汇率如何影响到产业的转移，考虑汇率、劳动成本和产业附加值如何通过影响剩余率（Suplus Ratio）也就是加成（Markup）来影响厂商在外国设立分厂的决策，即投资目的地的选择。但一个重要的缺陷是局限在比较静态的分析框架下，只分析了汇率大小对于厂商选择投资目的地决策的影响，而没有考虑汇率的动态变化,也没有考虑汇率波动性,即厂商的汇率变动预期对决策的影响。

布罗尔(Broll)和埃克韦特(Eckwert)(1999)引入了期权理论,建立一个两期决策模型,说明了汇率的波动性的扩大会提高期权(执行期权即是参与到出口市场)的价值,从而促使厂商提高出口生产量。这跟以往的在国际经济中被广泛认同的理论相反:以往的研究大多表明更高的汇率波动性就导致贸易量的减少,如河合(Kawai)和泽尔查(Zilcha)(1986)、弗兰克尔(Frankel,1991)、维安纳和德弗里斯(1992)、德拉斯(Dellas)和泽尔伯法布(Zilberfarb)(1993)、布罗尔、黄(Wong)和泽尔查(1999)。布罗尔和埃克韦特(1999)为汇率的波动性对提高出口量提供了理论基础,由于汇率波动性的扩大会使得厂商觉得从贸易中获得的利益扩大,厂商预期从贸易中获得的利益扩大因而会扩大贸易量。如果汇率的波动性扩大,厂商预期从贸易中获得的利益扩大那么企业的出口比例会扩大,出口企业也会增加,整个产业的结构也会因此而发生变化。

2. 人民币汇率变动产业结构调整效应的文献研究

2005年7月21日,中国人民银行发出公告,自当日起我国开始实行以市场供求为基础、参考一篮子货币进行调节、有管理的浮动汇率制度。人民币汇率不再单一盯住美元,形成更富弹性的人民币汇率机制。当日19时,美元对人民币交易价格调整为1美元兑换8.11元人民币,小幅升值2%,并作为次日银行间外汇市场上外汇指定银行之间交易的中间价,外汇指定银行可自此时起调整对客户的挂牌汇价。这一举动,标志着人民币汇率形成机制的进一步完善拉开了序幕,人民币已经告别了单一盯住美元的固定汇率制,更富弹性的汇率制度开始形成。

就现阶段及今后一个时期来看,由于我国的宏观经济形势持续向好,特别是国际收支的持续顺差和国际储备的不断增加,总体上看,随着人民币汇率形成机制改革的深入,人民币汇率形成更加市场化,人民币汇率对美元仍存在较大的升值预期和空间,人民币继续小幅逐渐升值的可能性非常大。这必将对我国经济的方方面面,从对外贸易、吸引外资,到单个企业和居民个人经济行为等诸多方面,产生深远影响。

人民币升值对贸易的短期影响为促进进口、抑制出口,这使得许多学者对于人民币升值对于出口导向型经济的影响持悲观态度。然而,人民币升值对于我国经济发展也有积极的一面,特别是根据发达国家的经验,本币升值往往可以带动国内产业结构升级,因此人民币升值的产业结构调整效应也引起了国内学者的研究兴趣。

杜进朝(2004)认为,汇率变动会影响比较优势的实现,汇率变动率与两国相对价格水平变动率不一致时,汇率变动将改变产品由比较优势变化决定的贸易竞争力运动轨迹;一个国家的贸易价格竞争力即使从总体上看一直处于均衡状态，但对于各个产业或行业来说，其价格竞争力则可能不断发生变动。这一点对研究汇率变动影响产业发展具有重要意义。

更多的文献是对实证进行研究，李质仙和张维文（2004），刘紫荻和陈瑜（2005）曾对人民币升值对纺织行业的影响作了研究，认为人民币升值总体来讲对纺织行业造成了负面影响。纺织业是我国劳动密集型产业的典型代表行业，他们的研究结果很有借鉴意义。另外也有文献对家电、鞋类等出口型劳动密集型产业进行了定性或定量的研究，总体来讲，研究结果均认为由于汇率变动对贸易价格竞争力产生影响，人民币升值必然对这些行业带来不同程度的负面影响。

周呈奇（2007）认为，在传统的盯住汇率制度下，我国的汇率政策其实在相当程度上也是产业政策的一部分，正是通过长期以来的汇率低估和货币贬值，我国劳动密集型产业的发展和出口才得到了大力推动；但是汇率的本质是一种指导资源配置的价格信号，它将直接影响以本国货币计算的进出口价格。因此，在人民币汇率改革中，应让汇率日益朝着市场均衡水平调整，引导有限的资源流向边际生产力高的产业，并激励企业对国际分工和贸易条件的变化做出正确及时的反应。

姜凌、韦伟（2007）以四川省为例，分析了人民币汇率机制改革的产业转移与结构优化效应。他们认为，人民币汇率形成机制的改革，对于优化中国进出口结构，加快外贸增长方式转变，具有积极意义；但是，人民币升值也使中国出口企业利润明显降低，特别是许多利润率本身就很低的劳动密集型产品出口企业。人民币汇率机制改革的产业转移和结构优化效应主要体现在四个方面：第一，新的人民币汇率形成机制将有利于产业转移和结构升级；第二，人民币汇率形成机制的进一步完善将影响到外商投资的变化；第三，人民币汇率机制改革有利于涉外企业竞争力的提升；第四，人民币汇率机制的改革有利于企业扩大海外投资。

3. 汇率变动的产业结构调整效应的小结

总的来看，目前国内关于汇率变动的产业结构效应的研究仅为简单论述，缺乏理论支持，少数实证研究也仅限于部分行业，主要是劳动密集型行业，缺乏对于整个产业结构的全面分析。目前的研究普遍认为人民币汇率升值对于劳动密集型行业会产生负面影响，认为人民币汇率升值可以促进产业升级，或简单的预测哪些行业会在人民币升值的趋势中更具优势，而没有具体阐述其原因或机制。

本书相比之前文献的最大创新之处在于将汇率变动的产业结构调整效应通过建立理论模型进行深入完整的分析，与之前的研究文献仅仅侧重汇率变动对经济体整体的经济增长的影响、进出口贸易影响以及汇率的价格传导效应不同，本书在同一框架下遵循厂商利润最大化原则，使用弹性分析的方法，考察了不同部门、不同行业的产量对于汇率变动的反应,进一步考虑不同行业价格、工资和劳动力的汇率弹性,有助于清晰地显示在人民币波动幅度日益增大、人民币汇率长期升值的趋势下,中国的优势产业和具有发展前景的产业,揭示中国最佳的产业结构调整的方向和途径,并为我国如何实施适当的汇率政策提出了建议。

二、汇率变动对加工贸易的影响

作为一种重要的贸易方式,加工贸易的规模会对国内经济增长产生重大影响,加工贸易的结构与产业结构有着紧密联系。国内外关于加工贸易的传统研究大多集中在加工贸易对于东道国经济发展的作用这一领域,在理论研究方面,主流观点认为加工贸易的发展对于经济增长具有积极作用,如巴尼(Barney,1996)、埃多甘(Kandogan,2003)、库克鲁斯基(Cukrowski,2003),罗兴武、蔡宜斌(2002),郑恒、董波(2003),隆国强(2003),但也有少数观点认为加工贸易的非均衡结构对经济发展产生了一定的负面效应。在实证研究方面,几乎所有的研究都支持加工贸易对于经济发展的正面作用。如约翰逊(Johansson)和尼尔森(Nilsson)(1997),乔治(George,1999),杰安萨库马兰(Jayanthakumaran,2002),罗武兴和蔡宜斌(2002),刘志忠、王耀中(2003),隆国强(2003),孙楚任、沈玉良、赵红军(2006),黄菁、赖明勇(2005),闫国庆、陈丽静(2005),王晨钟(2005),王勇、赵波(2006),喻春娇、喻美辞(2005)。

遗憾的是,国外关于汇率变动对于加工贸易品部门影响的研究几乎是一片空白。但是,中国以加工贸易为主体的独特的贸易形式,以及日益剧烈的人民币汇率波动,决定了研究汇率变动对于加工贸易的影响对我国具有重大意义,近年来,从汇率水平变动和汇率波动性两方面考察了人民币汇率对于加工贸易的影响,也引起了国内一些学者的关注。

1. 人民币汇率水平变动对于加工贸易的影响

在人民币汇率水平与加工贸易的关系方面,主要的研究如下:

喻卫斌和苏国强(2006)基于1995~2005年广东省进出口贸易数据,利用实证方法研究了人民币汇率变动对于加工贸易的影响,结果表明,人民币汇率上升导致加工贸易的进出口都下降。

吴玉兰(2007)从理论和实证两方面对人民币汇率对我国加工贸易的影响进行了分析。理论方面,以比较优势为基础分析加工贸易的情形,通过比较优势实现所需的汇率限制条件分析了汇率对于加工贸易的影响。实证方面用协整的方法对加工贸易进出口、FDI、经济增长、人民币实际有效汇率、贸易政策等变量的长期均衡关系进行检验,发现人民币升值将使我国加工贸易进口增加、出口减少。人民币每升值1%，我国加工贸易出口将减少0.653%，加工贸易进口将增加0.711%。

许梅恋（2008）通过区分一般贸易和加工贸易，分析了人民币升值对于降低我国贸易顺差的作用，指出人民币升值对于减少加工贸易贸易顺差的作用不显著，因而加工贸易的发达程度、加工贸易在一国出口中所占的比重都会对本币升值的最终效应产生重大影响。

王根蓓（2008）采用弹性分析方法，从微观层面把从事国际生产与贸易企业的利润最大化行为作为考查要点建立了理论模型，指出汇率调整对出口加工企业的盈利能力会产生不确定的结果，体现企业产品类型及技术特征的出口与进口的汇率弹性和进口投入的产出弹性，是决定汇率调整对企业盈利能力的影响程度与方向的基础因素；体现产品与要素的国际市场结构特征的供求价格弹性，以及出口与进口价格的汇率弹性，在决定汇率调整对企业盈利能力的影响程度与方向中发挥关键的作用。最后，证明了当出口加工企业面临不完全竞争的国际市场，且可以自由选择计价货币时，本币的升值会提高其盈利能力。

2. 人民币汇率波动性对于加工贸易的影响

在人民币汇率波动性对于加工贸易影响的方面，姚大庆（2007）从构建具有微观基础的经济学模型入手，首先从理论上研究了汇率波动对于国际贸易的影响机制及其效应，指出汇率波动幅度增加对企业出口决策的影响取决于企业生产的附加值，汇率波动幅度的上升会增加高附加值企业的产出和出口水平，减少低附加值企业的产出和出口水平。并且对2005年7月人民币汇率改革以来我国12类出口商品月度数据的实证检验，检验结果与上述理论模型基本相符。基于上述结论，作者提出，要减少汇率波动对我国产出和出口的不利影响，我国需要进一步提高加工贸易的产品附加值，多从事技术密集型产品的生产。

3. 关于汇率变动对加工贸易影响的小结

综观之前有关加工贸易的种种研究，可以看出大部分的研究是关于加工贸易的经济增长效应的，并在这一领域得到了基本一致的结论。关于汇率变动对于加工贸易影响研究的近几年才在国内有所发展，但是数目寥寥。早期的研究多为实证分析，缺乏严密的理论基础。在姚大庆（2007）、王根蓓（2008）的研究中，虽然引入了一些厂商和产品的特征变量，但并未进一步探讨这对于产业结构调整的现实意义。更重要的是，由于分行业的加工贸易数据不易取得，产业特征变量构造困难，所以这些研究缺乏充分的实证研究支持其理论结果。因而，本书将在之前理论模型的基础上进一步深化，深入讨论加工贸易品部门的产量汇率弹性及其影响因素，引入行业特征变量并探讨汇率变动对于加工贸易影响进而引起的产业结构调整效应。

三、汇率变动对非贸易品部门的影响

1. 国际经济学中涉及可贸易性的文献研究

国际经济学中涉及可贸易性问题的研究文献主要采用理论分析与实证分析相结合的方法。对可贸易性问题的讨论大体可划分为三个阶段。

第一阶段是20世纪50年代以前,基本上沿用古典经济学的假定。米勒(Mueller)和李嘉图(Ricardo)对不可贸易商品的作用作了明确的考虑。他们认为,所有的最终产品是可贸易的,而生产要素如资本、劳动力和土地则是不可贸易的。

第二阶段是20世纪50年代后期到80年代末,此时才开始用经济模型考察非贸易品的作用问题。在研究开放经济的宏观经济问题时,无论是可计算一般均衡理论模型(Computable General Equilibrium,CGE),还是非均衡理论模型,经济学家们都无法忽视非贸易品的存在,必须对非贸易品加以考虑。对建立和发展可贸易品和非贸易品商品模型中做出贡献的主要有:米德(Mead,1956),索尔特(1959),斯旺(1960),柯登(1960),等等。另外,在开放经济条件下采用可贸易品——非贸易品模型分析的文献有:巴拉萨(1964)、萨缪尔森(1964)等等。

第三阶段,即自20世纪90年代初期以来直到现在。这一阶段,国际经济学研究领域对可贸易性的关注更为深入,开始考虑具体的产业部门的可贸易性,如德格雷戈里奥、吉奥瓦尼尼和沃尔夫(1994),贝茨和基欧(Kehoe,2001),等等。

2. 汇率变动对于非贸易品部门的影响

在汇率变动的产业结构调整效应的回顾中,本书提出了相依经济学可以说是这一领域的奠基石,它指出了汇率变动会通过改变贸易品部门和非贸易品部门的相对价格从而导致资源在两部门之间的重新分配,最终产业结构也会随之发生变化。换个角度来看,这一理论也是最早对汇率变动对非贸易品部门影响进行的规范性研究。根据相依经济学的理论模型,当汇率贬值时,非贸易品部门的相对价格降低,资源流向贸易品部门,造成非贸易品部门生产紧缩,发展缓慢,这也是常用的外向型发展战略中的一种手段。可以看出,相依经济学初步探讨了汇率变动对于非贸易品部门(相对)价格和产量的影响。

除了相依经济学,主题鲜明地研究汇率变动对非贸易品部门影响的文献并不多见,但在汇率变动对于劳动市场影响这一研究领域,也发展出了关于汇率变动对于非贸易品部门的劳动需求和工资水平影响这一分支。这一方向的研究起源于莱博(1993)批评了在研究汇率变动对于劳动市场影响时将贸易品部门独立出来进行研究的行为，他认为跨部门的劳动力供给的调整也会影响非贸易品部门的就业水平，在他的研究中将非贸易品部门纳入了分析框架，认为引入非贸易品部门后可以协调关于制造业工资水平与汇率存在正向关系还是负向关系的争论。他指出，本国货币升值引起的可贸易品相对价格下降尽管会引起可贸易品部门的劳动力需求降低，但同时增加了非贸易品部门的劳动力需求，因此本币升值对于总体实际工资的影响不确定。同时，如果劳动力在贸易品部门和非贸易品部门间可以自由流动，那么本国货币升值对可贸易品部门实际工资的影响也不确定。国内有部分学者也将非贸易品部门纳入研究范围，讨论了就业和工资的汇率弹性在两个部门之间的区别。如丁剑平、鄢永健（2005）用一个简单的两部门模型从理论上分析了实际汇率与贸易品部门和非贸易品部门工资和就业的关系，结论是实际汇率变动对两部门就业有着方向相反的影响，对实际工资的影响则是不确定的。他们使用1980~2003年的年度数据检验了中国贸易品部门的就业人数和工资水平以及非贸易品部门的就业人数和工资水平与人民币汇率的关系，发现实际汇率和两部门实际工资均不存在长期稳定的关系，这与理论分析一致；实际汇率贬值会显著增加贸易品部门就业，也符合理论分析；但实际汇率变动对非贸易品部门就业的影响却是不显著的；进一步检验发现，实际汇率和就业结构之间也没有稳定的关系存在。总的来看，人民币实际汇率变动的效应主要体现在贸易品部门就业上，非贸易品部门就业对实际汇率变动不敏感，而对两部门的实际工资则没有影响。

以上两方面都是研究汇率变动对于非贸易品部门的影响，而关于非贸易品部门的研究中不可忽视的是非贸易品部门与贸易品部门的劳动生产率差异会引起实际汇率的变化，也即是哈罗德—巴拉萨—萨缪尔森效应（HBS效应）。HBS效应最早由哈罗德（1933）提出，巴拉萨（1964）和萨缪尔森（1964）也分别独立得到了同样的结论，因此该理论以以上三位学者命名。HBS效应的提出最初是为了对购买力平价进行修正，这种修正主要考察现实经济因素对购买力平价的影响。从逻辑上看，其论证过程可以分为两个层次：第一个层次是论证现实经济因素变动对价格的影响，即在区分贸易品和非贸易品的基础上，得出了劳动生产率因素会引起可贸易品部门产品和不可贸易品部门产品之间相对价格关系调整的结论；第二个层次是利用上述结论，进一步对现实汇率系统偏离购买力平价及实际汇率的长期变动趋势进行解释。HBS效应利用两部门劳动生产率差异、劳动力国内跨部门流动和国际隔离等常规分析假设，一方面解释穷国与富国价格水平存在系统差异，对购买力平价提出理论质疑或修正；另一方面对经济追赶与实际汇率走势关系提出推测，为观察经济收敛过程中实际汇率演变轨迹提供一个理论视角。

哈罗德（1933）、萨缪尔森（1964）和巴拉萨（1964）的研究以直观描述为主，直到20世纪90年代初期，学者才使用精确的数学模型将HBS模型表达出来。罗格夫（1992）第一次在一般均衡的框架内建立了原始的 HBS 模型；德格雷戈里奥、吉奥瓦尼尼和洛尔夫（1994）在罗格夫原始模型的基础上放松了关于完全竞争、国际资本完全流动、国内部门间要素完全流动以及国际间对于贸易品的定律成立的假设，以便于在模型中引入需求方的影响以及贸易条件；阿塞亚和门多萨（1994）将 HBS 模型纳入了新古典主义的长期稳定增长模型中，将效用函数和经济体的需求方完全模型化。罗格夫（1992），德格雷戈里奥、吉奥瓦尼尼和沃尔夫（1994）以及阿塞亚和门多萨（1994）三者的研究奠定了 HBS 理论的基础，对关于 HBS 经验研究的影响最为深远。在他们的研究之后，验证 HBS 效应的实证研究层出不穷，数量丰富。

值得关注的是，随着对非贸易部门的研究日益加深，一些学者又提出了非贸易部门的发展同贸易差额之间的关系，在我国贸易顺差持续扩大，人民币升值压力巨大的背景下，这一研究具有深刻的意义。马君潞、郭廊（2008）的研究无论在理论发展上，还是研究方法上都是一个创新。他们在 OR 模型的基础上进行扩展：区分了两国可贸易品和非贸易品的替代弹性，区分了两国的国内生产可贸易品和进口品的替代弹性，区分了两国非贸易品消费占总消费的比重，以及区分了两国的贸易偏倚系数。他们通过建立两国的两部门的双边贸易模型探讨了贸易条件、可贸易品消费相对比价和实际汇率的关系，得出如下结论：第一，贸易品和非贸易品、国内生产的贸易品和进口品的相对比价的变动，会产生消费需求转移效应，且该效应的大小与需求替代弹性[①]正相关。并且给定名义汇率变动，一国的进口消费需求由本国的两个需求替代弹性决定。第二，可贸易品相对价格的变动受到贸易条件的影响，并且当两国居民对本国生产的可贸易品的消费需求偏倚较强，该影响作用就越大。第三，贸易条件对实际汇率的影响有两条途径：一是贸易条件直接进入实际汇率的决定方式，二是通过影响消费者价格指数间接影响实际汇率。在理论研究的基础上，马君潞等利用数据模拟（Simulation）的方法，考察了人民币名义汇率升值、中国非贸易品价格通胀率下降和中国生产的可贸易品价格上升三者分别对于贸易差额和实际汇率的影响，最后指出名义汇率升值不能有效缩减贸易顺差，还会给实际汇率带来进一步的压力，经济增长转向非贸易部门，是中国目前缓解外部贸易失衡的最佳应对措施。

3. 关于汇率变动对非贸易品部门影响的小结

通过上面对于国际经济学中关于非贸易品部门问题研究的简要回顾，可以发现，以往大部分研究都是在发展和验证 HBS 效应，在汇率对于非贸易品部门的产出影响方面的研究非常匮乏。本书最大的创新就是在区分贸易品部门与非贸

---

① 即贸易品和非贸易品的替代弹性，以及本国生产可贸易品和进口品之间的替代弹性。

品部门的基础上,研究汇率变动如何影响两个部门之间商品相对价格和要素投入的相对价格,从而导致资源在两部门间重新配置,并通过实证研究对汇率变动对于贸易部门和非贸易部门的不同影响进行了验证,因此,对于我国的产业结构调整具有重要的政策指导意义。

第五节 汇率变动对投资的影响

现有关于汇率变动对于投资影响的研究关注的大多是资本在国际间的流动,也即汇率变动对于外商直接投资的影响,并且在这一领域取得了较大发展。汇率和对外直接投资的相互关系理论,确切地说,是于20世纪80年代由库什曼(Cushman,1985)开始研究的。但是对汇率和对外直接投资的实证研究却由美国经济学家凯夫斯(Caves,1989)和雷(Ray,1989)首开先河。随后有弗鲁特和斯坦因(Stein)(1991)、希利(Healy)和佩勒普(Palepu)(1993)、斯文森(1994)、克莱因和罗森格伦(Rosengren)(1994)、德温特(Dewenter,1995)、高德伯格和克莱因(1997),但这些研究迄今为止仍未得到一致的结论。从研究角度来看,这些研究大致分为两大类:一是东道国汇率水平变化对于FDI流入的影响,二是东道国汇率波动性与FDI流入的关系。近年来,国外也出现了关于汇率的偏度(Skewness)与FDI流入的关系的研究,如图2-6所示。

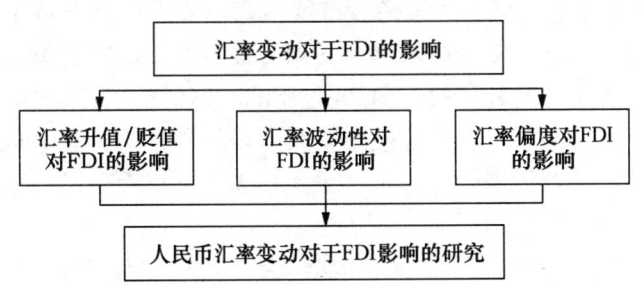

图2-6 汇率变动对FDI影响的文献综述结构

一、汇率水平变动对FDI影响的研究

1. 理论研究

理论研究大多集中在东道国的货币贬值对于FDI的流入是否具有促进作用。

麦卡洛克（McCulloch，1989）的研究在总结了传统的观点，也即汇率变动不应该对于 FDI 产生任何影响。这种观点指出，如果东道国的某一资产被认为是对未来各时间点上一系列利润的要求权，并且所有的利润以同样的汇率兑换为投资国的货币，汇率水平不会影响投资的现值。传统理论假设汇率形成过程是随机游走过程（Random Walk Process），认为未来汇率的期望应该等于当前汇率。这也意味着汇率预期对于当前汇率的完全弹性，但是这一结论却与弗兰克尔和弗鲁特（1987）的经验研究不同。

大多数关于汇率水平与 FDI 关系的研究都支持以下观点：东道国的货币升值不利于引进外商直接投资，而东道国的货币贬值却对外商直接投资具有正向的促进作用。支持这一观点的理论首先是美国金融学家阿利伯（Aliber）在 20 世纪 70 年代提出的通货区域优势理论。这一理论指出，世界货币市场并不是完全自由的，而是被划分为若干个通货区域，因此各种货币的地位强弱不同，货币的稳定性也各异。根据阿利伯的观点，投资企业拥有相对坚挺的货币，可以使他首先在汇率上获得一个所谓通货溢价和额外收益；而投资货币的不同，使投资者拥有了当地竞争对手通常无法具备的特殊优势。资本是跨国公司进行对外直接投资的主要要素之一，因此，处于强势货币区域的跨国公司凭借通货区域优势，能够发挥要素禀赋的比较优势，加强资本的海外扩张。通货区域优势理论解释了第二次世界大战以后跨国公司对外投资的大致流向：最初美国大量进行对外直接投资，紧接着是德国、日本两国对外投资的扩张，然后在 20 世纪 70 年代~80 年代初出现欧洲跨国公司大量进入美国的情况。这种对外直接投资的流向是与货币优势的变化趋势相吻合的。20 世纪 70 年代，布雷顿森林体系虽然瓦解了，但美元仍然是国际储备货币，因此美元区的跨国公司拥有强势货币，在资本的对外扩张过程中具有货币购买力上的比较优势。而 20 世纪 80 年代初，日本对外投资的迅猛增长，则一定程度上得益于日本国际收支连续盈余所导致的日元坚挺、升值以及暴涨等因素的推动。从总体来看，通货区域优势理论从货币强弱和汇率变化的角度分析了跨国公司的投资行为。

另一个常被引用的理论是弗鲁特和斯坦因（1991）在资本市场不完全的前提下提出的著名的"财富效应"（Wealth Effect）理论，指出汇率贬值对于 FDI 有着显著的正向促进作用。在企业专用性资产信息不完美的假定下，外币的升值实际上导致了外国投资者的相对财富增加，并降低了以外币表示的本国资产的价格。另外，给定资本完全流动的假设，本国企业可以在外国资本市场融资，但由于关于资产收益率的信息不对称，用外币贷款购买国内资产比用企业内部资金获得国内资产更加昂贵。在这种假设下，投资国的实际汇率上升带来的财富效应将会提升外国企业获得东道国资产的杠杆。

其他的理论如科尔哈根（Kohlhagen，1977）和库什曼（1985）的理论分析认为，东道国货币相对于投资母国货币的贬值可以降低东道国要素的相对成本，从而使流入东道国的外商直接投资增加；相反，东道国货币的升值则会减少外商直接投资的流入。布朗尼根（Blonigen，1997）从企业特有资产（Firm - Specific Assets）的角度建立理论模型。根据该理论，汇率水平与 FDI 的联系来自国外并购中的企业特有资产可以产生与并购投入货币不同的现金流入，同样得到了东道国货币贬值可以促进 FDI 流入的结论。

除此之外，也有一些研究认为，东道国的汇率水平与外商直接投资的关系并不确定，在一定的条件下，东道国的货币升值对 FDI 产生的影响很小，甚至会对 FDI 流入产生促进作用。贝纳西凯雷（Bénassy - Quéré）（2001）等指出，汇率水平对 FDI 的影响与外商直接投资的市场取向有关，如果投资者以东道国市场为目标，东道国的货币升值扩大了东道国的相对市场规模，使外商直接投资增加。特雷维诺（Trevino）等（2002）对流入拉美国家的外商直接投资进行了分析，发现国内生产规模、市场化程度和消费价格指数是影响外商直接投资的最为重要的因素，汇率对外商直接投资的影响并不显著。

2. 实证研究

在实证研究方面，关于东道国货币贬值与 FDI 流入的关系也没有一致的结果。一部分研究认为，美元贬值与促进外商直接投资流入美国存在正相关的关系，如弗鲁特和斯坦因（1991）使用 1979～1991 年 7 个主要工业国家对美国的 FDI 数据，在实证分析的基础上解释了美元贬值与 FDI 流入增加之间的关联性。高德伯格和克莱因（1997）发现，对于东南亚而言，汇率影响了不仅来自日本的 FDI，而且影响了来自于美国的 FDI。日本流向东南亚的 FDI，对日元对美元的汇率变动极为敏感，美元贬值导致了来自日本的 FDI 的骤增。其他支持此结论的实证研究包括凯夫斯（1989）、斯文森（1994）、克莱因和罗森格伦（1994）以及布朗尼根（1997）的研究成果。同时也有一部分的实证研究得到相反的结论，认为东道国货币贬值对于 FDI 流入不存在促进作用，比如雷（1989）、史蒂文斯（Stevens，1992）以及希利和佩勒普（1993）。

二、汇率波动性对 FDI 流入的影响

在汇率波动性与外商直接投资关系的研究上也存在两种相互对立的观点。常见的一种观点是汇率波动不利于外商直接投资。根据这种观点，由于跨国公司直接投资相比进出口贸易或间接投资有更强的风险厌恶倾向，然而金融手段并不能完全覆盖所有的汇率风险，采用金融手段规避汇率风险也会增加直接投资企业的成本。理论方面的研究如迪克西特和平迪克（Pindyck）（1994）指出，汇率波动会

增加直接投资企业收集信息的成本,因而当东道国的汇率波动幅度较大时,企业会选择等待而非立即投资。贝纳西凯雷等(2001)从实证的角度,使用1984~1996年17个经合组织国家对于42个发展中国家的直接投资,研究了双边汇率波动对于外国直接投资的影响,得到的结论为:稳定的名义汇率有利于外商直接投资,因而认为发展中国家可以加入货币区从而减少汇率波动的负面效应。其他的一些研究,如科尔哈根(1977)、板垣(Itagaki,1981)和库什曼(1985)也都指出,由于存在风险厌恶倾向,汇率的历史波动率较大,将会减少外商直接投资流入东道国。

持有相反观点的学者通过研究证明,汇率波动具有促进外商直接投资的作用。板垣(1981)认为,汇率波动加强了企业生产活动的跨国分布动机。库什曼(1985、1988)对美国对外直接投资和汇率波动性的关系进行了研究,发现汇率的波动降低了外国资产的成本,从而增加了美国的对外直接投资。高德伯格和科尔斯塔德(1995)通过比较进出口贸易和对外直接投资两种渠道指出,汇率波动实际相当于一种贸易壁垒,因而在汇率大幅波动的情况下,跨国企业为克服贸易壁垒会更多地选择直接投资的方式。宋(Sung)和拉潘(Lapan)(2000)的研究发现,汇率波动为跨国公司把生产转移至低成本工厂创造了机会,而且汇率大幅度波动增加了FDI的选择权价值;特别地,如果跨国公司在与本地企业进行竞争,那么汇率波动不仅会增加跨国公司可以在多个工厂中选择生产的选择权价值,还将在策略上赋予跨国公司以竞争优势,并帮助跨国公司利用该优势把本地企业挤出市场。查克拉巴蒂(Chakrabarti)和索尔尼克(Schobick)(2002)的观点认为,东道国货币的暂时性贬值给跨国公司提供了低价收购和兼并的机遇,跨国公司的直接投资会大量增加,因而汇率的暂时性波动可以刺激外商直接投资。

另外,也有少数的研究认为,汇率波动对于外商直接投资没有显著的影响,如让纳雷(Jeanneret,2005)通过经验分析得到结论:汇率波动虽然有碍外商直接投资,但随着金融工具的发展,它对直接投资的影响已经不再显著。

三、汇率偏度对FDI流入的影响

大部分此领域的研究并没有考虑小幅度的汇率变动和大幅度的汇率变动对于FDI的影响会有什么不同,但是经验事实说明,即使累积幅度相同,一个大幅的汇率骤变相比连续的小幅变动,对于FDI的影响是截然不同的,如鲍尔(Ball)和曼昆(Mankiw)(1995)以及隆金(Longin,1997)。这样的事实可以归结到汇率的偏度对于FDI的流入也有着显著的影响。查克拉巴蒂和索尔尼克(2002)使用美国在14年间(20世纪80年代~20世纪90年代中期)对20个国家的外商直接投资的面板数据，利用实证分析，发现贬值对于 FDI 并没有显著的正效应，汇率波动率虽然与 FDI 是负相关关系，但是结果并不稳健，然而贬值幅度的偏度却与 FDI 正相关，说明投资者面对汇率的小幅变动和骤然突变时形成的汇率预期方式是不同的，当汇率骤然发生剧变时投资者会认为这其中包含"超调效应"，因而形成反向的汇率预期。这与弗兰克尔和弗鲁特（1987）的经验结果和多恩布什的超调模型都可以很好地吻合。

四、人民币汇率变动对 FDI 影响的研究

国内学者在相关领域也进行了一定的研究，但是多以实证研究为主，缺乏对于汇率与外商直接投资关联的理论分析。并且关于汇率与外商直接投资是否存在显著关系、是正向关系还是负向关系，国内的研究结论也不同。

秦晓钟（1998）指出，人民币汇率变动对外商投资无明显影响，原因在于：首先，我国经济增长率近年来一直高于世界经济平均增长率，高经济增长带来的高投资回报以及人均国民收入提高带来了巨大的潜在市场。其次，当外商在我国销售其产品所获取的市场开拓与市场份额占有的潜在利益大于产品外销的收益时，则汇率的作用显得微乎其微。最后，当外商投资企业大部分采取来料加工、产品出口的方式时，汇率变动对出口可看作是无效的。张伟科、韩娇（2006）也认为，由于中国劳动力价格低廉，外商直接投资后在中国获得了超额利润，因此汇率变动对外商直接投资几乎没有影响。

其他的研究则支持人民币贬值可以促进外商直接投资，而人民币升值会阻碍外商直接投资的观点。陈华（2000）、计志英（2003）认为，汇率与国际直接投资有直接的联系，并通过实证研究得到结论：货币的升值引起对外直接投资的增加，而货币的贬值则更吸引外资的流入。荀青（2006）认为，人民币汇率水平变动对外商直接投资有着长期的协整关系，说明中国的外商直接投资更多的是投资性（外商直接投资的变化随着汇率绝对值水平的变化而变化）的，而非投机性（外商直接投资变化更多的是来自汇率变动下所带来的收益的变化）的。于津平、赵佳（2007）也采用实证分析的方法证明，大量利用 FDI 是人民币升值压力累积的原因，而人民币升值短期内会对中国 FDI 利用产生负面效应；同时，人民币升值也会对直接投资的结构产生影响。于津平（2007）则从跨国公司投资行为的微观分析出发，通过构建理论分析模型探讨了汇率变化、预期经济增长率以及预期工资增长率等因素对外商直接投资规模和外商直接投资结构的影响，研究结果表明，东道国货币升值具有减少资源导向型外商直接投资和增加市场导向型外商直接投资的作用。同时，于津平（2007）还研究了汇率与外商直接投资结构的关系，也即汇率水平和汇率波动性是否会影响外商直接投资的资本密集度，他将

外商直接投资分为资源导向型和市场导向型两类,通过理论分析指出,东道国货币升值会导致资源导向型直接投资项目资本密集度增加和市场导向型直接投资项目资本密集度降低,而汇率波动性对外商直接投资结构不产生影响。

国内学者也对于汇率波动性对于 FDI 流入的影响进行了研究。邹闻、潘国陵(1998)从三个方面进行了说明:首先,汇率的频繁波动将使外商投资的成本发生波动,从而增加他们的投资风险,这将减少资本的流入;其次,一般来说,汇率的波动也将增加企业在产品出口时的风险,从而减少外商的投资兴趣;最后,汇率的波动也说明该国经济抵御外来冲击的能力较低。荀青(2006)通过实证分析指出,人民币汇率波动的激烈程度与外商直接投资并不存在长期影响关系。于津平(2007)也认为,汇率波动性的增加会导致外商直接投资规模下降。

五、汇率变动对投资影响小结

通过文献回顾可以看出关于汇率变动与对外直接投资的相关关系,不管是理论研究还是实证分析都已经相当成熟,但是在结论上却大相径庭,当然大部分的实证结果还是支持本币汇率贬值可以刺激外商直接投资流入国内,本币汇率升值却会导致国内企业扩大对外直接投资,带来产业海外转移的现象。虽然,学术界关于汇率变动对于资本在国际间流动的研究良多,但是却很少考虑到汇率变动对于国内内生投资规模和结构的影响,这使得关于汇率变动的经济增长效应和产业结构调整的研究具有很大的局限性。本书注意到了这一领域的空白,因而在本书中把非劳动力投入进一步细分为资本投入和原材料投入,在理性预期的假设下,建立了微观主体利润最大化的模型,探讨了固定资产投资的汇率弹性。除此之外,本书还通过引入各种行业特征变量,考察了不同行业的投资汇率弹性的差异,更加全面和系统地揭示了汇率变动的产业结构调整效应,对于我国的产业政策和汇率政策具有重要的指导意义。

第三章 基于产业特征的汇率传导及其产出效应：可贸易品模型

在第二章本书对于以往关于汇率变动的经济传导效应和产业结构调整效应进行了系统的回顾，可以看出传统的研究，无论是理论方面还是实证方面，多数围绕汇率变动对于价格总水平、国内总产出、劳动力总需求和工资总水平等总量的影响，尽管一部分实证研究指出了汇率传导在产业间的效果不同，但是并未从理论上得到解释和支持。然而，汇率变动的经济传递效应在各产业部门间的差异正是产业结构调整的直接原因，这也说明以往关于汇率变动的产业结构调整效应的研究是很不充分的。因此，本章将在前人研究的基础上，在模型中纳入行业特征变量，充分强调行业特征对于汇率变动的经济传递效应的影响，填补此研究领域的空缺。同时，根据常见的对于贸易品部门的划分，本书分别讨论了可出口的贸易品部门和进口替代品部门对于汇率变动的反应。另外，鉴于加工贸易这一重要的贸易方式往往未被讨论，本章还将单独对加工贸易进行讨论。

第一节 引 言

借鉴日元升值带来的启示，人民币汇率的趋势性升值必然带来国内产业结构的调整，因而本书选取汇率的新视角研究中国开放经济发展进程和新一轮全球化条件下的中国产业结构调整问题，侧重研究汇率变动的经济传递效应和产业结构调整效应。关于这一领域的研究文献可谓是汗牛充栋，但是也还存在着不少缺陷，本书将在总结前人研究的基础上，针对存在问题进行创新性研究。

关于汇率变动的经济传递效应，国外从20世纪80年代起就已经开始强调从微观层面分析汇率变动的传递效应，如范伯格（1986）、多恩布什（1987）、迪克西特（1989）、鲍德温和克鲁格曼（1989）、胡珀和曼恩（1989）、范伯格和莫尔斯（Meurs）(2005)。但是国内关于人民币汇率变动的经济效应的研究大多注重宏观层面的分析，理论研究主要集中在汇率变动对贸易流量调整和贸易平衡的影响，实证方面则集中在进出口弹性的研究，如陈彪如（1992）、戴祖祥（1997）、谢建国和陈漓高（2002）。这些研究虽取得了一定的进展，但普遍存在不足：第一，缺乏相应的微观基础，即汇率变动如何影响价格水平、厂商定价行为，进而影响行业利润率和厂商的产量调整决策一系列传递机制的分析；第二，传统研究没有考虑各种行业特征在汇率变动对于价格、产量和劳动市场传导机制中发挥的作用，因而不能系统地探讨汇率变动的产业结构调整效应；第三，没有区分贸易品和非贸易品，BS效应说明，区分贸易品与非贸易品是研究发展中国家汇率变动对价格传导的关键所在；第四，对汇率的经济传导效应都是在总量层面的研究，也即未考虑汇率对价格、产量、劳动力和投资等因素的影响在各行业间的区别，因而往往得到不一致的结论；第五，理论模型主要是借鉴国外的研究，一般仅适用于一般贸易的厂商行为，而实际上加工贸易在我国的贸易总额中所占的份额超过了50%，研究汇率变动对于加工贸易厂商的影响是十分必要的。

而关于汇率变动对国内产业结构调整的影响，在国外最早是由鲍德温和克鲁格曼（1989）提出，但后续的研究主要还是集中在汇率变动对不同产业的价格传导系数不同，如奈特（1993）、杨佳文（1995），对产业结构调整效应仍缺乏系统而深入的研究；而我国的学者对这方面的研究刚开始起步，早期的研究大部分支持通过货币贬值来促进出口，最近越来越多的学者批判这种依赖货币贬值推动贸易扩张的观点，开始强调人民币汇率变动对我国贸易结构的影响。例如，杨帆（1996）猛烈抨击了贸易发展中的人民币贬值论调；赵伟（1999）论述了结构调整比贬值更加重要；谷克鉴（2000）则阐述了竞争框架下实现贸易结构升级的汇率机制问题。但这些为数不多的文献也仅仅是从文字上来强调汇率升值可能带来产业结构升级的契机，缺乏相应的理论支持和实证分析。

从总体上看，现有研究的共同问题是：传统的研究侧重于汇率变动对于贸易流量和贸易平衡的影响以及汇率的价格传导效应，缺乏对汇率变动下微观主体——厂商的决策行为的刻画，缺乏对其他经济变量，如产量、劳动力的汇率弹性的探讨，以及缺乏汇率变动如何从微观层面影响厂商决策，从而进一步影响国内产业结构调整的理论和实证分析。那么，在现有研究的基础上，如何从微观层面的利润最大化的决策入手，使用严谨的理论模型分析人民币汇率变动对于产量、价格和劳动力的影响，从而为我国汇率制度改革和产业结构调整提供可参考的理论依据具有很大的理论和现实意义。

本书尝试将传统的弹性分析法与微观主体的决策行为有机地结合起来，规范地论证有关人民币汇率变动的传递机制及其产业结构调整效应。拟解决的问题包括：汇率变动对产量、价格、就业等宏观经济变量以及产业结构调整会带来怎样的影响？这些影响是如何通过微观经济主体的行为来传递的？不同的产业特征将对汇率的传导机制产生何种影响？汇率变动对加工贸易的传导方式和传导程度是否异于一般贸易？本章试图围绕这些问题做一些尝试性的研究工作。

第二节　基于产业特征的汇率传导模型：基本模型

一、基本模型的建立

假设厂商生产的总产量由国内的销售量 $q(h)$ 和在外国的销售量 $q(f)$ 两部分组成。假设价格由世界市场决定，厂商无权决定价格。① 厂商投入生产的生产要素为：国内劳动投入为 L，国内的非劳动力投入即资本及原材料投入为 $N(h)$，原材料中需要进口的部分投入为 $N(f)$，相关的要素价格分别记为：国内工资为 W，国内资本价格为 $s(h)$，国外资本价格为 $s(f)$。为了简化，本书假设劳动是同质的。在一个产业内，代表厂商选择要素投入和总产出以最大化当期和未来收入的期望的现值 π [（式3-1）为利润最大化方程]，最优决策受生产结构约束，即（式3-2）和（式3-3），给定国内、国外市场上的一般性的产品需求曲线方程，即（式3-4）。

厂商的最优化决策为：

$$\pi(e_t) = \max_{Q, L_t, N_t(h), N_t(f)} \sum_{t=0}^{\infty} \phi_t \left\{ \begin{array}{l} P_t(h)q_t(h) + e_t P_t(f) q_t(f) \\ - S_t(h) N(h) - e_t S_t(f) N(f) - W_t L_t \end{array} \right\} \quad （式3-1）$$

时间折算因子为：$\phi_t = \delta^t$。假定生产函数为柯布—道格拉斯（Cobb-Douglas，以下简称C-D）生产函数，则约束方程为：

$$Q = q_t(h) + q_t(f) \quad （式3-2）$$
$$Q = N(f)^{\alpha} N(h)^{1-\alpha-\beta} L^{\beta} \quad （式3-3）$$

大量的文献研究指出，厂商采取不同的定价方式往往导致汇率传递结果的极大差异。克鲁格曼（1987）、吉奥瓦尼尼（1988）及莱恩（Lane，2001）等的研究指出，企业定价模式一般包括两个因素：其一是指在面临汇率波动时企业灵活

---

① 一般在开放经济学的研究中，普遍采用价格外生（Price-acceptor）的假定，尤其是在小国模型中更把它当作基本假定。中国虽然是世界贸易大国，但由于中国出口的大多为技术含量不高的初级产品，进口的则为重要原材料和高新技术产品，加上中国出口商之间的恶性价格竞争，中国进出口厂商在国际市场上的定价能力很弱，可以近似地认为价格由世界市场决定。

选择适宜的计价货币的能力；其二是指在面临汇率波动时企业依据市场供求状态自行确定产品销量与价格的能力，即 PTM。经济学家将这两个因素结合起来，把企业定价模式归纳为如下三种：以生产者的货币作为出口产品计价货币的定价模式，简称 PCP 模式；依据出口市场的供求状态确定价格与销量并且以出口市场当地货币为计价货币的定价模式，简称 PTM – LCP 模式；将上述两种定价模式结合起来同时使用的定价模式，简称综合 PCP – PTM – LCP 模式。他们的研究也表明不同的定价方式将导致汇率传导效果的明显差异。多恩布什（1987a），范伯格（1989）、胡珀和曼恩（1989），以及杨和黄（1994）等等关于 PTM 模型的研究，福田和丛（1994）维安纳和德弗里斯（1992），以及巴切塔和温库普（2001）关于结算币种的研究都支持上述结论。

为了得到的模型结果具有普遍适用性，本书在描述销售价格与销售量之间的关系时不采用经典的线性方程，或者其他任何具体的方程形式，而是把需求价格方程表示为一般的形式：

$$P(h) = c(h)q(h)^{-1/\eta(h)}, eP(f) = c(f)q(f)^{-1/\eta(f)} ①$$ （式3-4）

由（式3-4）可知 $\eta(h)$ 和 $\eta(f)$（同时有 $\eta(h) > 0$ 和 $\eta(f) > 0$）分别表示产品在本国和外国的需求价格弹性的绝对值②（$\eta(h)$ 和 $\eta(f)$ 与汇率无关）。市场需求曲线还取决于汇率 e（单位外币的本币价格），汇率则通过影响当地产品对进口竞争产品的相对价格来影响需求③。因此，$c(h)$ 和 $c(f)$ 都是汇率 e 的函数，它的构成反映了进口品的竞争压力。为方便表示，（式3-3）（式3-4）中去掉了 t。

构造拉格朗日函数解最大化方程：

$$\pi' = \pi + \lambda[q(h) + q(f) - N(f)^\alpha N(h)^{1-\alpha-\beta}L^\beta]$$ （式3-5）

解最大化方程的一阶导数方程如下：

$$\frac{\partial \pi'}{\partial q(h)} = \phi_t\left(1 - \frac{1}{\eta(h)}\right)p(h) + \lambda = 0 ④$$ （式3-6）

---

① 这里的价格决定方程设定方法来自笔者与纽约联邦储备委员会的高德伯格教授的有益讨论。笔者曾受中国留学委中美联合培养博士项目资助在美国纽约城市大学做为期一年的访问学习，在此期间，有幸与其讨论并得到教授的宝贵建议，在此向高德伯格教授表示谢意。

由（式3-4）可得 $\ln p(h) = \ln c - \frac{1}{\eta(h)} \ln q(h)$，可知 $\frac{\partial \ln p(h)}{\partial \ln p(h)} = -\frac{1}{\eta(h)}, \frac{\partial \ln q(h)}{\partial \ln p(h)} = -\eta(h)$；同理 $\frac{\partial \ln q(f)}{\partial \ln p(f)} = -\eta(f)$。

② 由于需求量的变动方向与自身价格的变动方向相反，所以需求价格弹性通常为负值。就需求价格弹性的绝对值来说，可以根据其数值大小对消费品进行分类：一是凡需求价格弹性小于1者，称为缺乏弹性，例如食品和初级产品。如果价格上涨，需求量必定下降，但下降的幅度将小于价格上涨的幅度，总支出势必增加。二是凡需求价格弹性大于1者，称为富有弹性，如果价格上涨，需求量必定下降，下降的幅度将大于价格上涨的幅度，总支出势必减少。

③ 见伯吉斯和奈特（1998）。

④ 由 $P(h) = cq(h)^{-1/\eta(h)}$，$\frac{\partial(p(h)q(h))}{\partial q(h)} = \frac{\partial(cq(h)^{1-1/\eta(h)})}{\partial q(h)} = (1 - \frac{1}{\eta(h)})cq(h)^{-1/\eta(h)} = (1 - \frac{1}{\eta(h)})p(h)$。

$$\frac{\partial \pi'}{\partial q(f)} = \phi_t e_t \left(1 - \frac{1}{\eta(f)}\right) p(f) + \lambda = 0 \qquad (\text{式} 3-7)$$

$$\frac{\partial \pi'}{\partial L_t} = -\phi_t W_t - \lambda \beta L_t^{-1} Q_t = 0 \qquad (\text{式} 3-8)$$

$$\frac{\partial \pi'}{\partial N(h)} = -\phi_t S_t(h) - \lambda(1-\alpha-\beta) N(h)^{-1} Q_t = 0 \qquad (\text{式} 3-9)$$

$$\frac{\partial \pi'}{\partial N(f)} = -\phi_t e_t S_t(f) - \lambda \alpha N(f)^{-1} Q_t = 0 \qquad (\text{式} 3-10)$$

$$\frac{\partial \pi'}{\partial \lambda} = q(h) + q(f) - N(h)^\alpha N(f)^{1-\alpha-\beta} L^\beta = 0 \qquad (\text{式} 3-11)$$

下面本书根据以上关系式求解产量的汇率弹性,根据弹性的定义:

$$\eta^{Q,e} = \frac{\partial Q_t}{\partial e_t} \frac{e_t}{Q_t} = \frac{\partial \ln Q_t}{\partial \ln e_t} = \frac{\partial \ln Q_t}{\frac{1}{e_t} \partial e_t}$$

$$= -\alpha + \frac{\left(1 - \frac{1}{\eta(h)}\right) p(h) q(h) \eta^{p(h),e} + \left(1 - \frac{1}{\eta(f)}\right) e_t p(f) q(f) (1 + \eta^{p(f),e})}{p(h) q(h) + e_t p(f) q(f)}$$

$$\cdot \frac{p(h)q(h) + e_t p(f) q(f)}{\left(1 - \frac{1}{\eta(h)}\right) p(h) q(h) + \left(1 - \frac{1}{\eta(f)}\right) e_t p(f) q(f)} \qquad (\text{式} 3-12)$$

具体求解过程见本章附录"一"。

(式3-12)为假设没有调整成本条件下的厂商最优总产量对汇率 e_t 的汇率数量弹性。为了考虑企业的出口导向对汇率弹性的影响,设定企业的出口导向率为:

$$\chi = \frac{e_t p(f) q_t(f)}{p(h)q(h) + e_t p(f) q(f)}; \quad 另外,用 \nu = \frac{p(h)q(h) + e_t p(f) q(f)}{\left(1 - \frac{1}{\eta(h)}\right) p(h) q(h) + \left(1 - \frac{1}{\eta(f)}\right) e_t p(f) q(f)}$$

表示本国和外国的需求价格弹性之差异。则可以进一步整理上式为:

$$\eta^{Q,e} = \frac{\partial Q_t}{\partial e_t} \frac{e_t}{Q_t} = -\alpha + \nu \left[\left(1 - \frac{1}{\eta(h)}\right)(1-\chi) \eta^{p(h),e} + \left(1 - \frac{1}{\eta(f)}\right) \chi (1 + \eta^{p(f),e})\right] \quad (\text{式} 3-13)$$

这里 $\eta^{Q,e}$ 即为最优总产量 Q_t 对汇率变动的弹性①。

二、产量汇率弹性的影响因素

基于(式3-15),下面依次讨论进口原材料投入比例 α、进口渗透度 $M(h)$、

---

① 必须注明的是,本书中的变量 X 对变量 Y 的弹性定义均为 $\frac{\partial X}{\partial Y} \frac{Y}{X} = \frac{\partial \ln X}{\partial \ln Y}$,不含绝对值运算。(式3-4)中的需求价格弹性除外。

出口渗透度 $M(f)$、某行业产品的需求价格弹性 $\eta(h)$ 和 $\eta(f)$ 以及价格汇率弹性 $\eta^{p(h),e}$ 和 $\eta^{p(f),e}$ 等产业特征，不同厂商出口导向程度 χ，本国和外国的需求价格弹性差异系数 ν 以及两国价格曲线偏离对 $\eta^{Q,e}$ 的影响。给定其他条件不变，可以看到影响最优总产量 Q_t 对汇率弹性的几个因素：

1. 进口原材料投入比例 α、某行业产品的需求价格弹性 $\eta(h)$ 和 $\eta(f)$ 等产业特征对 $\eta^{Q,e}$ 的影响

（1）对进口要素的依赖增加时，α 变大，会降低 Q_t 对汇率变动的敏感程度，例如本币贬值时，有利于出口，但进口要素成本同样增加，增加的进口要素成本会部分的抵消掉出口产品所增加的本币收入，从而降低厂商因本币贬值而带来的扩张生产的积极性。

（2）本国和外国市场的需求价格弹性也很重要，需求价格弹性的绝对值即 $\eta(h)$ 和 $\eta(f)$ 越大，汇率对总产量的影响越大。假设汇率对价格的影响不变，需求价格弹性越高，价格的变化对数量的影响越大，所以汇率对数量的影响也越大。

2. 厂商出口导向程度 χ 对 $\eta^{Q,e}$ 的影响

当某个厂商把更多的产品用于出口时，χ 变大，厂商的总收入受汇率变动的影响更大，从而提高了生产量对汇率的敏感程度，因而 χ 与 $\eta^{Q,e}$ 同向变动。

3. 产品的价格汇率弹性 $\eta^{p(h),e}$ 和 $\eta^{p(f),e}$ 对 $\eta^{Q,e}$ 的影响

由（式3-13）可以看出，$\eta^{p(h),e}$ 或 $\eta^{p(f),e}$ 越高的行业，该行业的产量对汇率冲击的反应越大。汇率冲击通过影响产品国内、外销售收入和进口投入品成本来影响其边际收入。国内外市场上边际收入对汇率的弹性取决于不同产业在国内外市场上的价格汇率弹性。而这些系数对产业贸易和产业竞争结构敏感已经得到很多学者的认同，产业特征之所以对产量汇率弹性有影响是由于产业通过价格设定来抵御冲击的能力越弱，则生产边际利润受汇率影响越大，如多恩布什，（1987），马斯顿（1990），博德纳、杜马斯（Dumas）和马斯顿（1998）。

4. 进口渗透度 $M(h)$、出口渗透度 $M(f)$ 的行业特征对 $\eta^{Q,e}$ 的影响

定义进口渗透度为进口品占本国同类产品市场的比例，表示为 $M(h)$；定义出口渗透度为本国出口品占外国市场同类产品市场的比例，表示为 $M(f)$。$M(h)$ 和 $M(f)$ 分别为外国产品对本国市场的进口渗透度以及本国产品对外国市场的出口渗透度，分别代表本国和外国产品面临的来自其他国家同类产品的竞争压力。根据多恩布什（1989）的研究结果：在垄断竞争市场，国内市场价格对汇率弹性的绝对值与国内市场的进口渗透度成比例，国外市场价格对汇率弹性的绝对值与国内对国外市场的出口渗透度成比例；一般的，$\eta^{p(h),e} \geq 0$，$\eta^{p(f),e} \leq 0$，因而有 $\eta^{p(h),e} \propto kM(h)$ 和 $\eta^{p(f),e} \propto -kM(f)$。则厂商最优总产量对汇率 e_t 的汇率数量弹性可以写为：

$$\eta^{Q,e} = \frac{\partial Q_t}{\partial e_t}\frac{e_t}{Q_t} = -\alpha + \nu\left[\left(1 - \frac{1}{\eta(h)}\right)(1-\chi)kM(h) + \left(1 - \frac{1}{\eta(f)}\right)\chi(1-kM(f))\right]$$

(式3-14)

(1) 当外国产品对本国市场的进口渗透度增加时，$M(h)$变大，表示外国产品对本国同类产品的竞争压力增大，外国厂商更大程度地掌握了定价权，由于从外国进口的产品价格对汇率十分敏感，从而使进口渗透度高的行业在决定国内产品定价的时候依据汇率变动而变动，价格又直接影响厂商利润从而影响厂商生产的积极性，从而该行业产量对汇率的敏感程度也增大。

(2) 同样地，在本国产品对外国市场的出口渗透度高的行业，$M(f)$较大，表示本国产品对外国同类产品的竞争优势增大，本国厂商对价格更有控制力，在本币升值的情况下，本国厂商可以通过提高外币价格稳定本币价格，保持利润率不受过度影响。因而，出口渗透度越大，本国厂商对产量的调整越小，该行业产量汇率弹性越小。

由此可见，出口渗透度和进口渗透度主要都是通过影响厂商定价模式从而影响厂商的利润，进而影响厂商的生产量对汇率的敏感程度。

5. 讨论本国和外国的需求价格弹性差异系数 ν 及其变动（即价格曲线的偏离）对 $\eta^{Q,e}$ 的影响

$$\nu = \frac{p(h)q(h) + e_t p(f)q(f)}{\left[1 - \frac{1}{\eta(h)}\right]p(h)q(h) + \left(1 - \frac{1}{\eta(f)}\right)e_t p(f)q(f)}$$

$$= \frac{p(h)q(h) + e_t p(f)q(f)}{\left[1 - \frac{1}{\eta(h)}\right]\left[p(h)q(h) + \frac{1 - \frac{1}{\eta(f)}}{1 - \frac{1}{\eta(h)}}e_t p(f)q(f)\right]}$$

$$= \frac{p(h)q(h) + e_t p(f)q(f)}{\left[1 - \frac{1}{\eta(f)}\right]\left[\frac{1 - \frac{1}{\eta(h)}}{1 - \frac{1}{\eta(f)}}p(h)q(h) + e_t p(f)q(f)\right]}$$

(式3-15)

如果本国需求价格弹性的绝对值小于外国需求价格弹性的绝对值，即 $\eta(h) < \eta(f)$，则 $\frac{1}{1 - \frac{1}{\eta(f)}} < \nu < \frac{1}{1 - \frac{1}{\eta(h)}}$；如果本国需求价格弹性的绝对值大于外国需求价格弹性的绝对值，即 $\eta(h) > \eta(f)$，则 $\frac{1}{1 - \frac{1}{\eta(h)}} < \nu < \frac{1}{1 - \frac{1}{\eta(f)}}$；如果两国的需求

价格弹性相等，即 $\eta(h)=\eta(f)$，则 $\nu=\dfrac{1}{1-\dfrac{1}{\eta(h)}}|_{\eta(h)=\eta(f)}=\dfrac{1}{1-\dfrac{1}{\eta(f)}}|_{\eta(h)=\eta(f)}$。如果两国需求价格弹性绝对值都大于1，有 $\nu>1$；如两国需求价格弹性绝对值都小于1，有 $-1<\nu<0$。由变换的公式看出 ν 的大小取决于两国需求价格弹性的差异程度。但由于（式3-14）中的中括号内正负符号不定，因而不能确定 ν 对于产量汇率弹性的影响方向，但本书下面将尝试讨论价格曲线的偏离对 $\eta^{Q,e}$ 的影响。

由（式3-13）和（式3-15）可得：

$$\eta^{Q,e}=-\alpha+(p(h)q(h)+ep(f)q(f))\times$$

$$\left[\dfrac{(1-\chi)\eta^{p(h),e}}{p(h)q(h)+\dfrac{1-\dfrac{1}{\eta(f)}}{1-\dfrac{1}{\eta(h)}}ep(f)q(f)}+\dfrac{\chi(1+\eta^{p(f),e})}{\dfrac{1-\dfrac{1}{\eta(h)}}{1-\dfrac{1}{\eta(f)}}p(h)q(h)+ep(f)q(f)}\right]$$ （式3-16）

或者写成：

$$\eta^{Q,e}=-\alpha+(p(h)q(h)+ep(f)q(f))\times$$

$$\left[\dfrac{(1-\chi)KM(h)}{p(h)q(h)+\dfrac{1-\dfrac{1}{\eta(f)}}{1-\dfrac{1}{\eta(h)}}ep(f)q(f)}+\dfrac{\chi(1+KM(f))}{\dfrac{1-\dfrac{1}{\eta(h)}}{1-\dfrac{1}{\eta(f)}}p(h)q(h)+ep(f)q(f)}\right]$$ （式3-17）

重大的经济危机和金融危机等会影响一个国家的基本面，从而使这个国家的需求价格弹性发生变动。那么，如果两国的价格曲线突然发生大的变化，即偏离原来的初始值，那么会对 $\eta^{Q,e}$ 有什么样的影响呢？本书下面将分析价格曲线偏离对中括号中的两部分数值的影响。第一种情形是：假设 $\eta(h)$ 固定不变，$\eta(f)$ 突然偏离原来的初始值，由（式3-16）可以看出，中括号中的第一项随 $\eta(f)$ 变化而反向变动，第二项随 $\eta(f)$ 变化而同向变动；第二种情形是：假设 $\eta(f)$ 固定不变，$\eta(h)$ 突然偏离原来的初始值，由（式3-16）可以看出，中括号中的第一项随 $\eta(h)$ 变化而反向变动，第二项随 $\eta(h)$ 变化而同向变动。从此看出，对任何产业（无论必需品还是奢侈品），中括号中的两项永远是互相抵消的关系，结合两项的分子表达式，第一项可以看成是国内的影响因素，第二项可以看成是国外的影响因素，$(1-\chi)$ 和 χ 分别是国内因素和国外因素的影响权重。某个国家的需求价格弹性的突然变化对 $\eta^{Q,e}$ 的影响取决于两项相抵的结果，也就是需求价格弹性的突然变化对哪一项的作用更大。对于出口导向度高的企业或行业，第二项起主导作用；对于出口导向度低的企业或行业，第一项起主导作用。由此可以预测：美国最近一次爆发的次贷危机可能导致美国的需求价格弹性绝对值变大，也就是

$\eta(f)$ 变大,结合本书分析的第一种情形,对于出口导向程度(或者出口依存度)高的企业或行业,χ 较大,第二项起主要作用,从而 $\eta^{Q,e}$ 随 $\eta(f)$ 变化而同向增大;对于出口导向程度(或者出口依存度)较低的企业,χ 较小,$(1-\chi)$ 较大,第一项起主要作用,从而 $\eta^{Q,e}$ 随 $\eta(f)$ 变化而反向减小。因此,美国近期爆发的次贷危机会使出口依存度高的企业或者行业的 $\eta^{Q,e}$ 增大,从而使我国的出口商的总产出对于汇率变动的敏感度增加,对我国的出口行业会有一定的打击;而出口依存度低的企业或者行业的 $\eta^{Q,e}$ 会减小,即专注于国内市场的企业总产出对于汇率变动的敏感度在美国次贷危机之后反而减小,因而我国出口商应转向内需市场。

6. 产量汇率弹性的总公式

综合以上讨论,可以使用一个总公式总结各个因素对产量汇率弹性的影响,表达如下:

$$\eta^{Q,e} = f(\overset{-}{\alpha}, \overset{+}{M(h)}, \overset{-}{M(f)}, \overset{+}{\eta(h)}, \overset{+}{\eta(f)}, \overset{+}{\eta^{p(h),e}}, \overset{+}{\eta^{p(f),e}}, \overset{+}{\chi}, \overset{+,-}{\nu})$$ (式 3-18)

其中"+"表示该因素与产量汇率弹性成正向关系,"-"表示反向关系。

概括来说,对产量汇率弹性产生反向影响的产业特征只有进口原材料投入比例 α 和出口渗透度 $M(f)$;对产量汇率弹性产生正向影响的产业特征有:进口渗透度 $M(h)$,行业产品本国和外国的需求价格弹性 $\eta(h)$ 和 $\eta(f)$,以及出口导向度 χ;本国和外国的需求价格弹性差异系数 ν 对产量汇率弹性的影响方向不定。

7. 产量汇率弹性的正负符号

对任何产业(只要 $\eta(h)$ 和 $\eta(f)$ 同时大于 1 或者同时位于 0 和 1 之间),都有(式 3-16)的中括号中的数值大于 0。只要在进口原材料投入比例 α 不是特别大的情况下,都有 $\eta^{Q,e} > 0$,可得 $\frac{\partial Q}{\partial e} > 0$,也就是说一般情况下,本币贬值,由国内销售量和国外销售量组成的总产出也会随之上升;而进口原材料比例会抵消部分的影响,如果进口原材料投入比例 α 非常高,有可能导致 $\eta^{Q,e} < 0$,$\frac{\partial Q}{\partial e} < 0$,厂商的进口成本因本币贬值而上升很多,从而使厂商减少产量。

对比以往的汇率变动的产出传导效应的研究结论,本书得到的结论具有创新意义。从文献回顾中看到,学者们关于汇率变动对国内总产出影响的研究还没有得到一致结论,一些理论和实证结果认为汇率贬值具有扩张性效应,如科塔尼等(1990)、瑞兹尼和柯林斯(1997);另一些理论和实证研究则认为汇率贬值具有紧缩性效应,如莱因哈特和韦格(1993)、卡明(1996)、克鲁格曼和泰勒(1978)、李赞多和蒙铁尔(1989)、库珀(Cooper,1971)、爱德华兹(1989)以及莫雷(1992)。之所以这些研究结果会出现如此直接的矛盾,本书认为是由于在以往的理论模型中没有纳入行业特征,在以往的实证分析中也没有将汇率对产量的影响细分到行业，而本书的结论恰好证明了这一点。根据上述结论，尽管产量汇率弹性 $\eta^{Q,e}$ 一般情况下为正，也即本币贬值对于产量具有正向影响；但一个重要的行业特征变量——进口原材料投入比例 α 可能会改变产量汇率弹性的符号，使得那些对进口原材料依赖性特别强的行业产量与汇率成反向关系。这也就合理解释了以往研究中针锋相对的两种观点，凸显了本书引入行业特征变量进行分析的优势。

三、关于劳动力需求汇率弹性的讨论

下面求劳动力需求对汇率变动的弹性。结合（式 3 – 3）可得：

$$\eta^{L,e}=\frac{\partial \ln L_t}{\partial \ln e_t}=\frac{\partial \ln L_t}{\partial \ln Q}\frac{\partial \ln Q}{\partial \ln e_t}=\frac{\partial \ln L_t}{\partial \ln(N(f)^{\alpha}N(h)^{1-\alpha-\beta}L^{\beta})}\eta^{Q,e}=\frac{1}{\beta}\eta^{Q,e}$$

（式 3 – 19）

（式 3 – 19）表明劳动力需求汇率弹性的影响跟总产量的汇率弹性影响只相差一个系数 $\frac{1}{\beta}$，前面对于总产量汇率弹性的分析结论同样适用于劳动力需求汇率弹性。另外，劳动力需求汇率弹性还与生产函数中的劳动力投入比例 β 成反向关系。分述各点如下：

（1）进口原材料投入比例 α 越大，劳动力需求汇率弹性越小；

（2）需求价格弹性的绝对值越大，也即 $\eta(h)$ 和 $\eta(f)$ 越大，劳动力需求对汇率变动的反应越大；

（3）进口渗透度 M(h) 越大，汇率变动对于劳动力需求的影响越大；

（4）出口渗透度 M(f) 越大，汇率变动对于劳动力需求的影响越小；

（5）出口导向度 χ 越大，劳动力需求对汇率的弹性也就越大；

（6）本国和外国的需求价格弹性差异系数 ν 对于劳动力需求汇率弹性的影响方向不定；

（7）行业的劳动力投入比例 β 与劳动力需求汇率弹性成反向关系，劳动密集型产业（β 较高）的劳动需求对于汇率变动的反应较小。劳动密集型行业的劳动力成本在总成本中所占比例较大，因而劳动力成本的变化对利润率的影响显著；而汇率变动直接影响的是进口原材料价格和出口收入，对劳动力成本的影响微弱，因此行业利润率对汇率变动的弹性较小，自然劳动密集型行业的劳动力需求对汇率变化的弹性也小。

以上各点用总公式表达如下：

$$\eta^{L,e}=f(\overset{-}{\alpha},\overset{+}{M(h)},\overset{-}{M(f)},\overset{+}{\eta(h)},\overset{+}{\eta(f)},\overset{+}{\chi},\overset{-}{\nu},\overset{-}{\beta})$$

（式 3 – 20）

上述关于各种行业特征和劳动力需求汇率弹性之间关系的研究也与之前的一

些实证结果相吻合。比如,高德伯格和特雷西(1999)选用1971~1996年的年度数据对美国各行业的就业汇率弹性进行了实证检验,发现汇率对于就业的影响在各行业间存在很大差异。伯吉斯和奈特(1996)的研究也发现汇率对于就业的影响规模在不同国家、不同行业之间存在显著差别,对就业汇率弹性的估计在 $-1.5 \sim +1.2$ 之间不等。另外,本书关于进口渗透度、出口渗透度和出口导向度等表示行业开放程度与劳动力需求的汇率弹性之间的正向关系也与克莱因、舒和特里斯特(2003)的实证结果相符合,根据他们的研究,行业外部化最高的四分之一行业的就业汇率弹性为0.58,而行业外部化最低的四分之一行业的就业汇率弹性仅为0.415。

由(式3-19)可以看出,$\eta^{L,e}$ 的符号也与 $\eta^{Q,e}$ 相同,因此关于 $\eta^{Q,e}$ 符号的讨论也适合 $\eta^{L,e}$。也就是说,一般情况下 $\eta^{L,e} > 0$,但当进口原材料比例 α 非常高时,$\eta^{L,e}$ 有可能小于零。这也就解释了为什么一些实证研究得到了某些行业的就业汇率弹性为负的结论。

四、关于价格汇率弹性的讨论

下面求价格对汇率变动的弹性:

$$\frac{\partial \ln p(h)}{\partial \ln e_t} = \frac{\partial \ln p(h)}{\partial \ln Q} \frac{\partial \ln Q}{\partial \ln e_t} = \frac{\partial \ln p(h)}{\partial \ln Q} \eta^{Q,e} \quad \text{(式3-21)}$$

$$\frac{\partial \ln p(h)}{\partial \ln Q} = \frac{Q}{p(h)} \frac{\partial p(h)}{\partial Q} = \frac{Q}{p(h)} \frac{\partial p(h)}{\partial q(h)} \frac{\partial q(h)}{\partial Q} \quad \text{(式3-22)}$$

由本章附录"一"中(式3-69)$q(f) = \left[\dfrac{c(h)\left(1-\dfrac{1}{\eta(h)}\right)}{e_t c(f)\left(1-\dfrac{1}{\eta(f)}\right)}\right]^{-\eta(f)} q(h)^{\eta(f)/\eta(h)}$,

为了简化表达式,假设两国的需求价格弹性趋于相等,即 $\eta(h) = \eta(f)$,可得:

$$q(f) = \left[\frac{e_t c(f)}{c(h)}\right]^{\eta(h)} q(h) \quad \text{(式3-23)}$$

联合(式3-2)和(式3-23),可得:

$$Q = q(h) + q(f) = q(h) + \left[\frac{e_t c(f)}{c(h)}\right]^{\eta(h)} q(h) = q(h)\left\{1 + \left[\frac{e_t c(f)}{c(h)}\right]^{\eta(h)}\right\} \quad \text{(式3-24)}$$

$$\frac{\partial q(h)}{\partial Q} = \frac{1}{1 + \left[\dfrac{e_t c(f)}{c(h)}\right]^{\eta(h)}} \quad \text{(式3-25)}$$

把(式3-24)和(式3-25)代入(式3-22),可得:

$$\frac{\partial \ln p(h)}{\partial \ln Q} = \frac{1+\left(\frac{e_t c(f)}{c(h)}\right)^{\eta(h)}}{p(h)} q(h) \frac{\partial p(h)}{\partial q(h)} \frac{\partial q(h)}{\partial Q}$$

$$= \left[1+\left(\frac{e_t c(f)}{c(h)}\right)^{\eta(h)}\right] \frac{1}{1+\left(\frac{e_t c(f)}{c(h)}\right)^{\eta(h)}} \frac{\partial p(h)}{\partial q(h)} \frac{q(h)}{p(h)} = \frac{\partial \ln p(h)}{\partial \ln q(h)} \quad (\text{式} 3-26)$$

把（式3-26）代入（式3-21）可得：

$$\frac{\partial \ln p(h)}{\partial \ln e_t} = \frac{\partial \ln p(h)}{\partial \ln Q} \eta^{Q,e} = \frac{\partial \ln p(h)}{\partial \ln q(h)} \eta^{Q,e} \quad (\text{式} 3-27)$$

由（式3-27）可以看出，$\eta^{p(h),e}$ 与 $\eta^{Q,e}$ 成负向关系（$\frac{\partial \ln p}{\partial \ln q}$ 显然小于零）；$\eta^{p(h),e}$ 与 $\eta^{Q,e}$ 的绝对值同向变动，也就是价格和产量对于汇率变化的敏感程度同向变动。

同时，将（式3-27）简单变形后可以得到：

$$\eta^{Q,e} = \frac{\partial \ln q}{\partial \ln p} \eta^{p,e} \quad (\text{式} 3-27')$$

根据（式3-27'），由于必需品的需求价格弹性的绝对值较小 $\left(-1 < \frac{\partial \ln q}{\partial \ln p} < 0\right)$，而奢侈品的需求价格弹性的绝对值较大 $\left(\frac{\partial \ln q}{\partial \ln p} < -1\right)$，也就是说，当价格对汇率变动的反应相同时，必需品的需求变化较小，因而必需品的产量汇率弹性较小。

如前所述：大量的文献表明厂商采取不同的定价方式往往导致汇率传递结果的极大差异，为了使模型结果具有普遍适用性，本书在描述销售价格与销售量之间的关系时不采用经典的线性方程，或者其他任何具体的方程形式，而是把需求价格方程表示为如（式3-4）的形式。

但是（式3-27）表明，如果要得到价格的汇率弹性，就必须设定具体的价格曲线（需求价格方程）。本书尝试应用经典的线性需求价格曲线 $p = a - bq$。

$$\frac{\partial \ln p(h)}{\partial \ln q(h)} = \frac{q(h)}{p(h)} \frac{\partial p(h)}{\partial q(h)} = \frac{q(h)}{a-bq(h)}(-b) = \frac{-bq(h)}{a-bq(h)} = 1 - \frac{a}{a-bq(h)}$$

或者：

$$\frac{\partial \ln p(h)}{\partial \ln q(h)} = \left(1 - \frac{a}{p}\right)b \quad (\text{式} 3-28)$$

把（式3-28）代入（式3-27），可得：

$$\eta^{p(h),e} = \frac{\partial \ln p(h)}{\partial \ln e_t} = \frac{-bq(h)}{a-bq(h)} \eta^{Q,e} = \left(1 - \frac{a}{p(h)}\right) b \eta^{Q,e} \quad (\text{式} 3-29)$$

第三节 加工贸易的汇率传导模型

加工贸易是指出口加工企业通过原始设备制造商（OEM），或者通过原始设计制造商（ODM）方式，从国外进口原材料或半成品投入生产，并且最终产品全部销往国外市场。根据加工贸易的特点，可以将加工贸易企业的生产要素简化为劳动力和进口原材料或半成品，并认为加工贸易企业的全部产量即为出口量。因此，代表性加工贸易厂商的最优决策可以表示为：

$$\pi = p_x q(f) - p_m(e)m(e) - WL \tag{式3-30}$$

其中，p_x 为厂商最终产品的出口价格，$q(f)$ 为最终产品的产量，也就是出口量，$p_m(e)$ 为中间进口品（即厂商原材料）的价格，$m(e)$ 为中间进口品的进口量，W 为工资，L 为劳动力投入。

在此，本书考察中国的情况，同基本模型的假设相同，由于中国出口多为劳动密集型、低附加值的商品，而假定厂商无定价权，为国际价格的接受者，出口品与进口品的价格是固定的，即 p_x，$p_m(e)$ 为固定。

加工贸易只有两种投入要素，假定厂商的生产函数为：

$$q(f) = L^\beta m^{1-\beta} \tag{式3-31}$$

其中 β 为劳动力要素投入比例。

则厂商利润最大化的一阶条件为：

$$\frac{\partial \pi}{\partial m} = \frac{(1-\beta)p_x L^\beta m^{1-\beta}}{m} - p_m(e) = 0 \tag{式3-32}$$

$$\frac{\partial \pi}{\partial L} = \frac{\beta p_x L^\beta m^{1-\beta}}{L} - W = 0 \tag{式3-33}$$

由以上二式可以得到：

$$\frac{1-\beta}{\beta} \frac{L}{m} = \frac{p_m(e)}{W} \tag{式3-34}$$

代入厂商生产函数得到：

$$q(f) = \left(\frac{p_m(e)}{W} \frac{\beta}{1-\beta} m\right)^\beta m^{1-\beta} \tag{式3-35}$$

此即厂商的最优产量，对两边取对数并对 e 求导，可以得到：

$$\frac{\partial \ln q(f)}{\partial \ln e} = \beta \frac{\partial \ln p_m(e)}{\partial \ln e} + \frac{\partial \ln m}{\partial \ln e} \tag{式3-36}$$

令 $\frac{\partial \ln q(f)}{\partial \ln e} = \eta^{q(f),e}$、$\frac{\partial \ln p_m(e)}{\partial \ln e} = \eta^{p_m,e}$（一般而言，$\frac{\partial \ln p_m(e)}{\partial \ln e} > 0$），即中间品进口价格的汇率弹性；$\frac{\partial \ln m}{\partial \ln e} = \eta^{m,e}$，即中间品进口量的汇率弹性；由此可见，加工贸易品部门的产量汇率弹性取决于中间品的进口价格汇率弹性和中间品的进口量汇率弹性。

$$\eta^{q(f),e} = f(\overset{+}{\beta}, \overset{+}{\eta^{p_m,e}}, \overset{+}{\eta^{m,e}}) \tag{式3-37}$$

可以从模型的结果中看出以下两点：

第一，$\eta^{p_m,e}$ 和 $\eta^{m,e}$ 越大，则 $\eta^{q(f),e}$ 越大，即行业的中间品进口价格的汇率弹性和进口量汇率弹性越大，则产量对于汇率的变动越敏感，与一般贸易的结论一致，这是非常直观的。

第二，对于不同行业来说，β 越大，则 $\eta^{q(f),e}$ 越大，也就是行业的劳动力投入比例越高，则其产量对于汇率的变动越敏感。这点与现实也是比较相符的，比如纺织行业是劳动力密集型行业，其行业的利润率很低，汇率对其的影响显然要比对高科技产业大许多。

第四节　汇率变动对于进口替代品的影响：进口替代品模型

一、进口替代品模型的建立

基本模型中设定的厂商总产量由国内的销售量和在国外的销售量组成，这种厂商生产的产品属于可贸易品部门中常见的可出口品。然而，可贸易品还包括另一种特殊情况——进口替代品，进口替代品显著区别于可出口品的特征是厂商的全部生产用于内销，并不销往国外市场。进口替代品，顾名思义，是与进口商品进行竞争，并在一定程度上替代进口的商品，因此进口替代品的另一特征是该产品面临的国内总需求由国内生产的进口替代品和进口产品满足。发展进口替代产业是内向型战略的重要内容之一，因此本书将对汇率变动对于进口替代品部门的影响进行研究。

根据进口替代品的特征，下面将对基本模型进行一些修正，以适用进口替代品。首先，此模型的分析对象是进口替代品部门，而非单一厂商。由于进口替代品部门的生产仅供内销，因而其利润由（式3-38）决定：

$$\pi = \max \sum \phi_t \{P(h)q(h) - w_t L_t - e_t S(f)N(f) - S(h)N(h)\} \tag{式3-38}$$

生产进口替代品的部门面临的总需求由国内产量 q 和进口量 $m(e)$（进口量显然与汇率 e 有关）组成，如（式 3-39）所示：

$$Q = q(h) + m(e) \tag{式 3-39}$$

不失一般性，本书仍假设进口替代部门的生产满足规模报酬不变的 C-D 生产函数，生产要素包括劳动力 L，国内的非劳动力投入即来自国内的原材料投入 N(h)，以及进口原材料投入 N(f)，生产函数如（式 3-40）所示：

$$q(h) = N(f)^{\alpha} N(h)^{1-\alpha-\beta} L^{\beta} \tag{式 3-40}$$

与基本模型一致，仍然假设国内价格需求曲线的形式如（式 3-41）：

$$P(h) = c(h) Q^{-1/\eta(h)} \tag{式 3-41}$$

基于以上假定，进口替代品部门的决策是在（式 3-40）的约束下最大化（式 3-38），构造拉格朗日函数为：

$$\pi' = \max \sum \phi_t [P(h)q(h) - W_t L_t - e_t S(f) N(f) - S(h) N(h)] + \lambda [q(h) - N(f)^{\alpha} N(h)^{1-\alpha-\beta} L^{\beta}] \tag{式 3-42}$$

解最大化的一阶导数方程如下：

$$\frac{\partial \pi'}{\partial q(h)} = \lambda + \phi_t c(h) \frac{\partial \{[q(h)+m(e)]^{-1/\eta(h)} q(h)\}}{\partial q(h)} = 0 \tag{式 3-43}$$

$$\frac{\partial \pi'}{\partial L_t} = -\phi_t W_t - \lambda \beta L_t^{-1} q(h) = 0 \tag{式 3-44}$$

$$\frac{\partial \pi'}{\partial N(h)} = -\phi_t S_t(h) - \lambda (1-\alpha-\beta) N(h)^{-1} q(h) = 0 \tag{式 3-45}$$

$$\frac{\partial \pi'}{\partial N(f)} = -\phi_t e_t S_t(f) - \lambda \alpha N_t(f)^{-1} q(h) = 0 \tag{式 3-46}$$

$$\frac{\partial \pi'}{\partial \lambda} = q(h) - N_t(f)^{\alpha} N_t(h)^{1-\alpha-\beta} L^{\beta} = 0 \tag{式 3-47}$$

根据（式 3-43）至（式 3-47），可以解出进口替代品部门的最优产量由（式 3-48）决定：

$$q(h) = -\frac{\left[1 + \frac{\lambda}{\phi_t P(h)}\right] m(e)}{\frac{1}{n} - 1 - \frac{\lambda}{\phi_t P(h)}}, \tag{式 3-48}$$

其中 $P(h) = c(h) Q^{-1/\eta(h)}$。

最优解的具体求解过程见本章附录"二"。

二、进口替代品部门的产量汇率弹性

为求产量汇率弹性，对（式 3-48）两边取对数，得出：

$$\ln q(h) = \frac{\lambda}{\phi_t P(h)} + \ln m(e) - \ln \frac{1}{\eta(h)} \left[1 - \eta(h) - \frac{\lambda \eta(h)}{\phi_t P(h)} \right]$$

在等式两边对 e 求导数：

$$\frac{\partial \ln q(h)}{\partial e} = (1 + \eta(h)) \left[\frac{\partial \frac{\lambda}{\phi_t}}{P(h) \partial e} \right] - \frac{\lambda \partial \ln P(h)}{\phi_t P(h) \partial e} + \frac{\partial \ln m(e)}{\partial e}$$

令 $-\frac{\phi_t}{\lambda} = k e_t^{-\alpha}$，其中 $k = -\left[\frac{\beta}{W_t} \right]^\beta \left[\frac{(1-\alpha-\beta)}{S_t(h)} \right]^{1-\alpha-\beta} \left[\frac{\alpha}{S_t(f)} \right]^\alpha < 0$

由此可得：

$$\frac{\partial \ln q(h)}{\partial e} = (1 + \eta(h)) \left[\frac{\partial \frac{\lambda}{\phi_t}}{P(h) \partial e} \right] - \frac{\lambda \partial \ln P(h)}{\phi_t P(e) \partial e} + \frac{\partial \ln m(e)}{\partial e}$$

$$= (1 + \eta(h)) \frac{1}{P(h)} \left(-\frac{1}{k} \right) \alpha e^{\alpha-1} - \left(-\frac{1}{k} \right) \frac{e_t^\alpha}{P(h)} \frac{\partial \ln P(h)}{\partial e} + \frac{\partial \ln m(e)}{\partial e}$$

由此可得进口替代品的产量汇率弹性为：

$$\frac{\partial \ln q(h)}{\partial \ln e} = \frac{e \partial \ln q(e)}{\partial e} = (1 + \eta(h)) \frac{1}{P(h)} \left(-\frac{1}{k} \right) \alpha e^\alpha - \left(-\frac{1}{k} \right) \frac{e_t^\alpha}{P(h)} \eta^{p(h),e} + \eta^{m,e}$$

（式 3 – 49）

其中，$-\frac{1}{k} > 0$。

根据（式 3 – 49），可以对进口替代品部门的产量汇率弹性的影响因素进行分析，并得到如下结论：

$$\eta^{q(h),e} = f(\overset{+}{\alpha}, \overset{-}{\eta^{p(h),e}}, \overset{+}{\eta^{m,e}})$$

（式 3 – 50）

首先，进口替代品部门的产量汇率弹性 $\eta^{Q,e}$ 与进口原材料投入比例 α 正相关。这一结论与可出口品模型的结论相反，这是因为由于进口替代品部门的产品全部内销，汇率变动通过成本渠道对进口替代品部门的利润率产生影响大于收入渠道。例如，当人民币汇率升值时，进口替代品部门面对的进口原材料成本下降，而国内价格短期波动不大，利润上升，从而进口替代品部门会扩张生产；进口原材料投入比例越高，利润上升越大，从而产量扩张也就越大。

其次，进口替代品部门的产量汇率弹性 $\eta^{Q,e}$ 与进口替代品的价格汇率弹性 $\eta^{p(h),e}$ 负相关。尽管汇率变动不会直接影响进口替代品的价格，但是根据汇率的价格传导机制，汇率变动最终会对国内价格水平产生影响。当汇率升值时，国内价格相应的会向下调整，当然这种调整幅度不是 100%，但是却对由进口原材料成本降低带来的利润率上升产生了抵消效应，因而，国内价格对于汇率变动调整得越充分，进口替代品部门的利润率上升部分被抵消得越严重，厂商扩张产量的倾向也就越小。

最后，根据模型结论，进口替代品部门的产量汇率弹性 $\eta^{Q,e}$ 与该产品进口量的汇率弹性 $\eta^{m,e}$ 正相关。显然，进口替代品与进口品互为竞争关系，在国内需求量变化不大的情况下，进口量调整的幅度越大，则进口替代品的产量调整幅度越大，二者的弹性正相关。

第五节　可贸易品部门实证研究

一、可贸易品部门汇率变动与就业关系的实证研究

1. 实证模型

贸易品部门的实证模型基于理论模型而构造，与理论模型保持了一致，能很好地验证理论预测。根据汇率影响就业的三种渠道，即成本渠道、出口导向渠道和进口渗透渠道，本书构造了三个行业特征变量，并将它们纳入实证模型，不仅考察了各行业就业的汇率弹性，也比较了汇率通过这三种渠道对就业影响的大小。

贸易品部门具体选用如下的实证模型进行检验：

$$\ln L_{it} = \beta_0 + (\beta_1 M_{it} + \beta_2 \alpha_{it} + \beta_3 \chi_{it}) \ln e_t (1 - w_{it}) + \beta_4 \ln FINV_{it} + \mu_t \quad （式3-51）$$

其中：

L_{it} 为行业 i 在 t 时刻的从业人数；e_t 为人民币实际真实有效汇率；W_{it} 为行业 i 在 t 时刻的出口退税率，此处考虑到出口退税对我国对外贸易的特殊地位，将其纳入模型进行考虑，$e_t(1-w_{it})$ 为行业面临的真实有效汇率①。

M_{it} 为行业 i 在 t 时刻的进口渗透度，也即进口商品占本国市场同类商品的比重，$M_{it} = \dfrac{m_{it}}{q_{it} - x_{it} + m_{it}}$，其中 m_{it} 为行业的进口总值，q_{it} 为行业的总产值，x_{it} 为行业出口总值。

α_{it} 为行业 i 在 t 时刻的进口原材料占总成本的比重②，$\alpha_{it} = \dfrac{\sum_{j=1}^{n-1} m_{it}^j p_t^{i,j}}{tc_t^i}$，其中

---

① 一般地，在使用传统的直接标价法汇率时，在出口退税下行业面临的真实汇率为 $e_t(1+w_{it})$，而由于本书实证部分采用的汇率指标为 BIS 公布的真实有效汇率指数，与人民币直接标价法的汇率不同，此指标数值的增加即意味着人民币的升值，也就是说两种汇率指标数值的变化意义恰恰相反，因而此处行业面临的真实汇率即为 $e_t(1-w_{it})$。

② 其构造和计算参考坎帕和高德伯格（1997）。

m_t^j 为行业 j 的进口总值,$p_t^{i,j}$ 为行业 j 用于行业 i 在 t 时刻的作为投入品的份额,tc_t^i 为行业 i 生产的总成本。

χ_{it} 为行业 i 在 t 时刻的出口导向度,$\chi_{it}=\dfrac{x_{it}}{q_{it}}$,其中 x_{it} 为行业出口总值,q_{it} 为行业总产值。

$FINV_{it}$ 为行业 i 在 t 时刻的固定资产投资的投资完成额,在模型中纳入此变量是由于经济发展必然会带动行业就业的增加,这种增加可能导致出现汇率与就业的"伪回归"关系。引入行业投资变量,可以有效剔除由经济增长带来的行业就业的增加。

对于实证模型需要特别说明的是,本模型考虑了出口退税的影响,构造了剔除了出口退税率的行业实际有效汇率,这是由于出口退税政策对于我国的出口贸易发挥着重要的作用,若不剔除此因素的影响得到的实证结果必然是不准确的。出口退税作为国际贸易理论所肯定的、符合国际贸易惯例和 WTO 协议的出口促进措施,在促进我国出口贸易实践中长期存在。出口贸易起着降低出口商品销售成本费用、提高出口商品在国际市场竞争力的作用,近 20 多年来为促进外贸增长发挥了重要作用。根据裴长洪、高培勇(2008)的实证研究,出口退税额每增加 1% 将导致下一年出口额增加 0.99%;综合退税比率提高 1%,出口增长率将提高 0.515%;退税兑现比例提高 1%,出口增长率会提高 0.415%。由此可见,退税的充分性和及时性对出口增长都有明显的影响,因而本实证模型剔除出口退税影响的处理是非常必要的。我国的出口退税政策于 1985 年正式确立,由图 3-1 和图 3-2 可以看出出口退税政策对于促进我国出口贸易的重要作用。

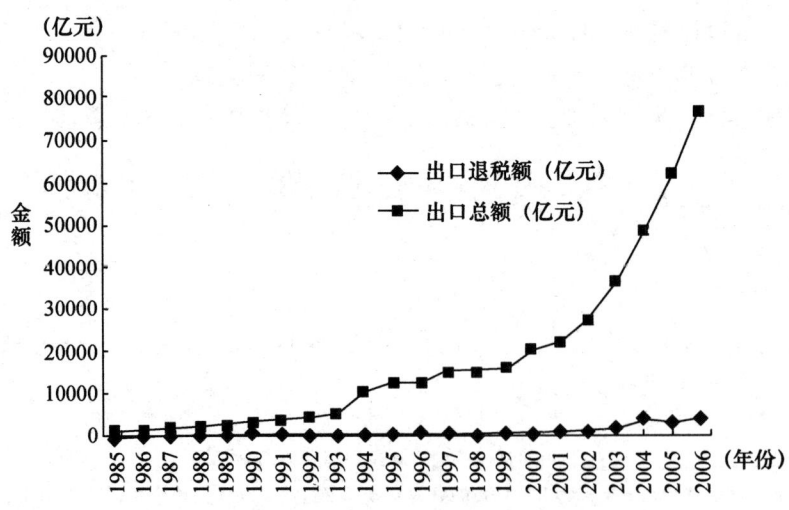

图 3-1 1985~2006 年出口退税总额与出口总额走势

资料来源:根据 1985~2006 年中国商务部统计报表和国家外汇管理局相关统计数据计算得来。

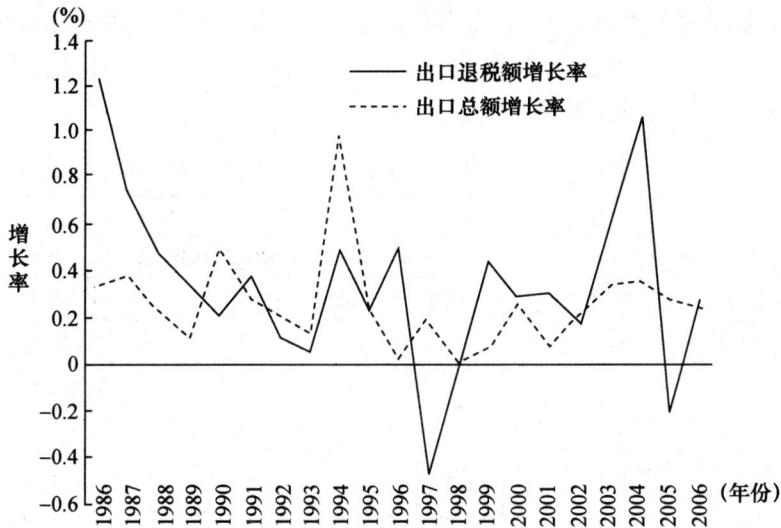

图 3-2　1986~2006 年出口退税增长率与出口增长率走势

资料来源：根据 1985~2006 年中国商务部统计报表和国家外汇管理局相关统计数据计算得来。

2. 数据说明

本书在数据搜集过程中遇到较大困难，通过搜集、筛选和整理，结合实证检验的需要和数据的可得性，选取了农业、能源、食品、纺织、化工、钢铁、汽车、电子和医药 9 个行业作为贸易品部门的代表性行业进行实证分析。选取的样本区间为 2005 年第一季度至 2012 年第四季度。

相关数据，如各行业出口总值、总产值以及进口总值的数据来源于中国经济信息网经济统计数据库。行业数据均来源于同一数据库，不存在统计口径不一致的问题。人民币实际有效汇率来源于国际清算银行（Bank for International Settlements，BIS）数据库公布的人民币实际有效汇率指数季度数据。

计算进口原材料比例需要用到的投入产出表，则选择了 2002 年和 2007 年我国投入产出表①，来源为国家统计局网站②。行业 j 用于行业 i 的作为投入品的份额 $p_L^{i,j}$ 数据可由 2002 年和 2007 年的中国投入产出表计算而得，本书从投入产出表 42 个部门中选取与本书实证研究的 9 个行业最为贴切的 9 个部门的数据，按照投入产出表的制定原则（沿列方向看，表明各产业部门从事生产活动所消耗各产品部门生产的货物或

---

① 参考附录中关于投入产出表的简要介绍。
② 此处由于国家统计局网站上并没有公布 2007 年之后的投入产出表，本书只能选取 2007 年为基准来计算。其中由于 2007 年未公布 144 个部门详细的投入产出情况，医药行业统一采用 2002 年投入产出表的计算结果。

服务的价值量),本书用部门 j 投入到部门 i 的投入量除以部门 j 的总产出即可得到本书所需要的指标 $p_i^{i,j}$,行业 j 用于行业 i 的作为投入品的部分占部门 j 总产出的份额。其计算结果如表 3-1 所示。

表 3-1 2007 年 9 个行业之间产品投入比例

行业	农业	能源	食品	纺织	化工	钢铁	汽车	电子	医药
农业	0.140657	0.001437	0.323524	0.073992	0.034105	0.000225	0.0000071	0.000010	0.019836
能源	0.001368	0.070238	0.007572	0.007769	0.123636	0.078898	0.001593	0.001077	0.000299
食品	0.112042	0.001156	0.188031	0.004822	0.021461	0.005378	0.001670	0.003154	0.006034
纺织	0.000269	0.000652	0.001523	0.372295	0.019134	0.002330	0.001837	0.000642	0.001134
化工	0.062625	0.009022	0.022204	0.052239	0.402573	0.021897	0.022416	0.043415	0.031830
钢铁	0.000174	0.016645	0.001347	0.001325	0.012863	0.435768	0.039780	0.018920	0.000106
汽车	0.001567	0.004680	0.002140	0.002070	0.007246	0.014619	0.381587	0.003796	0.000196
电子	0.000166	0.001147	0.000686	0.000695	0.002135	0.001583	0.003788	0.516948	0.000190
医药	0.022770	0.000282	0.007171	0.000630	0.012701	0.001151	0.000448	0.000533	0.175629

其余所有变量按照实证模型的设定进行统一计算。

3. 实证方法及结果

在进行实证检验之前,需要特别指出的是,与理论模型一致,本书使用的人民币汇率采用 BIS 公布的实际有效汇率指数,与人民币直接标价法的汇率不同,这个指标数值增加意味着人民币升值,因此预期得到的实证结果系数估计符号为:
$\beta_1 < 0$,$\beta_2 > 0$,$\beta_3 < 0$

(1) 单位根检验。首先确定单位根检验的滞后项期数,根据样本容量,设定滞后项的最大期数为 2。表 3-2 是各行业对应变量的单位根检验结果。

表 3-2 各行业各变量单位根检验结果

变量	(c, t, l)	Levin, Lin & Chu t^* 统计量	P 值
lemp	(1, 1, 1)	-2.3294***	0.0099
ime	(0, 0, 1)	-3.4753***	0.0003
mte	(0, 0, 1)	-5.0763***	0.0000
exe	(0, 0, 1)	-3.6534***	0.0001
lfinv	(1, 1, 1)	-13.9707***	0.0000

注:括号 (c, t, l) 中的 c 代表是否存在常数项,"1"表示存在,"0"表示不存在;t 表示是否存在时间趋势项,"1"表示存在,"0"表示不存在;l 表示滞后阶数。*、** 和 *** 分别表示在 10%、5% 和 1% 的水平上显著。

各变量名含义如下：变量 lemp 即为行业从业人数的对数值，变量 ime 是指 $M_{it}\ln e_t(1-w_{it})$，mte 是指 $\alpha_{it}\ln e_t(1-w_{it})$，exe 是指 $\chi_{it}\ln e_t(1-w_{it})$，而 lfinv 是指对数化后的 FINV，即 $\ln(FINV)$。

由表 3-2 可以看出，模型中的各变量在 1% 的显著性水平上全为平稳序列。因此，可以根据计量模型进行经典的计量回归，本书将选用动态面板的方法进行参数估计。

（2）实证结果。根据实证模型，本文采用了 9 个行业 2005 年第一季度至 2012 年第四季度的季度数据，样本总数为 288 个，进行动态面板回归，计量软件采用 Stata12.1，实证结果如表 3-3 所示。

表 3-3　动态面板回归结果

变量	系数估计值	标准差	t 统计量	P 值
lemp(-1)	0.4830	0.3601731	1.34	0.1799
ime	-0.0217	0.0107037	-2.03	0.0423
mte	0.0204	0.0056463	3.61	0.0003
exe	-0.0019	0.0014266	-1.33	0.1843
lfinv	0.7488	0.2843545	2.63	0.0085
tq2	-0.9040	0.379048	-2.38	0.0171
tq3	-1.1830	0.5345059	-2.21	0.0269
tq4	-1.4287	0.6140784	-2.33	0.0200
AR (1)	-3.89 (0.000)			
AR (2)	-0.67 (0.503)			
Sargan test	206.17 (0.989)			

注：*、**、*** 分别表示系数在 10%、5% 和 1% 的水平上显著。tq2~tq4 表示在模型中引入时间虚拟变量。AR 和 Sargan test 括号里的数为 prob > z 的值。

由表 3-4 可以看出，方程回归的整体效果较好，除出口导向度的系数不显著外，进口渗透度和进口原材料比例的系数分别在 5% 和 1% 的水平上显著。由于得到的是在间接标价法下各个变量的系数估计值，将出口导向度和进口渗透度的系数估计值转化为直接标价法下的值，得到表 3-4 所示的系数估计结果。

表3-4 直接标价法下的各行业特征对就业影响系数

行业特征变量	影响系数	t-统计量	P值
$M(h)$	0.0217	-2.03	0.0423
α	-0.0204	3.61	0.0003
χ	0.0019	-1.33	0.1843

从表3-3可以看出,进口渗透度、进口原材料投入比例和出口导向度对就业汇率弹性的影响方向均符合理论预期。

(3) 测算9个行业的就业汇率弹性。得到各变量的估计值后,利用各行业的数据来计算各行业就业对汇率的弹性,由实证模型得到各行业的 $\eta^{L,e}$ 可按下式计算:

$$\eta_i^{L,e} = \hat{\beta}_1 \overline{M}_i + \hat{\beta}_2 \overline{\alpha}_i + \hat{\beta}_3 \overline{\chi}_i$$

其中,其中 $\overline{M}_i$、$\overline{\alpha}_i$、$\overline{\chi}_i$ 分别为各行业特征变量的行业均值。

计算结果如表3-5所示。

表3-5 行业特征变量及直接标价法下的就业汇率弹性估计值总表

行业	农业	能源	食品	纺织	化工	钢铁	汽车	电子	医药
$\overline{M}_i$	8.486	34.357	7.571	11.545	19.764	6.364	10.247	47.365	4.482
$\overline{\alpha}_i$	7.423	7.063	7.359	9.814	13.846	5.567	6.656	26.952	9.587
$\overline{\chi}_i$	6.408	8.357	7.234	42.011	14.760	11.011	12.230	51.063	2.686
$\eta^{L,e}$	0.0449	0.6173	0.0279	0.1301	0.1745	0.0455	0.1098	0.5750	-0.0932

注:进口渗透度、进口原材料投入比例和出口导向度的数据以百分比(%)表示。

由表3-5可以看出,9个行业的就业汇率弹性在-0.0932与0.6173之间,汇率升值一般会带来就业的减少,但对医药行业来说汇率升值会带来就业的增加。这与我国的现实情况是贴合的。就医药行业而言,由于该行业进口医疗器械设备较多,因此汇率通过进口原材料这一渠道对该行业的影响较大,汇率升值反而会带来医药行业就业的增加。但从绝对值来看,就业的汇率弹性普遍较小,表明汇率变动对贸易品部门行业就业的调整作用不太明显。此外,不同行业对汇率变动的反应存在较大差异。

综合贸易品部门的计量分析结果,本书得出以下结论:汇率通过出口导向渠道、进口渗透渠道和进口原材料比例渠道对行业就业产生的影响是因行业而异的。一般而言,汇率升值会带来各行业就业量的下降,但对少数原材料依赖于进口的行业而言,汇率升值会使这类行业的就业量上升。从绝对值来看,就业的汇率弹性普遍较小,说明人民币汇率变动对行业就业的调整作用不大。

总的来说,分行业的就业汇率弹性研究结论与前人已取得的成果基本一致。

二、可贸易品部门汇率变动与产出关系的实证研究

1. 实证模型

本书实证研究的一大特色是实证模型与理论模型实现了统一,实证模型紧密结合理论模型构造,可以很好地对理论预测进行检验。这一点在以往的实证研究中往往不能实现,比如以往的研究文献也提出了一些行业特征对于汇率传导效应的影响,但是由于数据或模型的限制,他们的实证研究往往仅考察了不同行业的汇率传导率的差异,却没有纳入行业特征变量从而对行业特征对于汇率传导的影响进行验证。本书的实证研究弥补了这一缺陷,根据理论模型,考虑数据可得性,本书选取了三个行业特征变量纳入实证模型,不仅考察了不同行业的产量汇率弹性的差异,同时对各行业特征变量对产量汇率弹性的影响进行了检验。

结合前文的理论模型,并考虑到实证模型的可行性和简洁性,本书选定以下模型进行实证检验:

$$\ln Q_{it} = C + (\beta_1 M_{it} + \beta_2 \alpha_{it} + \beta_3 \chi_{it}) \cdot \ln e_t (1 - w_{it}) + \beta_4 \ln INV_{it} + \beta_5 \ln DEV_{it} + \varepsilon_{it}$$

(式3-52)

其中:

$\ln Q_{it}$ 为行业产量 Q 的自然对数。

e_t 为人民币实际真实有效汇率,此处考虑到出口退税对我国对外贸易的特殊地位,将其纳入模型进行考虑,$e_t(1-w_{it})$ 为行业面临的真实有效汇率。

M_{it} 为行业的进口渗透度,定义为进口商品占本国同类商品市场的比例,定义式为 $M = \dfrac{m}{m+p-x}$,其中 m 为行业进口额,p 为行业的国内产出总额,x 为行业出口额。

α_{it} 为行业的进口原材料比例①,$\alpha_{it} = \dfrac{\sum_{j=1}^{n-1} m_t^j p_t^{i,j}}{vp_t^i}$,其中,$m_t^j$ 为行业 j 的进口额,$p_t^{i,j}$ 为行业 j 用于行业 i 作为投入品的份额,vp_t^i 为行业 i 投入的总成本。

χ_{it} 为行业的出口导向度,$\chi = \dfrac{x}{q}$,其中 x 为行业出口额,q 为行业的产出

---

① 进口原材比例的构造和计算参考 Jose Campa & Linda S. Goldberg, 1997. "The Evolving External Orientation of Manufacturing Industries: Evidence from Four Countries", NBER Working Papers 5919, National Bureau of Economic Research。

总额。

INV_{it}为行业 i 的固定资产投资总额。

DEV_{it}为行业 i 的发展程度指标①,该指标可以用各行业从业人员数作为代理变量。

对于实证模型需要特别说明的是,本模型考虑了出口退税的影响,构造了剔除出口退税率的行业实际有效汇率,理由与前面相同,这里不再赘述。

最后,在模型中纳入行业发展程度指标是由于经济的发展必然带动行业产量的扩张,这种扩张可能导致出现行业产量与汇率之间的"伪回归"关系。如图 3-4 所示,纺织业的产量增长率与汇率升值幅度的负向关系并不明显,但与作为行业发展指标的从业人数增长率呈现明显的正相关关系。

从实证模型中可以清楚地看出,理论模型中讨论的产量对汇率的弹性,即$\eta^{Q,e}$,在本书的实证模型中即为:

$$\eta^{Q,e} = \beta_1 M_{it} + \beta_2 \alpha_{it} + \beta_3 \chi_{it} \qquad (式 3-53)$$

按照理论模型的结论,再考虑到行业 INV_{it} 的增加对于行业产量的影响显然是正效应,本书初步预期实证结果系数估计符号为 β_1、β_3、β_4 和 β_5 均大于 0,β_2 小于 0。

2. 数据说明

通过大量初步搜集和筛选,同时考虑到实证检验的需要和数据的可取性,并排除掉一些明显存在统计偏差的数据,本书最终选取如下 9 个行业作为实证研究对象:农业、能源、食品饮料、纺织业、化工、钢铁、汽车、电子、医药。选取的样本区间为 2007 年第一季度至 2012 年第四季度。

相关的行业数据,诸如各行业的产量、进出口以及价格数据来自中国经济信息网经济统计数据库。对于人民币实际有效汇率 e_t,本书选用了来自 BIS 的数据库公布的人民币实际有效汇率的月度指数,然后平均为季度指数。

行业特征变量的数据构造方法与"可贸易品部门汇率变动与就业关系的实证研究"一致,这里不再赘述。

3. 实证方法及结果

与"可贸易品部门汇率变动与就业关系的实证研究"部分相同,由于在本书理论模型推导中使用的人民币汇率为采用直接标价法的汇率(用 e_t^n 表示),汇率的增大即表示人民币的贬值,而实证中采取的汇率指标为 BIS 公布的实际有效汇率指数(用 e_t^{bis} 表示),与人民币直接标价法的汇率不同,这个指标数值的增加即意味着人民币的升值,也就是说,两种汇率指标数值的变化意义恰恰相反,从而有:

---

① 此处在模型中引入此变量主要是为了剔除经济增长本身对产量的影响。

$$\eta^{Q,e_t^p} = -\eta^{Q,e_t^{bis}}$$

因而,预期实证所得的结果将与模型的结论完全相反,初步预期实证结果系数估计符号为 β_1、β_3,且均小于 0,β_2 大于 0。而解释变量 INV_{it}、DEV_{it} 由于并不涉及到汇率指标选取问题,因而其符号预期与模型相同,依然预期 β_4、β_5 大于 0。

(1) 单位根检验和局部调整模型。以下我们根据设计的实证模型进行实证分析。

首先对实证模型中各变量做面板单位根检验,所得结果如表 3-6 所示。

表 3-6 单位根检验结果(Individual Unit Root Process)

变量	(c, t, l)	Levin, Lin & Chu t 统计量	P 值
lnq	(0, 0, 1)	1.3013	0.9034
Δlnq	(0, 0, 1)	-16.7253 ***	0.0000
ime	(0, 0, 1)	-2.8918 ***	0.0019
Δime	(0, 0, 1)	-13.9833 ***	0.0000
mte	(0, 1, 2)	-0.8443	0.1993
Δmte	(0, 0, 1)	-14.1383 ***	0.0000
exe	(0, 1, 1)	-1.3213 *	0.0932
Δexe	(0, 0, 1)	-13.8604 ***	0.0000
linv	(0, 0, 1)	1.1123	0.8670
Δlinv	(0, 0, 1)	-16.4500 ***	0.0000
ldev	(0, 0, 1)	6.2827	1.0000
Δldev	(0, 0, 1)	-6.9739 ***	0.0000

注:Δ 表示变量的一阶差分。
" * "表示 10% 的置信水平," ** "表示 5% 的置信水平," *** "表示 1% 的置信水平。

各变量名含义如下:变量 lnq 即为行业产量的对数值,变量 ime 是指 $M_{it}\ln e_t(1-w_{it})$,mte 是指 $\alpha_{it}\ln e_t(1-w_{it})$,exe 是指 $\chi_{it}\ln e_t(1-w_{it})$,而 linv 是指对数化后的 INV,即 $\ln INV_{it}$,ldev 为对数化的行业发展程度指标,即 $\ln DEV_{it}$。变量名前加 Δ 表示该变量的一阶差分项。

通过以上单位根检验,我们发现模型中的各变量序列在 1% 的显著性水平上并非全为平稳序列,故不能采取一般的面板回归(产生"伪回归"问题),而所有变量序列一阶差分后均平稳。此处我们没有采取一般的面板协整分析方法,原因在于解释变量中含有变量的乘积项,会使得面板协整分析变得极为复杂烦琐,在此我们采取局部调整模型(Partial Adjustment Model)的思想对模型进行变形以消除变量的不平稳性。

假定行业产量最优产量（或是均衡水平）的决定方程为：

$\ln Q_{it}^* = C + (\beta_1 M_{it} + \beta_2 \alpha_{it} + \beta_3 \chi_{it}) \cdot \ln e_t (1 - w_{it}) + \beta_4 \ln INV_{it} + \beta_5 \ln DEV_{it} + \varepsilon_{it}$

同时假定产量的调整方程为：

$\ln Q_{it} - \ln Q_{i,t-1} = (1 - \lambda)(\ln Q_{it}^* - \ln Q_{i,t-1})$ （式3-54）

其中 $1 - \lambda$ 表示调整速度，两方程联立，消去 $\ln Q_{it}^*$，得到：

$\ln Q_{it}^* = C' + \lambda \ln Q_{i,t-1} + (\beta'_1 M_{it} + \beta'_2 \alpha_{it} + \beta'_3 \chi_{it}) \cdot \ln e_t (1 - w_{it}) + \beta'_4 \ln INV_{it} + \beta'_5 \ln DEV_{it} + \varepsilon_{it}$ （3-55）

其中：

$\beta'_1 = (1 - \lambda)\beta_1$

$\beta'_2 = (1 - \lambda)\beta_2$

$\beta'_3 = (1 - \lambda)\beta_3$

$\beta'_4 = (1 - \lambda)\beta_4$

$\beta'_5 = (1 - \lambda)\beta_5$

通过以上处理（实质上即是差分处理），消除了变量的非平稳性，从而可以对方程各系数进行估计。在估计出（式3-55）中各系数之后，代入以下关系，即可求得原方程的待估计系数：

$\beta_1 = \beta'_1 / (1 - \lambda)$

$\beta_2 = \beta'_2 / (1 - \lambda)$

$\beta_3 = \beta'_3 / (1 - \lambda)$

$\beta_4 = \beta'_4 / (1 - \lambda)$

$\beta_5 = \beta'_5 / (1 - \lambda)$

(2) 动态面板数据模型及广义矩（GMM）估计的基本思想。由于本书将采取动态面板数据的分析方法（Dynamic Panel Data）对方程（式3-55）进行估计，下面先对动态面板数据模型及广义矩（Generalized Methed of Moments，GMM）估计的基本思想进行简单介绍。

在动态面板数据模型中，由于因变量的滞后项作为解释变量，从而有可能导致解释变量与随机扰动项相关，且模型具有横截面相依性，因而，如果采用标准的随机效应或固定效应模型进行估计，必将导致参数估计的非一致性，从而使据参数而推断的经济学含义发生扭曲。阿雷拉诺（Arellano）和博韦尔（Bond）（1991）、阿雷拉诺和邦德（1995）、布伦德尔（Blundell）和邦德（1998）正是针对以上情况提出了 GMM 估计思想，即动态面板数据模型估计。

本书的实证模型为：

$\ln Q_{it}^* = C' + \lambda \ln Q_{i,t-1} + (\beta'_1 M_{it} + \beta'_2 \alpha_{it} + \beta'_3 \chi_{it}) \cdot \ln e_t (1 - w_{it}) + \beta'_4 \ln INV_{it} +$

$\beta'_5 \ln DEV_{it} + \varepsilon_{it}$

GMM 估计的核心思想是运用工具变量产生相应的矩条件方程。为此,首先对原始模型(式3-52)进行一阶差分得到:

$$\Delta \ln Q_{it} = \Delta C' + \lambda \Delta \ln Q_{i,t-1} + \beta_1' \Delta M_{it} \ln e_t (1 - w_{it}) + \beta_2' \Delta \alpha_{it} \ln e_t (1 - w_{it})$$
$$+ \beta_3' \Delta \chi_{it} \ln e_t (1 - w_{it}) + \beta_4' \Delta \ln INV_{it} + \beta_5' \Delta \ln DEV_{it} + \Delta \varepsilon_{it}$$
(式3-56)

对(式3-52)进行一阶差分的主要目的在于选取合适的工具变量和产生相应的矩条件方程。由于(式3-56)中,解释变量 $\Delta \ln Q_{i,t-1}$ 和随机项 $\Delta \varepsilon_{it}$ 相关,为了避免结果产生误差,甚至错误,通常将 $\Delta \ln Q_{i,t-2}$ 作为 $\Delta \ln Q_{i,t-1}$ 的工具变量,这是因为 $\Delta \ln Q_{i,t-2}$ 与 $\Delta \ln Q_{i,t-1}$ 高度相关,而与 $\Delta \varepsilon_{it}$ 不相关。在此基础上,本书设定矩条件为:

$$E(\sum_{i=1}^{N} Z'_i \sigma_i(\alpha)) = 0 \qquad (式3-57)$$

式中 Z'_i 即为所选取的工具变量向量,定义残差如下:

$$\sigma_i(\alpha) = \Delta \ln Q_{it} - [\lambda \Delta \ln Q_{i,t-1} + \beta_1' \Delta M_{it} \ln e_t (1 - w_{it}) + \beta_2' \Delta \alpha_{it} \ln e_t (1 - w_{it})$$
$$+ \beta_3' \Delta \chi_{it} \ln e_t (1 - w_{it}) + \beta_4' \Delta \ln INV_{it} + \beta_5' \Delta \ln DEV_{it}] \qquad (式3-58)$$

进而基于残差和工具变量以及加权矩阵 H 定义下述目标函数:

$$S(\alpha) = (\sum_{i=1}^{N} Z'_i \sigma_i(\alpha))' H (\sum_{i=1}^{N} Z'_i \sigma_i(\alpha)) \qquad (式3-59)$$

通过对目标函数(式3-59)进行迭代求其最小值,由此产生参数的 GMM 估计值。进一步,通过合理选取加权矩阵 H,使得 GMM 估计和基于估计的假设检验具有稳健性。本书选用怀特逐期协方差矩阵(White Period Covariance)为加权矩阵,即:

$$H = (N^{-1} \sum_{i=1}^{N} Z'_i \Delta \varepsilon_i \Delta \varepsilon'_i Z_i)^{-1} \qquad (式3-60)$$

将(式3-60)代入(式3-59),并进行迭代而获得参数及其对应方差的 GMM 估计表达式分别为:

$$\hat{\beta} = [(\sum_{i=1}^{N} Z'_i X_i)' H (\sum_{i=1}^{N} Z'_i X_i)]^{-1} [(\sum_{i=1}^{N} Z'_i X_i)' H (\sum_{i=1}^{N} Z'_i X_i)] \qquad (式3-61)$$

$$Var(\hat{\beta}) = (M_{ZX}' H M_{ZX})^{-1} (M_{ZX}' H \Omega H M_{ZX}) (M_{ZX}' H M_{ZX})^{-1} \qquad (式3-62)$$

其中,X 为模型(式3-52)的解释变量,

$$M'_{ZX} = N^{-1} (\sum_{i=1}^{N} Z'_i X_i) \qquad (式3-63)$$

$$\Omega = T^{-1} (\sum_{i=1}^{N} Z'_i \Delta \varepsilon_i \Delta \varepsilon'_i Z_i)^{-1} \qquad (式3-64)$$

由上述所产生的估计和检验具有一致性和稳健性,进而基于估计和检验结论所产生的经济学意义将揭示各解释变量对行业产量的动态特征。对于上述 GMM 估计,由于加权矩阵 H 出现在目标函数(式 3-61)中,通过迭代求解,因而 GMM 估计一般不定义经典的拟合优度和 F 统计量,也不定义诸如 AIC 等信息准则,而是通过 J 统计量值即目标函数迭代而达到最小值,一般情况下经过两次迭代即可,来衡量估计参数的质量。

(3)实证结果。

1)系数估计值。根据实证模型,本书采用了 9 个行业的 2007 年第一季度至 2012 年第四季度的季度数据,样本总数为 216 个,进行了初步的面板分析,计量软件采用 Stata12.1,实证结果如表 3-7 所示。

表 3-7 动态面板回归结果

变量	系数估计值	标准差	t - 统计量	P 值
$\ln q(-1)$	0.6830	0.0652777	10.46	0.0000
ime	-0.0016	0.0005799	-2.83	0.0221
mte	0.0046	0.0023088	1.98	0.0832
exe	-0.0017	0.0008619	-2.00	0.0811
lfinv	0.2515	0.1031837	2.44	0.0407
ldev	0.2268	0.4530494	0.50	0.6302
AR (1)	-2.64 (0.008)			
AR (2)	-1.62 (0.105)			
Sargan test	172.52 (0.539)			
F 值	260.08 (0.000)			
样本	198			

注:模型中加入了时间趋势变量,AR、Sargan test 和 F 统计量括号里的数分别为 prob > z、prob > z 和 prob > F (chiz) 的值。在 GMM 估计中,回归的前定变量为 $\ln q_{it-1}$,内生变量为 lemp、lfinv;对差分 GMM 和系统 GMM 类型,前定变量的一阶及更高阶滞后项为工具变量,内生变量的两阶及更高阶滞后项为工具变量。

2)实证结果分析。总体来看,方程回归的整体效果较好,行业特征变量的系数估计值均非常显著,各个系数的估计值为:

$\beta'_1 = -0.001641$;$\beta_1 = \beta_1'/(1-\lambda) = -0.005178$

$\beta'_2 = 0.004568$;$\beta_2 = \beta_2'/(1-\lambda) = 0.014411$

$\beta'_3 = -0.001720$;$\beta_3 = \beta_3'/(1-\lambda) = 0.005425$

以上是在间接标价法下得到的各个行业特征变量的系数估计值。在直接标价法下,如表 3-8 所示,计算得出进口渗透度的系数估计值为 0.005178,即进口渗透度每增加一单位,将引起产量汇率弹性敏感度 0.005178 单位的增加;进口原材料比例的系数估计值为 -0.014411,即进口原材料比例每增加每单位,将引起产量汇率弹性敏感度 0.014411 单位的减小;出口导向度的系数估计值 0.005425,即出口导向度每增加一单位,将引起产量汇率弹性敏感度增加 0.005425 单位。

表 3-8 直接标价法下的各行业特征影响系数

行业特征变量	影响系数	t-统计量	P值
$M(h)$	0.005178	-2.83	0.0221
α	-0.014411	1.98	0.0832
χ	0.005425	-2.00	0.0811

从表 3-8 可以看出,进口渗透度、进口原材料投入比例和出口导向度对产量汇率弹性的影响方向均符合理论预期。

3) 测算 9 个行业产量汇率弹性。得到各变量估计值之后,利用各行业的数据来计算各行业产量对汇率的弹性,即模型中的 $\eta^{Q,e}$,由实证模型有各行业的 $\eta^{Q,e}$ 可按下式计算:

$$\eta_i^{Q,e} = \hat{\beta}_1 \overline{M}_i + \hat{\beta}_2 \overline{\alpha}_i + \hat{\beta}_3 \overline{\chi}_i$$

其中 $\overline{M}_i$、$\overline{\alpha}_i$、$\overline{\chi}_i$ 分别为各行业特征变量的行业均值。

计算结果如表 3-9 所示。

表 3-9 行业特征变量以及直接标价法下产量汇率弹性估计值总表

行业	农产品	能源	食品	纺织	化工	钢铁	汽车	电子	医药
$\overline{M}_i$	8.740	33.637	7.145	9.068	17.708	5.027	9.828	44.937	4.623
$\overline{\alpha}_i$	7.421	6.288	6.953	8.968	12.512	4.746	6.120	24.995	8.764
$\overline{\chi}_i$	6.132	7.102	6.142	38.569	13.677	10.220	11.336	49.977	2.665
$\eta^{Q,e}$	-0.0284	0.1221	-0.0299	0.1269	-0.0144	0.0131	0.0242	0.1436	-0.0879

注:进口渗透度、进口原材料投入比例和出口导向度的数据以百分比(%)表示。

根据计算结果,可以看到 9 个样本行业的产量汇率弹性在 -0.0879~0.1436 之间,同时汇率升值一般会带来紧缩性效应,但是对于少数行业来说汇率升值则带来扩张效应。从绝对值来看,产量汇率弹性普遍较小,表明汇率变动对于行业的产量调整作用不太显著。而且,不同行业对汇率冲击的反应存在很多差异,钢铁行业反应最小,电子行业反应最大。

对比以往国内学者对于产量汇率弹性的测算:陈国伟、夏江(2002)采用

1978~2000年23个年度数据,利用如下实证模型对国内总产出的汇率弹性进行了估计:

$$\ln Y = \beta_0 + \beta_1 \ln M + \beta_2 \ln W + \beta_3 \ln R + \varepsilon$$

其中,Y为总产出,用GDP表示;M为货币总供给,采用M2的统计口径;W为货币工资,用职工平均工资表示;R为实际汇率,采用公式 $R = eWPI^*/CPI$ 表示,其中 WPI^* 是美国的批发价格指数,CPI是中国的零售价格指数。估计结果显示,长期而言,实际汇率变动1%,将带来总产出0.019%的变化,也就是说,如果人民币实际汇率贬值1%,总产出仅仅上升0.019%。

李敏(2005)采用了相同的实证模型,使用1980~2003年的年度数据进行了估计,唯一的区别在于她选取了IMF计算的实际有效汇率(Real Effective Exchange Rate, REER)表示R,而并非独立构造。根据她的实证研究,REER与总产出同向变化,但相对于工资水平变化、货币供给量变化对经济增长的影响,实际汇率变化对经济增长的影响不是特别大。长期而言,REER每变动1%,带来GDP 0.136%的变化。

其他的一些研究,如卢万青、陈建梁(2007)的实证结果表明人民币实际有效汇率上升1%,经济增长下降0.12%;彭茸、胡文红(2008)的实证研究指出,实际有效汇率升值1%,经济增长率下降0.37%。

由此可见,国内的研究一致认为汇率贬值对产出的作用是扩张性的,相反,汇率升值对产出的作用是紧缩性的,这与我们的判断是基本一致的。以往研究得到的产量汇率弹性数值从0.019到0.37各不相等,与本书结果不同的是,以往研究得到的产量汇率弹性大多大于本书的实证结果,这种差异可能来自以下几个方面:首先,最为明显的差异在于以往的经验研究基本为总量研究,没有涉及分行业的实证分析,估计结果比较粗略;其次,本书在数据处理方面剔除了出口退税的影响,构造了行业有效汇率,因而本书估计的产量汇率弹性相对其他研究结论更小,这也与陈平、黄健梅(2003)提出的剔除了出口退税影响的实际有效汇率对进出口影响不显著的观点相吻合;再次,本书同时还剔除了经济增长的因素,使得估计的产量汇率弹性更加准确;最后,尽管不同的研究都选取实际有效汇率作为研究对象,但是对于实际有效汇率的数据来源却不同,有的研究采取了间接构造的方法(如陈国伟、夏江,2002),有的研究则直接使用权威机构的计算结果,但是不同机构的数据也有差异,比如李敏(2005)使用IMF的数据,而本书则选取了BIS的实际有效汇率数据,数据来源不同也可能是造成结果不一致的重要原因。

另外,基于表3-9,本书将在第八章中对各行业对于汇率冲击的反应进行具体分析,进而提出切实可行的产业政策。

第六节 本章小结

本章首先通过建立三个不同的理论模型，论述了汇率变动对于可出口的贸易品部门、进口替代品部门以及加工贸易品部门的影响。

对于可出口的贸易品部门，就业的汇率弹性为：

$$\eta^{L,e} = \frac{\partial \ln L_t}{\partial \ln e_t} = \frac{\partial \ln L_t}{\partial \ln Q} \frac{\partial \ln Q}{\partial \ln e_t} = \frac{\partial \ln L_t}{\partial \ln(N(f)^{\alpha} N(h)^{1-\alpha-\beta} L^{\beta})} \eta^{Q,e} = \frac{1}{\beta} \eta^{Q,e}$$

对于可出口的贸易品部门，产出的汇率弹性为：

$$\eta^{Q,e} = f(\overset{-}{\alpha}, \overset{+}{M(h)}, \overset{-}{M(f)}, \overset{+}{\eta(h)}, \overset{+}{\eta(f)}, \overset{+}{\eta^{p(h),e}}, \overset{+}{\eta^{p(f),e}}, \overset{+}{\chi}, \overset{+,-}{\nu})$$

其就业和产量汇率弹性受到各种行业特征的影响：进口原材料投入比例 α 和出口渗透度 $M(f)$ 对其影响为负；进口渗透度 $M(h)$，行业产品的需求价格弹性 $\eta(h)$ 和 $\eta(f)$，该行业的价格汇率弹性 $\eta^{p(h),e}$ 和 $\eta^{p(f),e}$，以及出口导向度 χ 对其影响为正；本国和外国的价格产量弹性差异系数 ν 对产量汇率弹性的影响方向不定。同时，对于可出口的贸易品部门的理论分析指出，不同行业的产量汇率弹性和就业汇率弹性一般为正，但当进口原材料投入比例 α 很大时可能为负，这也就解释了为什么以往的研究结果常常不一致，因为传统的研究常常只是总量分析，并未考虑行业之间的差异。

对于进口替代品部门：

$$\eta^{q,e} = f(\overset{+}{\alpha}, \overset{-}{\eta^{p,e}}, \overset{+}{\eta^{m,e}})$$（其中 m 表示同类商品进口量）

也即其产量汇率弹性与行业的进口原材料比例 α 和同类商品的进口量汇率弹性 $\eta^{m,e}$ 同向变化，而与该行业的价格汇率弹性 $\eta^{p,e}$ 反向变化。

对于加工贸易品部门：

$$\eta^{q(f),e} = f(\overset{+}{\beta}, \overset{+}{\eta^{p_m,e}}, \overset{+}{\eta^{m,e}})$$（其中 m 表示中间产品进口量）

这里加工贸易的产量汇率弹性与劳动力投入比例 β，中间品进口价格的汇率弹性 $\eta^{p_m,e}$ 以及中间品进口量的汇率弹性 $\eta^{m,e}$ 呈正向关系。

由于统计数据的限制，本章仅对可出口的贸易品模型的理论分析进行了实证检验。同样是出于数据可得性的考虑，实证模型中仅考虑了进口渗透度、出口导向和进口原材料投入比例三个行业特征。

汇率变动与就业的实证结果显示，出口倾向度、进口渗透度和进口原材料投入比例与就业汇率弹性 $\eta^{L,e}$ 的关系均符合理论预期，9 个样本行业的就业汇率弹

性在 -0.0932~0.6173 之间，同时汇率升值一般会带来就业量的减少，但是对于医药行业而言，汇率升值则带来该行业就业的增加。从绝对值来看，就业的汇率弹性普遍较小，说明人民币汇率变动对行业就业的调整作用不大。

汇率变动与产出的实证结果显示，出口倾向度、进口渗透度和进口原材料投入比例与产量汇率弹性 $\eta^{Q,e}$ 的关系均符合理论预期，9个样本行业的产量汇率弹性在 -0.0879~0.1436 之间，同时汇率升值一般会带来紧缩性效应，但是对于少数行业来说汇率升值则带来扩张效应。从绝对值来看，产量汇率弹性普遍较小，表明汇率变动对于行业的产量调整作用不太显著。而且，不同行业对汇率冲击的反应存在很多差异，钢铁行业反应最小，电子行业反应最大。

本章附录

一、产量汇率弹性的求解过程

由（式3-8）可得：

$$L_t = -\frac{\lambda \beta Q_t}{\phi_t W_t} \qquad \text{（式3-65）}$$

由（式3-9）可得：

$$N_t(h) = -\frac{(1-\alpha-\beta)\lambda Q_t}{\phi_t S_t(h)} \qquad \text{（式3-66）}$$

由（式3-10）可得：

$$N_t(f) = -\frac{\alpha \lambda Q_t}{\phi_t e_t S_t(f)} \qquad \text{（式3-67）}$$

将（式3-65）、（式3-66）和（式3-67）代入（式3-11），可得：

$$q_t(h) + q_t(f) = Q_t = N_t(f)^\alpha N_t(h)^{1-\alpha-\beta} L_t^\beta = \left(-\frac{\lambda \beta Q_t}{\phi_t W_t}\right)^\beta N_t(f)^\alpha N_t(h)^{1-\alpha-\beta}$$

$$Q_t^{1-\beta} = \left(-\frac{\lambda \beta}{\phi_t W_t}\right)^\beta N_t(f)^\alpha N_t(h)^{1-\alpha-\beta}$$

$$= \left(-\frac{\lambda \beta}{\phi_t W_t}\right)^\beta \left[-\frac{(1-\alpha-\beta)\lambda Q_t}{\phi_t S_t(h)}\right]^{1-\alpha-\beta} \left(-\frac{\alpha \lambda Q_t}{\phi_t e_t S_t(f)}\right)^\alpha$$

即由一阶求导条件的（式3-8）、（式3-9）、（式3-10）、（式3-11）联合解出拉格朗日乘子如下：

$$\lambda = -\frac{\phi_t}{\left(\frac{\beta}{W_t}\right)^\beta \left[\frac{(1-\alpha-\beta)}{S_t(h)}\right]^{1-\alpha-\beta} \left(-\frac{\alpha}{e_t S_t(f)}\right)^\alpha} \quad (式3-68)$$

或者表示成：$-\dfrac{\phi_t}{\lambda} = \left(\dfrac{\beta}{W_t}\right)^\beta \left[\dfrac{(1-\alpha-\beta)}{S_t(h)}\right]^{1-\alpha-\beta} \left[-\dfrac{\alpha}{e_t S_t(f)}\right]^\alpha$

联立（式3-6）和（式3-7），可得：

$$\left(1-\frac{1}{\eta(h)}\right)p(h) = \left(1-\frac{1}{\eta(f)}\right)e_t p(f) \quad (式3-69)$$

把 $P(h)=c(h)q^{-1/\eta(h)}$、$eP(f)=c(f)q(f)^{-1/\eta(f)}$ 代入（式3-69），可得 $q_t(h)$ 和 $q_t(f)$ 之间的关系，如（式3-70）所示。

$$c(h)q(h)^{-1/\eta(h)}\left(1-\frac{1}{\eta(h)}\right) = e_t c(f)q(f)^{-1/\eta(f)}\left(1-\frac{1}{\eta(f)}\right) \quad (式3-70)$$

对（式3-70）求 $q_t(h)$ 和 $q_t(f)$ 的替代关系，可得：

$$q_t(f) = \left[\frac{c(h)\left(1-\frac{1}{\eta(h)}\right)}{e_t c(f)\left(1-\frac{1}{\eta(f)}\right)}\right]^{-\eta(f)} q_t(h)^{\eta(f)/\eta(h)} \quad (式3-71)$$

将（式3-6）乘 $q_t(h)$、（式3-7）乘 $q_t(f)$，并代入 $Q=q_t(h)+q_t(f)$，可得：

$$Q = -\frac{\phi_t}{\lambda}\left[\left(1-\frac{1}{\eta(h)}\right)p(h)q_t(h) + \left(1-\frac{1}{\eta(f)}\right)e_t p(f)q_t(f)\right] \quad (式3-72)$$

两边取对数，可得：

$$\ln Q = \ln\left(-\frac{\phi_t}{\lambda}\right) + \ln\left[\left(1-\frac{1}{\eta(h)}\right)p(h)q_t(h) + \left(1-\frac{1}{\eta(f)}\right)e_t p(f)q_t(f)\right]$$

下面求总产量 Q 对汇率 e 的弹性，根据弹性的定义：

$$\frac{\partial Q_t}{\partial e_t}\frac{e_t}{Q_t} = \frac{\partial \ln Q_t}{\partial \ln e_t} = \frac{\partial \ln Q_t}{\frac{1}{e_t}\partial e_t} = e_t \frac{\partial \ln Q_t}{\partial e_t}$$

$$\frac{\partial Q_t}{\partial e_t}\frac{e_t}{Q_t} = e_t \frac{\partial \ln Q_t}{\partial e_t} = e_t \frac{\partial\left\{\ln\left(-\frac{\phi_t}{\lambda}\right) + \ln\left[\left(1-\frac{1}{\eta(h)}\right)p(h)q_t(h) + \left(1-\frac{1}{\eta(f)}\right)e_t p(f)q_t(f)\right]\right\}}{\partial e_t}$$

$$= e_t \frac{\partial \ln\left(-\frac{\phi_t}{\lambda}\right)}{\partial e_t} + e_t \frac{\partial \ln\left[\left(1-\frac{1}{\eta(h)}\right)p(h)q_t(h) + \left(1-\frac{1}{\eta(f)}\right)e_t p(f)q_t(f)\right]}{\partial e_t}$$

将第一项代入（式3-68），$-\dfrac{\phi_t}{\lambda} \propto m \cdot e_t^{-\alpha}$，$\ln\left(-\dfrac{\phi_t}{\lambda}\right) = \ln m - \alpha \ln e_t$。

第二项中与 e 有关的是 $p(h)$、$p(f)$ 和 e 本身，于是：

$$\eta^{Q,e} = -\alpha + e_t \frac{\left(1-\frac{1}{\eta(h)}\right)q_t(h)\frac{\partial p(h)}{\partial e_t} + \left(1-\frac{1}{\eta(f)}\right)p(f)q_t(f) + \left(1-\frac{1}{\eta(f)}\right)e_t q_t(f)\frac{\partial p(f)}{\partial e_t}}{\left(1-\frac{1}{\eta(h)}\right)p(h)q_t(h) + \left(1-\frac{1}{\eta(f)}\right)e_t p(f)q_t(f)}$$

把第二项中 e_t 乘进去，同时定义 $\eta^{p(h),e} = \frac{\partial p(h)}{\partial e_t}\frac{e_t}{p(h)}$，且 $\eta^{p(f),e} = \frac{\partial p(f)}{\partial e_t}\frac{e_t}{p(f)}$，

有 $\frac{\partial p}{\partial e_t} = \frac{P(h)}{e_t}\eta^{p(h),e}$，$\frac{\partial p(f)}{\partial e_t} = \frac{P(f)}{e_t}\eta^{p(f),e}$。

$$\eta^{Q,e} = -\alpha + \frac{e_t\left(1-\frac{1}{\eta(h)}\right)q_t(h)\frac{p(h)}{e_t}\eta^{p(h),e} + \left(1-\frac{1}{\eta(f)}\right)p(f)q_t(f)e_t + e_t\left(1-\frac{1}{\eta(f)}\right)e_t q_t(f)\frac{p(f)}{e_t}\eta^{p(f),e}}{\left(1-\frac{1}{\eta(h)}\right)p(h)q_t(h) + \left(1-\frac{1}{\eta(f)}\right)e_t p(f)q_t(f)}$$

整理第二项，并将分子、分母同乘以 $p(h)q(h) + e_t p(f)q(f)$：

$$\eta^{Q,e} = -\alpha + \frac{\left(1-\frac{1}{\eta(h)}\right)p(h)q(h)\eta^{p(h),e} + \left(1-\frac{1}{\eta(f)}\right)e_t p(f)q(f) + \left(1-\frac{1}{\eta(f)}\right)e_t p(f)q_t(f)\eta^{p(f),e}}{\left(1-\frac{1}{\eta(h)}\right)p(h)q_t(h) + \left(1-\frac{1}{\eta(f)}\right)e_t p(f)q_t(f)}$$

$$\times \frac{p(h)q(h) + e_t p(f)q(f)}{p(h)q(h) + e_t p(f)q(f)}$$

合并同类项，并把第二项中的两个分母项互相调换，得：

$$\eta^{Q,e} = -\alpha + \frac{\left(1-\frac{1}{\eta(h)}\right)p(h)q(h)\eta^{p(h),e} + \left(1-\frac{1}{\eta(f)}\right)e_t p(f)q(f)(1+\eta^{p(f),e})}{p(h)q(h) + e_t p(f)q(f)} \times$$

$$\frac{p(h)q(h) + e_t p(f)q(f)}{\left(1-\frac{1}{\eta(h)}\right)p(h)q_t(h) + \left(1-\frac{1}{\eta(f)}\right)e_t p(f)q_t(f)}$$

二、进口替代品模型中最优解的求解过程

由（式3-44）可得：

$$L_t = -\frac{\lambda\beta q}{\phi_t W_t}$$

由（式3-45）可得：

$$N_t(h) = -\frac{(1-\alpha-\beta)\lambda q(h)}{\phi_t S_t(h)}$$

由（式3-46）可得：

$$N_t(f) = -\frac{\alpha\lambda q(h)}{\phi_t e_t S_t(f)}$$

由此可得：$-\phi_t = \lambda \left[\dfrac{\beta}{W_t}\right]^\beta \left[\dfrac{(1-\alpha-\beta)}{S_t(h)}\right]^{1-\alpha-\beta} \left[\dfrac{\alpha}{e_t S_t(f)}\right]^\alpha$

由（式3-43）可以推出：

$-\lambda = \phi_t c(h) \left\{ [q(h)+m(e)]^{-1/\eta(h)} + q(h)\left(-\dfrac{1}{\eta(h)}\right)[q(h)+m(e)]^{-\frac{1}{\eta(h)}-1} \right\}$

$P(h)\left\{1 - \dfrac{q(h)}{\eta(h)[q(h)+m(e)]}\right\} = \dfrac{-\lambda}{\phi_t}$

左右两边同除以 $P(h)$，得：

$1 - \dfrac{q(h)}{\eta(h)[q(h)+m(e)]} = \dfrac{-\lambda}{\phi_t P(h)}$

$q(h) + m(e) - \dfrac{1}{\eta(h)}q(h) = -\dfrac{\lambda}{\phi_t P(h)}$

得出：$\left[-1 - \dfrac{\lambda}{\phi_t P(h)}\right] m(e) = \left[1 - \dfrac{1}{\eta(h)} + \dfrac{\lambda}{\phi_t P(h)}\right] q(h)$

$q(h) = -\dfrac{\left[1 + \dfrac{\lambda}{\phi_t P(h)}\right] m(e)}{\dfrac{1}{\eta(h)} - 1 - \dfrac{\lambda}{\phi_t P(h)}}$

其中 $P(h) = c(h) Q^{-1/\eta(h)}$。

第四章 汇率变动下的产量动态调整过程

在第三章的基本模型中,本书建立了以厂商利润最大化为基础的微观理论模型,讨论了进口原材料投入比例 α、进口渗透度 $M(h)$、出口渗透度 $M(f)$、某行业产品的本国和外国需求价格弹性 $\eta(h)$ 和 $\eta(f)$ 等产业特征,本国和外国的需求价格弹性差异系数 ν,以及不同厂商出口导向程度 χ 等对于汇率弹性的影响。基本模型主要运用弹性分析的方法,但是弹性分析方法的一个重大缺陷是无法区分短期弹性和长期弹性,也就无法考察产量的动态调整过程。为了弥补这一缺陷,本书在基本模型的基础上,在本章引入了调整成本的概念,探讨了调整成本对于产量汇率弹性的影响,并深入讨论了汇率变动下产量的动态调整过程,区分了汇率变动对于产量调整的短期效应和长期效应。同时,本章也考察了进口原材料投入比例的门槛效应。

第一节 引言

传统的关于汇率的经济效应研究,大部分侧重于探讨进口价格、国内价格和出口价格对汇率的弹性,以及由此对贸易流量和贸易平衡产生的影响。与以往文献不同,本书更关注在汇率变动的情况下,微观层面的厂商基于利润最大化的原则所做出的最优产量决策,也就是产量对于汇率变化的弹性,并通过不同行业产量汇率弹性的不同揭示人民币汇率变化的行业调整效应。厂商对于产量的调整决策往往是基于利润的变化,当汇率发生变动时,厂商面临的进口原材料价格和出口收入都会发生变化,利润也会发生变化,厂商在利润最大化的驱动下必然会对产量进行调整。

第三章的基本模型主要采用弹性分析方法讨论了汇率变动下的产量、价格和劳动力需求的调整;但正如学者们对于弹性分析法的批评所指出的,弹性分析法无法区分长期弹性和短期弹性,在本书中也就表现为无法考察汇率变动下产量的动态调整过程。针对这一缺陷,本书通过引入调整成本,以便对产量的动态调整过程进行探讨。理想状态下,厂商可以自由调整产量,但是实际上厂商调整产量时必然要支付一定的调整成本,因而厂商对产量的调整并不是一次到位的,也并不是完全的,而是一个动态调整的过程。为了更好地模拟现实,同时更加深入地探讨汇率变动的短期效应和长期效应,本章在基本模型的基础上,放松了无调整成本的假定,引入厂商改变生产计划的调整成本,讨论了汇率变动下产量的动态调整,并指出产量的短期调整与长期调整是明显不同的,最优产量调整项的产量汇率弹性与长期趋势项的产量汇率弹性符号相反;且调整项的产量汇率弹性与价格汇率弹性负相关,而长期趋势项的产量汇率弹性与价格汇率弹性成正向关系。这一结论与马吉的三阶段理论和 J 曲线效应相一致。本书的另一个重要发现是,只要当进口原材料投入比例达到一个门槛值时产量汇率弹性会由正变负,这也就解释了为什么关于汇率的产出调整效应的传统研究得到的结论不一致。

第二节　引入调整成本的汇率传导模型：调整成本模型

一、调整成本模型：引入厂商改变生产计划的调整成本

基本模型在假设厂商改变生产决策不需要支付调整成本的条件下,讨论了进口原材料投入比例 α、进口渗透度 $M(h)$、出口渗透度 $M(f)$、某行业产品国内外的需求价格弹性 $\eta(h)$ 和 $\eta(f)$ 等产业特征,本国和外国的需求价格弹性差异系数 ν,以及不同厂商出口导向程度 χ 等对于汇率弹性的影响。但现实中,小至个体厂商改变生产规模,大到产业结构变动,都必然需要支付大量的调整成本,而且不同行业的调整成本不同必然影响产业结构变动的程度和快慢。为了进一步考虑汇率对产业结构变动动态调整过程的影响,本书在基本模型的基础上引入调整成本。

厂商改变生产决策的调整成本既跟劳动力投入的改变有关,例如雇用更多的劳动力或者解除现有的劳动力合同都会带来成本的增加;还跟非劳动力投入的改变相关,例如为了增加产量,一方面要增加原材料的投入,为此要租赁新的仓库甚至构建新厂房,另一方面要签订新的劳动合同,由此产生的招聘费用、解除原有的劳动合同发生的违约费用等。为了同时考虑劳动力成本和非劳动力成本,本

书把调整成本定义为改变总产出水平带来的成本，见（式4-2），该定义下的调整成本已经包含了改变劳动力投入和原材料投入等所可能发生的成本。则厂商的最优化决策为：

$$\pi(e_t) = \max_{Q, L_t, N_t(h), N_t(f)} \sum_{t=0}^{\infty} \phi_t \left\{ \begin{array}{l} P(h)q_t(h) + e_t P(f) q_t(f) \\ - e_t S_t(f) N_t(f) - S_t(h) N_t(h) - W_t L_t - C(\Delta Q_t) \end{array} \right\}$$

（式4-1）

假设每单位产品的调整成本固定，用参数 b 表示行业调整成本系数，则厂商的调整生产计划的成本（简称调整成本）可以表示为①：

$$C(\Delta Q_t) = \frac{b}{2}(Q_t - Q_{t-1})^2 \qquad \text{（式4-2）}$$

行业调整成本系数 b 应该根据所处行业的特征而有所变化，由于目前只考虑某一行业，所以可以将 b 看成常数。

解厂商利润最大化的一阶导数方程：

$$\frac{\partial \pi'}{\partial q(h)} = \phi_t \left(1 - \frac{1}{\eta(h)}\right) p(h) + \lambda - \phi_t b (Q_t - Q_{t-1}) + \phi_{t+1} b (Q_{t+1} - Q_t) = 0$$

(4-3)

$$\frac{\partial \pi'}{\partial q(f)} = \phi_t e_t \left(1 - \frac{1}{\eta(f)}\right) p(f) + \lambda - \phi_t b (Q_t - Q_{t-1}) + \phi_{t+1} b (Q_{t+1} - Q_t) = 0$$

（式4-4）

对其他几个变量求导的一阶导数方程不变，仍为（式3-8），（式3-9），（式3-10），（式3-11），所以由（式3-68）得到的拉格朗日乘子的关系式在此拓展模型中仍然成立。并且，基本模型中所有的变量关系和方程式是此拓展模型中 b=0 时的特殊情形。

本书希望得到最优总产量 Q_t 的表达式，但由于这些一阶导数方程包含了连续的三期总产量差分变量，所以无法通过一般的求解一阶导数方程组的方法解含有调整成本的厂商最优化问题。本书参考尼克尔（1986），用线性近似的方法解常系数线性差分方程，进而求解这个厂商最优化问题。

根据本章附录中的（式4-32）、（式4-31），可以得到要求的 Q_t 值：

$$Q_t = \mu Q_{t-1} + (1 - \mu)(1 - \varepsilon \mu) \sum_{s=0}^{\infty} (\varepsilon \mu)^s \bar{Q}_{t+s} \qquad \text{（式4-5）}$$

$$\mu = \frac{1}{2}(1 + \varepsilon^{-1}) + \frac{|\theta|}{2\varepsilon b} - \left\{ \left[\frac{1}{2}(1 + \varepsilon^{-1}) + \frac{|\theta|}{2\varepsilon b}\right]^2 - \varepsilon^{-1} \right\}^{1/2} \qquad \text{（式4-6）}$$

---

① 使用二次型成本函数是很多文献中的经典设定，它还隐含着厂商增加一单位产量和减少一单位产量的调整成本都是相同的。

第四章 汇率变动下的产量动态调整过程

根据尼克尔（1986）的定义，$\bar{Q}$ 即 $b=0$ 时的最优总产量，即在基本模型中推导出来的（式3-72）。为了求 ε、b、θ 的具体表达式，需要把拓展模型的解写成类似（式4-27）的常系数线性差分方程。经过计算得到：$\varepsilon = \dfrac{\phi_{t+1}}{\phi_t}$，则 $\varepsilon \approx 1$；b 即为此拓展模型中的调整成本系数；且 Q_t 与 t 期以后的 $\bar{Q}_t$ 无关，即 $s=0$（尼克尔，1986）。则（式4-5）可以写成：

$$Q_t = \mu Q_{t-1} + (1-\mu)^2 \bar{Q}_t \qquad (\text{式}4-7)$$

于是这个包含调整成本的厂商利润最大化模型的最优解为：

$$Q_t = \mu Q_{t-1} + (1-\mu)^2 \bar{Q}_t \qquad (\text{式}4-7)$$

$$\mu = 1 + \frac{|\theta|}{2b} - \left\{ \left(1 + \frac{|\theta|}{2b}\right)^2 - 1 \right\}^{1/2} \qquad (\text{式}4-8)$$

$$\theta = \left(-\frac{1}{\eta(h)}\right)\left(1 - \frac{1}{\eta(h)}\right)\left[-\frac{\phi_t}{\lambda}\left(1 - \frac{1}{\eta(h)}\right)c(h)\right]^{-\eta(h)-1} \qquad (\text{式}4-9)$$

$$\bar{Q} = \left[1 + \left(\frac{e_t c(f)}{c(h)}\right)^{\eta(h)}\right]\left[-\frac{\phi_t}{\lambda}\left(1 - \frac{1}{\eta(h)}\right)c(h)\right]^{\eta(h)} \qquad (\text{式}4-10)$$

$$-\frac{\phi_t}{\lambda} = \left[\frac{\beta}{W_t}\right]^\beta \left[\frac{(1-\alpha-\beta)}{S_t(h)}\right]^{1-\alpha-\beta}\left[-\frac{\alpha}{e_t S_t(f)}\right]^\alpha \qquad (\text{式}4-11)$$

其中，$\varepsilon = \dfrac{\phi_{t+1}}{\phi_t}$，（式4-9）、（式4-10）、（式4-11）的推导过程见本章附录"二"。

根据尼克尔（1986），上面包含调整成本的厂商利润最大化模型的最优解是满足本章附录中（式4-36）常系数线性差分方程的唯一稳定路径，因此也是最优路径（满足横截条件）。在（式4-7）中，第一项为方程的稳定项，第二项为方程的调整项，调整速度为 $(1-\mu)^2$，μ 是（式4-36）的稳定根。这个拓展模型的最优解可以写成稳定根 μ 的函数，而 μ 是 θ [θ 是（式4-36）中 $\bar{Q}$ 的系数值] 和调整成本系数 b 的函数，θ 表达式中的 $-\dfrac{\phi_t}{\lambda}$ 和 $a(h)$ 又都是汇率 e_t 的函数。

二、最优解的调整项的汇率弹性的影响因素

在计算最优解稳定项和变化项的汇率弹性之前首先计算 $\dfrac{\partial |\theta|}{\partial e_t}$ 和 $\dfrac{\partial \mu}{\partial e_t}$，由（式4-9）得到：

$$\frac{\partial \theta}{\partial e_t} = \frac{G}{[c(h)^{\eta(h)} + (e_t c(f))^{\eta(h)}]^2} Z \qquad (\text{式}4-12)$$

· 107 ·

其中，$Z = [\alpha(\eta(h)+1) - \eta(h)\eta^{p(h),e}]c(h)^{\eta(h)} + [\alpha(\eta(h)+1) - 2\eta(h) - \eta(h)\eta^{p(f),e}](e_t c(f))^{\eta(h)}$，与 b 无关。由（式4-44）可以判断 $\theta < 0$，又知 $G < 0$，则 $\dfrac{\partial |\theta|}{\partial e_t}$ 的符号与 Z 的符号相同，并且与 b 无关。

$$\frac{\partial \mu}{\partial e_t} = -\frac{1}{2b}\frac{\partial |\theta|}{\partial e_t}\left\{\left(1+\frac{|\theta|}{2b}\right)\left[\left(1+\frac{|\theta|}{2b}\right)^2 - 1\right]^{-1/2} - 1\right\}$$

$\dfrac{\partial |\theta|}{\partial e_t}$ 和 $\dfrac{\partial \mu}{\partial e_t}$ 的具体计算过程见本章附录"三"。

$\overline{Q}_t$ 对汇率的弹性也就是在基本模型中求出来的没有调整成本条件下的汇率弹性值 $\eta^{Q,e}$，$(1-\mu)^2 \overline{Q}_t$ 对汇率的弹性为 $\overline{Q}_t$ 以及 $(1-\mu)^2$ 分别对汇率的弹性之和。由于 $\eta^{Q,e}$ 已知，且跟调整成本无关，下面关注 $(1-\mu)^2$ 项对汇率的弹性。

$e_t \dfrac{\partial \ln(1-\mu)^2}{\partial e_t} = \dfrac{-2e_t}{1-\mu}\dfrac{\partial \mu}{\partial e_t}$，代入本章附录"三"中的（式4-49），可得：

$$e_t \frac{\partial \ln(1-\mu)^2}{\partial e_t} = e_t \frac{\partial |\theta|}{\partial e_t}\frac{1}{(1-\mu)b}\left\{\left(1+\frac{|\theta|}{2b}\right)\left[\left(1+\frac{|\theta|}{2b}\right)^2 - 1\right]^{-1/2} - 1\right\}$$

（式4-13）

令函数 $h = \dfrac{1}{(1-\mu)b}\left\{\left(1+\dfrac{|\theta|}{2b}\right)\left[\left(1+\dfrac{|\theta|}{2b}\right)^2 - 1\right]^{-1/2} - 1\right\}$，并且令：

$$C = 1 + \frac{|\theta|}{2b} \qquad\qquad (式4-14)$$

则 $b = \dfrac{|\theta|}{2(C-1)}$；由（式4-8）可得 $\mu = C - \sqrt{C^2-1}$。

则函数 h 可以只看作 C 的函数，表示成：

$$h = \frac{1}{(1-C+\sqrt{C^2-1})\frac{|\theta|}{2(C-1)}}\left(\frac{C}{\sqrt{C^2-1}}-1\right) = \frac{2}{|\theta|}\frac{C-1}{\sqrt{C^2-1}-(C-1)}\left(\frac{C}{\sqrt{C^2-1}}-1\right)$$

$$= \frac{2}{|\theta|}\frac{C-1}{\sqrt{C^2-1}-(C-1)}\frac{C-\sqrt{C^2-1}}{\sqrt{C^2-1}} = \frac{2}{|\theta|}\frac{\sqrt{(C-1)^2}}{\sqrt{C^2-1}-(C-1)}\frac{\mu}{\sqrt{C^2-1}}$$

$$= \frac{2}{|\theta|}\frac{1}{\sqrt{\frac{C^2-1}{(C-1)^2}}-1}\frac{\mu}{\sqrt{C^2-1}} = \frac{2}{|\theta|}\frac{1}{\sqrt{\frac{C+1}{C-1}}-1}\frac{\mu}{\sqrt{C^2-1}}$$

$$= \frac{2}{|\theta|}\frac{\mu}{C+1-\sqrt{C^2-1}} = \frac{2}{|\theta|}\frac{\mu}{1+\mu} = \frac{2}{|\theta|}\left(1-\frac{1}{1+\mu}\right) \qquad (式4-15)$$

$h > 0$，且 $\dfrac{\partial h}{\partial \mu} > 0$；$\dfrac{\partial \mu}{\partial C} = 1 - \dfrac{C}{\sqrt{C^2-1}}$，由（式4-14）可知 $C > 1$，且 $C >$

$\sqrt{C^2-1}$,于是肯定有 $\frac{\partial \mu}{\partial C} < 0$;

再由(式4-14)可得 $\frac{\partial C}{\partial b} = -\frac{|\theta|}{2b^2} < 0$,于是函数 h 与 b 成正向关系。

综合(式4-13)、(式4-15)和本章附录"三"中(式4-48)的结论,可知最优解的变化项中 $(1-\mu)^2$ 对汇率 e_t 的弹性符号取决于 $\frac{\partial |\theta|}{\partial e_t}$,即 Z 的符号。

$$Z = [\alpha(\eta(h)+1) - \eta(h)\eta^{p(h),e}]c(h)^\eta + [\alpha(\eta(h)+1) - 2\eta(h) - \eta(h)\eta^{p(f),e}](e_tc(f))^{\eta(h)}$$

当 $Z>0$ 时,$\frac{\partial |\theta|}{\partial e_t} > 0$,于是有最优解的变化项中 $(1-\mu)^2$ 对汇率 e_t 的弹性大于 0;当 $Z<0$ 时,则相反。且不管 Z 的大小,总有趋势项的弹性绝对值随 b 的增大而增大,即弹性是 b 的减函数。

同时还可以观察到,α 越大,Z 越大,从而最优解的调整项中 $(1-\mu)^2$ 对汇率 e_t 的弹性也越大,即 α 与调整项对汇率的弹性正相关,也就是说,进口原材料投入比例越大,产量的短期调整幅度越大;同样,$\eta^{p(h),e}$、$\eta^{p(f),e}$ 越大,Z 就越小,从而最优解的调整项中 $(1-\mu)^2$ 对汇率 e_t 的弹性也越小,即 $\eta^{p(h),e}$、$\eta^{p(f),e}$ 与调整项对汇率的弹性负相关,也即价格传导也充分,厂商越容易保持原有市场份额,产量的短期调整幅度越小。

三、最优解的长期趋势项的汇率弹性的影响因素

由于 Q_{t-1} 与 e_t 无关,并代入本章附录"三"中的(式4-49):

$$e_t\frac{\partial \mu Q_{t-1}}{\partial e_t} = \frac{e_t}{\mu}\frac{\partial \mu}{\partial e_t} = \frac{e_t}{\mu}\frac{1}{2b}\frac{\partial |\theta|}{\partial e_t}\left\{1 - \left(1+\frac{|\theta|}{2b}\right)\left[\left(1+\frac{|\theta|}{2b}\right)^2 - 1\right]^{-1/2}\right\}$$

代入(式4-14)得:

$$e_t\frac{\partial \mu Q_{t-1}}{\partial e_t} = \frac{e_t}{|\theta|}\frac{\partial |\theta|}{\partial e_t}\frac{C-1}{C-\sqrt{C^2-1}}\left(1 - \frac{C}{\sqrt{C^2-1}}\right)$$

$$= \frac{e_t}{|\theta|}\frac{\partial |\theta|}{\partial e_t}\frac{C-1}{C-\sqrt{C^2-1}}\frac{\sqrt{C^2-1}-C}{\sqrt{C^2-1}} = \frac{e_t}{|\theta|}\frac{\partial |\theta|}{\partial e_t}(-1)\frac{C-1}{\sqrt{C^2-1}}$$

$$= e_t(-1)\frac{\partial |\theta|}{\partial e_t}\frac{1}{|\theta|}\sqrt{\frac{C-1}{C+1}} \quad \text{(式4-16)}$$

令 $g = \frac{C-1}{C+1} = 1 - \frac{2}{C+1}$,可知 g 是 C 的增函数,且 $g>0$;已知 $\frac{\partial C}{\partial b} = -\frac{|\theta|}{2b^2} < 0$,所以 g 是 b 的反函数。

从而可以看出，最优解的稳定项 μQ_{t-1} 与汇率的弹性正负号取决于 $-\frac{\partial |\theta|}{\partial e_t}$，即 $-Z$ 的符号。而不管 Z 的正负，总有稳定项的弹性绝对值随 b 的增大而减小，且长期趋势项的弹性符号永远与调整项的弹性正负符号相反。综合两项的弹性符号将由长期趋势项符号决定，即最优解的汇率弹性随 b 的增大而减小。

沿用上文关于 α、$\eta^{p(h),e}$、$\eta^{p(f),e}$ 的讨论，在此处可以看出，α 越大，Z 越大，从而最优解的长期趋势项对汇率 e_t 的弹性也越小，即 α 与长期趋势项对汇率的弹性负相关；同样，$\eta^{p(h),e}$、$\eta^{p(f),e}$ 越大，Z 就越小，从而最优解的长期趋势项对汇率 e_t 的弹性也越大，即 $\eta^{p(h),e}$、$\eta^{p(f),e}$ 与长期趋势项对汇率的弹性正相关。综合两项的相关关系将由稳定项决定，即最优解的产量汇率弹性随 α 的增大而减小，随 $\eta^{p(h),e}$、$\eta^{p(f),e}$ 增大而增大。

四、模型启示

由模型可以得到以下启示：

第一，由成本调整系数 b 与最优解汇率弹性的关系可以看出：b 越大，即在调整成本越高的行业，厂商对汇率变化做出的反应越小。这反映出当厂商面临较高的调整成本时，即使汇率变动较大，厂商也宁愿维持原来的生产计划而不愿承受因调整产能而带来的成本。

第二，汇率变动对总产量之间的关系与进口原材料比例 α 以及国内产品价格对汇率的弹性 $\eta^{p(h),e}$ 大小相关，对进口要素的依赖增加时，α 变大，会降低 Q_t 对汇率变动的敏感程度。这是由于当汇率发生变化时，进口要素成本和出口收入呈反向变化，相互抵消，因而进口原材料投入比例越大，厂商对汇率的敏感性越低，在汇率贬值的情况下，厂商也会减少产量扩张的程度。并且从（式 4 – 12）和（式 4 – 16）可以看出，产量汇率弹性的符号与 $-Z$ 的符号相同，而 Z 是进口原材料投入比例 α 的增函数，因此当 α 达到一个门槛值时，产量汇率弹性会由正变为负，也即是汇率贬值对成本的影响超过了出口收入的影响，厂商会做出紧缩产出的决策。

第三，价格汇率弹性的绝对值（即 $\eta^{p(h),e}$ 和 $\eta^{p(f),e}$）越大，汇率对总产量的影响越大。这一结论与基本模型的结论一致。

第四，上述三个结论都是结合最优解的长期趋势项进行分析的，因为从长期来看，厂商的决策取决于长期趋势项而非调整项。然而，短期里厂商的调整策略也不容忽视。模型中关于调整项的讨论结果显示，短期内，价格汇率弹性的绝对值（即 $\eta^{p(h),e}$ 和 $\eta^{p(f),e}$）越大，产量汇率弹性越小，也即厂商面对汇率变化短期内调整产量的幅度越小。这是由于汇率对价格传导的越充分，例如汇率升值时价格下调越充分，厂商越能在短期内保持原有市场份额，而无需大幅度调整销售量/产量。然而,稳定项显示,从长期来看,利润率的下降必然会引起厂商紧缩产量的行为,因而价格传导越充分,长期的产量调整幅度也就越大。

本书用理论模型描述的这一产量调整的动态过程与 J 曲线效应和马吉提出的三阶段理论十分吻合:J 曲线效应是指贬值并不能立即引起贸易数量的变化,而首先导致了出口价格下降,因而在贬值初期并不能带来贸易收支的改善,反而可能导致其恶化。马吉提出将贬值后的时间分为三个阶段来具体分析 J 曲线效应存在的原因,这三个阶段分别是货币合同阶段、传导阶段和数量调整阶段。在货币合同阶段进出口量和以本币表示的出口价格都不会发生变化,在传导阶段进出口价格开始调整,但是进出口量由于供求粘性还不会发生改变,直到数量调整阶段,进出口数量才会因为贬值和价格的变化而发生调整。这一过程与本书理论模型揭示的汇率变动引起产量调整的短期效应和长期效应十分接近,因此本书的又一创新性结论就是使用理论模型验证了马吉提出的三阶段的存在,并用数学方法描述了其动态调整过程。

第三节 贸易品部门门槛模型实证

一、门槛自回归模型简介

自从唐(Tong,1978)提出门槛自回归模型(Threshold Auto-Regression,TAR)后,这种非线性时间序列模型在经济和金融领域得到了广泛的应用。虽然 TAR 模型大部分被应用于时间序列数据,但萧政(Tiao)和蔡宗武(Tsay)(1994)、波特(Potter,1995)、马腾斯(Martens)、卡夫曼(Kofman)和福斯特(Vorst)(1998)也利用此方法分析横截面资料或面板资料。门槛自回归模型在计量方法上有较客观的研究方式,利用门槛变量(Threshold Variable)来决定不同的分界点,进而利用门槛变量的观察值估计出适合的门槛值,这可以有效避免一般研究者所使用的主观判定分界点法所造成的偏误。在估计门槛自回归模型时,必须首先检验是否存在门槛效应。由于未知参数(Nuisance)的存在将导致检验统计量的分布是非标准的,即出现了所谓的"戴维斯问题"[①] (Davies Problem)。因此,汉森(1999)建议采用"自体抽样法"(Bootstrap,也称为"拔靴

[①] 戴维斯问题是指由于未知参数的存在使得检验统计量服从非标准分布的问题(戴维斯,1977,1987)。在近期的研究中,安德鲁(Andrews)和普罗伯格(Ploberger)(1994)以及汉森(Hansen,1996)重新审视了这个问题,并在处理方法上做了一些改进。

法")来计算检验统计量的渐进分布,以便检验门槛效应的显著性。在拒绝原假设,即存在门槛效应的情况下,陈(Chan, 1993)研究表明,门槛自回归模型的 OLS 估计量具有超一致性,陈进而推导出了 OLS 估计量的渐进分布。不幸的是,未知参数的存在会导致该分布呈现非标准态。

汉森(1999)通过似然比检验(Likelihood Ratio Test)构造"非拒绝域"的方法解决了这个问题。汉森(1999)建议采用两阶段最小二乘法来估计门槛面板数据模型。第一步,对于给定的门槛值(γ),计算相应的残差平方和(SSR),进而计算所有 SSR 中的最小值所对应的 γ 值 $\hat{\gamma}$。第二步,利用 $\hat{\gamma}$ 来估计模型中不同区间(Regime)的系数并作相关的分析。

二、门槛模型的设定

下面,本书先介绍单一门槛模型的设定,进而容易扩展到多门槛模型。单一门槛模型的设定如下:

$$prod_{it} = \mu_i + \theta' X_{it} + \beta_1 \alpha_{it} \ln e_{it} | (\alpha_{it} \leq \gamma) + \beta_2 \alpha_{it} \ln e_{it} | (\alpha_{it} > \gamma) + \varepsilon_{it}$$

(式 4-17)

其中,i 表示公司,t 表示年份,$prod_{it}$ 和 lne_{it} 分别为被解释变量(产量对数值)和解释变量(汇率对数值),α_{it} 表示第 i 个行业在第 t 时期的进口原材料比例。X_{it} 为一组对行业产量可能有显著影响的各个控制变量。

以上只是假设仅存在一个门槛,但从计量角度来看,可能会出现多个门槛。下面以双重门槛模型为例作简要说明,多重门槛模型可以基于此很方便地进而扩展,模型设定为:

$$prod_{it} = \mu_i + \theta' X_{it} + \beta_1 \alpha_{it} \ln e_{it} | (\alpha_{it} \leq \gamma_1) + \beta_2 \alpha_{it} \ln e_{it} | (\gamma_1 < \alpha_{it} \leq \gamma_2) + \beta_3 \alpha_{it} \ln e_{it} | (\alpha_{it} > \gamma_2) + \varepsilon_{it}$$

(式 4-18)

估计方法是先假设单一门槛模型中估计出的 $\hat{\gamma}_1$ 为已知,再进行 γ_2 的搜索,最终得到:

$$S_{\gamma_2}(\gamma_2) = \begin{cases} S(\hat{\gamma}_1, \gamma_2), & \hat{\gamma}_1 < \gamma_2 \\ S(\gamma_2, \hat{\gamma}_1), & \hat{\gamma}_1 > \gamma_2 \end{cases}$$

和 $\hat{\gamma}_{\gamma_2} = \text{argmin} \gamma_2 S_{\gamma_2}(\gamma_2)$

白聚山(Bai)(1997)研究表明 $\hat{\gamma}_{\gamma_2}$ 是渐进有效的,但 $\hat{\gamma}_1$ 却不具有此性质。可以固定 $\hat{\gamma}_{\gamma_2}$ 对 $\hat{\gamma}_1$ 进行再次搜索,从而得到其优化后的一致估计量 $\hat{\gamma}_{\gamma_1}$。

首先需要确定门槛的个数,以便确定模型的形式。本书依次在不存在门槛、一个门槛和两个门槛的设定下对模型进行估计,得到的 F 统计量和采用"自抽样法"得出的 P 值见表 4-1。[①] 此处由于模型形式没有确定, 先不取控制变量 X_{it}, 集中分析两组变量之间的门槛关系并搜索其可能的门槛值。本书发现, 只有双重门槛效果显著, 相应的自抽样 P 值为 0.017, 而单一门槛和三重门槛效果并不是那么显著, 相应的自抽样 P 值分别为 0.353 和 0.573, 如表 4-1 所示。

表 4-1 自抽样法的 P 值表

模型	F 值	P 值	再抽样次数	1%	5%	10%
单一门槛	5.161	0.353	300	14.189	10.114	9.185
双重门槛	37.521**	0.017	300	45.869	25.627	18.623
三重门槛	0.419	0.573	300	5.786	4.644	3.403

由于统计结果的显著性, 下面将基于双重门槛模型进行检验与分析。

三、门槛效应的检验

虽然在模型的设定中假设存在门槛效应, 但对其是否具有统计上的显著性, 还需要做进一步的检验。原假设为不存在门槛效应, 可以表示为:

$H_0: \beta_1 = \beta_2$

相应的备择假设为:

$H_1: \beta_1 \neq \beta_2$

在原假设 H_0 下, 门槛值是无法识别的, 此时传统检验统计量的分布是非标准的。

在已经确认存在门槛效应的情况下 ($\beta_1 \neq \beta_2$), 陈 (1993) 以及汉森 (1997) 研究表明 $\hat{\gamma}$ 是 γ_0 (γ 的真实值) 的一致估计量, 然而其渐进分布是高度非标准的。汉森 (1997) 指出, 构造 γ 的置信区间的最佳方法是利用似然比统计量构造出"非拒绝域"。对于原假设 $H_0: \gamma = \gamma_0$ 而言, 似然比统计量为:

$$LR_1(\gamma) = \frac{S_1(\gamma) - S_2(\hat{\gamma})}{\hat{\sigma}^2}$$

两个门槛的估计值和相应的 95% 置信区间列示于表 4-2。借助图 4-1 绘制的似然比函数图, 可以更为清晰地理解门槛值的估计和置信区间的构造过程。门槛参数的估计值是指似然比检验统计量 LR 为零时 γ 的取值, 由于第一门槛值处 t 值不太显著 (为 0.06), 并且经济含义不大。在此本书取第二个门槛值作图, 其为在双重门槛模型中为 0.264, 如图 4-1 所示。

---

① 本章使用的数据与第三章相同, 不再详述。

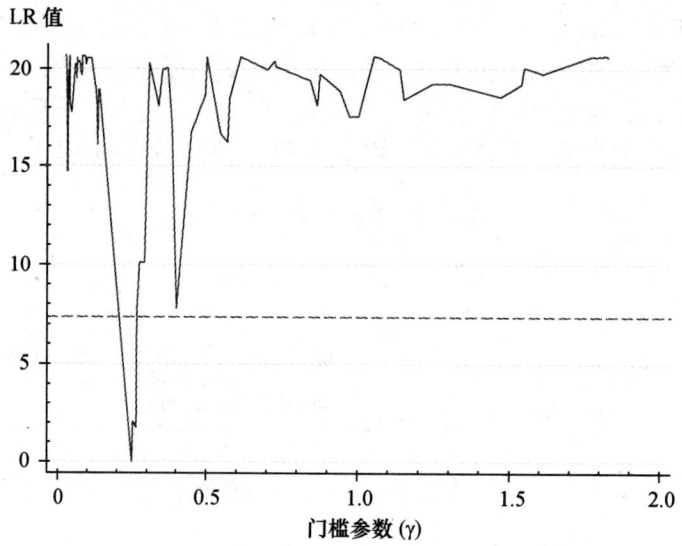

图 4-1 似然比函数图

根据汉森提供的一个简单的公式,可以计算出其非拒绝域,即当 $LR(\gamma_0) \leq c(\alpha)$ 时,不能拒绝原假设。其中 $c(\alpha) = -2\ln(1-\sqrt{1-\alpha})$, α 表示显著水平。为了得到 γ 的渐进置信区间,可以引入"非拒绝域"的概念。在 $1-\alpha$ 置信水平上的"非拒绝域"是指一系列满足 $LR_1(\gamma) \leq c(\alpha)$ 的 γ 值。作为一种简易的直观判断方法,可以绘制出以 $LR_1(\gamma)$ 为纵坐标,γ 为横坐标的二维图,同时在 $c(\alpha)$ 处画一条水平线,以确定置信区间。

图 4-1 中将 5% 显著性水平对应的临界的 LR 值以虚线标注,则当 LR 值曲线落虚线以下方位里,表示原假设不能拒绝,即 $\gamma = \gamma_0$。在图 4-1 中显著性水平为 5%。可以看到,低于水平线水平的非拒绝域的值就是门槛参数 γ 取 0.264 附近的值,亦即进口原材料比例为 26.4% 时,系统出现了门槛效应。

最后来看模型的参数估计结果。如表 4-2 所示,其中"Re"表示原公式中的 $\alpha_{it}\ln e_{it}$,"_ cons"表示截距,等等。

由表 4-2 明显可见,产量关于汇率的弹性符号发生了改变,由 -3.2688 变化为 0.2994。由于本书所取的汇率指数为 BIS 提供的间接标价法的实际汇率指数,这一结果可以用直接标价法重新陈述为:当进口原材料比例大于 0.264 时,产量汇率弹性由 3.2688 变为 -0.2994,汇率贬值由常见的产出扩张效应转变为产出紧缩效应。这种非线性的关系与模型理论预期非常一致。

表4-2 汇率采用间接标价法下模型的参数估计结果

lnq	系数	标准差	T值	P值	95%置信区间	
Re_1	-0.0723	0.0384	-1.8800	0.0620	-0.1484	0.0037
Re_2	-3.2688	0.3041	-10.7500	0.0000	-3.8708	-2.6668
Re_3	0.2994	0.1161	2.5800	0.0110	0.0696	0.5293
_cons	14.8401	0.0797	186.2000	0.0000	14.6824	14.9978

第四节 本章小结

本章在基本模型的基础上，引入了厂商改变生产计划的调整成本，在此基础上探讨了汇率变动的情况下产量的动态调整过程。首先，理论分析结果指出，调整成本越大的行业，其产量汇率弹性也就越小，这与人们的普遍认识非常吻合。另外，理论模型解出的最优产量动态调整方程显示，调整项与长期趋势项对汇率的弹性正负符号以及与价格汇率弹性的关系恰好相反，也就是说，汇率变动对于产量的短期传导效应与长期传导效应不同。这与马吉提出的三阶段理论和J曲线效应不谋而合，因此本书理论分析的一大创新就是使用理论模型验证了马吉提出的三阶段理论的存在，并用数学方法描述了其动态调整过程。

另外，与基本模型相似，本章的理论分析指出，长期来看，产量汇率弹性一般为正，但当进口原材料比例 α 达到一个门槛值时，产量汇率弹性将变为负值。最后，本书采用了门槛自回归模型验证了进口原材料投入比例确实存在门槛效应，这一门槛值为0.264，也即当 α 大于0.264时，产量汇率弹性变为负值。这一结果体现了本书采取分行业数据进行实证分析的优势：以往关于国内总产出的汇率弹性理论或经验研究结果得到的结论往往不一致，有的研究支持汇率贬值对于经济增长具有扩张性效应，有些研究则得出相反的结论。根据本书的研究结果，这种不一致可能就是由于没有区分不同行业对于汇率变动的反应不同造成的。门槛模型的检验结果指出，汇率贬值既可能引起产量扩张，也可能引起产量紧缩，影响方向取决于一个重要的行业特征即进口原材料投入比例的大小；本书的实证结果指出，进口原材料投入比例的门槛值为0.264，也即当行业的进口原材料投入比例小于0.264时，汇率贬值对该行业产量具有扩张效应，而当行业的进口原材料投入比例大于0.264时，汇率贬值对该行业产量具有紧缩效应。

本章附录

一、求解厂商最优化问题中运用尼克尔（1986）的线性近似方法

首先设定一个离散时间情形，从而得到调整成本的二次形式。因此，厂商最大化函数为：

$$\sum_{t=0}^{\infty} \Phi(t)\left\{p(t)R(N(t),h(t),t) - w(t)w^*(h(t),t)N(t) - w(t)\frac{b}{2}[N(t)-N(t-1)]^2\right\}$$
（式4-19）

折现因子定义为：

$$\phi(t) = \left[\prod_{\tau}(1+r(\tau))\right]^{-1}$$

P为产出价格，N为就业，R为实际收入，W为工资水平，W^*为有效时间的收入函数，b为调整成本参数。点值强调（Points Estimation），首先，收入方程假定所有其他因素都是可变的，投资策略是独立的。因此，本书方程受约束于就业策略。其次，本书考虑了时间因素，且考察"有效"时间h的情形。有效时间定义为给定就业水平，使净收入增加同等数量时所需要的时间。因此，如果工人比较累，则每一有效时间要大于实际时间。再次，假设单位工资的调整成本固定。这一点非常重要，因为它反映了调整成本随实际工资同比例上升的实际情形。最后，我们假设点预测值。根据实际工资 $\tilde{w}=\frac{w}{p}$，重写目标方程：

$$\sum_{t=0}^{\infty} p(t)\phi(t)\left\{R(N(t),h(t),t) - \tilde{w}(t)w^*(h(t),t)N(t) - \tilde{w}(t)\frac{b}{2}[N(t)-N(t-1)]^2\right\}$$

对N(t)的一阶条件为：

$$R_N(N(t),h(t),t) - \tilde{w}(t)w^*(h(t),t) - \tilde{w}(t)b[N(t)-N(t-1)]$$
$$+\frac{p(t+1)\tilde{w}(t+1)b}{p(t)(1+r(t))}[N(t+1)-N(t)] = 0, t>0, \quad \text{（式4-20）}$$

$$R_h(N(t),h(t),t) - \tilde{w}(t)w_h^*(h(t),t)N(t) = 0, t\geq 0 \quad \text{（式4-21）}$$

这里N(0)给定。

为将（式4-20）写成带常数项的线性差分方程，必须给定一系列假设。首先，有（式4-21）成立：

$$\frac{p(t+1)}{p(t)(1+r(t))} \simeq \frac{1}{1+\rho} \qquad \text{(式4-22)}$$

其中，ρ 为实际利率，且假定其为正的常数。接下来，对收入方程 R 的结构施加一定的限制，对方程一直简化到（式4-26）。假定 R 的形式为：

$$R(N(t), h(t), t) = R_0(t) + N(t)^{\varepsilon} h(t) \omega(t), \ 0 < \varepsilon < 1 \qquad \text{(式4-23)}$$

因此，实际收入对就业是凹的，对有效时间是线性的，且受两个外生变量 $R_0(t)$ 和 $\omega(t)$ 的影响。现在，定义不考虑调整成本下的短期均衡时间 $h^*(t)$ 和就业 $N^*(t)$。其满足 b=0 条件下的（式4-20）和（式4-21）。根据（式4-23）可得：

$$\varepsilon N^*(t)^{\varepsilon-1} h^*(t) \omega(t) = \tilde{w}(t) w^*(h^*(t), t) \qquad \text{(式4-24)}$$

$$N^*(t)^{\varepsilon} \omega(t) = \tilde{w}(t) w_h^*(h^*(t), t) N^*(t) \qquad \text{(式4-25)}$$

若假定收入/时间关系的斜率不变，w^* 仅是 $h(t)$ 的函数，则（式4-25）除以（式4-24）可得：

$$\varepsilon h^*(t) = \frac{w^*(h^*(t))}{w_h^*(h^*(t))}$$

因此，给定这个条件，$h^*(t)$ 为常数 h^*，且独立于工资和收入函数的变动。下一步将（式4-20）中的两项线性化。注意（式4-25）满足实际工资 $h(t)$ 及就业 $N(t)$ 下的情形，可以得到：

$$N(t) - N^*(t) = \left[\left(\frac{w^*(h^*)}{w_h^*(h^*(t))} \right)^{\frac{1}{1-\varepsilon}} - 1 \right] N^*(t)$$

线性化该式得到：

$$N(t) - N^*(t) = \alpha_1 (h(t) - h^*)$$

$$\alpha_1 = -\frac{N^*}{1-\varepsilon} w_{hh}^*(h^*)^{\frac{1}{1-\varepsilon}} < 0 \ （是 w^* 的凸函数） \qquad \text{(式4-26)}$$

根据（式4-20）中的非线性项，得到：

$$R_N(N(t), h(t), t) - \tilde{w}(t) w^*(h(t))$$

$$= \varepsilon N(t)^{\varepsilon-1} h(t) \omega(t) - \tilde{w}(t) w^*(h(t)) \quad [据（式4-22）]$$

$$= \tilde{w}(t) w^*(h(t)) \left[\varepsilon \frac{w_h^*(h(t)) h(t)}{w^*(h(t))} - 1 \right] \quad [据（式4-21）、（式4-23）]$$

$$\simeq \tilde{w}(t) w^*(h^*) \left[\varepsilon \frac{d}{dh} \frac{w_h^* h}{w^*} \right] (h - h^*) \quad （对 h^* 线性化）$$

$$= \tilde{w}(t) \theta_1 (h - h^*)$$

$$= \tilde{w}(t) \theta(N(t) - N^*(t)), \ \theta = \frac{\theta_1}{\alpha_1}, \ [据（式4-26）]$$

由于 w^* 的弹性随时间而增加，因此 θ 为负。代入（式4-20），可得线性差分方程：

$$\theta(N(t)-N^*(t))-b(N(t)-N(t-1))+\frac{b\tilde{w}(t+1)}{(1+\rho)\tilde{w}(t)}(N(t+1)-N(t))=0$$

在上述过程中，先把平方项展开成精确的非线性项，再简化成近似的线性项。为得到常数系数，必须假设预期的实际工资增长率为常数 g。最终的系数即为 $\frac{b(1+g)}{(1+\rho)}=b\alpha$。注意到，$\alpha\approx(1+\rho-g)^{-1}$，其中 $\rho-g$ 为工资的实际利率。自然地，假设 $0<\alpha<1$。

此时本书已经得到了一个常系数线性差分方程，可以据此逼近厂商的最优就业策略。基本方程为：

$$\alpha b N(t+1)-((1+\alpha)b-\theta)N(t)+bN(t-1)=\theta N^*(t), t>0 \quad \text{（式4-27）}$$

其中，据（式4-25）知：

$$N^*(t)=\left[\frac{\omega(t)}{\tilde{w}(t)w_h^*(h^*)}\right]^{\frac{1}{1-\varepsilon}} \quad \text{（式4-27'）}$$

对于这种类型的方程的解，廷斯利（Tinsley, 1971）最早进行了经济方面的研究，根据以下方法可以直接得到。利用滞后算子 L，（式4-27）可写为：

$$(\alpha bL^{-1}-((1+\alpha)b-\theta)+bL)N(t)=\theta N^*(t) \quad \text{（式4-28）}$$

将滞后多项式因式分解为 $a_1(1-a_2\lambda L^{-1})(1-\lambda L)$，比较系数后可得到：

$$a_1 a_2 \lambda=-\alpha b, a_1\lambda=-b, a_1(1+a_2\lambda^2)=-[(1+\alpha)b-\theta] \quad \text{（式4-29）}$$

这意味着 λ 是二次项的一个根。

$$\alpha b\lambda^2-[(1+\alpha)b-\theta]\lambda+b=0 \quad \text{（式4-30）}$$

给定 $\theta<0$，$\alpha>0$，$b>0$，易证得根为正且位于单位1两侧。事实上，稳定根 μ 的表达式为：

$$\mu=\frac{1}{2}(1+\alpha^{-1})+\frac{|\theta|}{2\alpha b}-\left\{\left[\frac{1}{2}(1+\alpha^{-1})+\frac{|\theta|}{2\alpha b}\right]^2-\alpha^{-1}\right\}^{\frac{1}{2}} \quad \text{（式4-31）}$$

可见，稳定根仅依赖于 α 和 $\frac{|\theta|}{2b}$。实际上，由于 $\alpha\approx 1$：

$$\mu\approx 1+\frac{|\theta|}{2b}-\left[\left(1+\frac{|\theta|}{2b}\right)^2-1\right]^{\frac{1}{2}} \quad \text{（式4-31'）}$$

注意到（式4-29）隐含 $a_1=\frac{-b}{\mu}$ 和 $a_2=\alpha$，（式4-28）可写为：

$$-\frac{b}{\mu}(1-\alpha\mu L^{-1})(1-\mu L)N(t)=\theta N^*(t)$$

或者：

$$N(t) = \mu N(t-1) - \frac{\mu}{b} \frac{\theta N^*(t)}{(1-\alpha\mu L^{-1})}$$

给定 $-\frac{\theta\mu}{b} = (1-\mu)(1-\alpha\mu)$，$0 < \alpha\mu < 1$，从而得到基本就业方程：

$$N(t) = \mu N(t-1) + (1-\mu)(1-\alpha\mu)\sum_0^\infty (\alpha\mu)N^*(t+s) \quad (式4-32)$$

据此可清楚地看到，这是满足（式4-27）的唯一稳定路径，因此也是最优路径（满足横截条件）。若将（式4-32）重写为：

$$N(t) - N(t-1) = (1-\mu)\left[(1-\alpha\mu)\sum_0^\infty (\alpha\mu)N^*(t+s) - N(t-1)\right]$$

可以看到，N满足局部调整过程，其中目标值是所有预期的未来值 N^* 几何加权平均的凸组合。由（式4-31）还可以看到，调整速度$(1-\mu)$随调整成本b而下降，并且增加了对未来的权重从而使得b上升。μ 同时也是实际利率（α）及技术参数和收入/时间比的结构（θ）的函数。

二、ε、（式4-9）、（式4-10）和（式4-11）的求解过程

定义函数 $f(Q) = \phi_t\left(1 - \frac{1}{\eta(h)}\right)p(h) + \lambda$，代入（式4-3）可得：

$$f(Q) = \phi_t\left(1 - \frac{1}{\eta(h)}\right)p(h) + \lambda Q = \phi_t b(Q_t - Q_{t-1}) - \phi_{t+1}b(Q_{t+1} - Q_t)$$

(式4-33)

把 $f(Q)$ 在 $Q = \bar{Q}$ 的时点应用一阶泰勒展开，则有：

$$f(Q) = f(Q)|_{Q=\bar{Q}} + f'(Q)|_{Q=\bar{Q}} \cdot (Q - \bar{Q}) \quad (式4-34)$$

在 $Q = \bar{Q}$ 时点，调整成本系数 $b = 0$，代入（式4-3），可得：

$$f(Q)|_{Q=\bar{Q}} = \left[\phi_t\left(1 - \frac{1}{\eta(h)}\right)p(h) + \lambda\right]|_{Q=\bar{Q}} = 0 \quad (式4-35)$$

把（式4-33）和（式4-35）代入（式4-34），移项可得：

$$f'(Q)|_{Q=\bar{Q}} \cdot (Q - \bar{Q}) - \phi_t b(Q_t - Q_{t-1}) + \phi_{t+1}b(Q_{t+1} - Q_t) = 0$$

合并同类项：$\phi_{t+1}bQ_{t+1} - [(\phi_t + \phi_{t+1})b - f'(Q)|_{Q=\bar{Q}}]Q_t + \phi_t bQ_{t-1} = f'(Q)|_{Q=\bar{Q}} \cdot \bar{Q}$

各项同除以 ϕ_t，可得：

$$\frac{\phi_{t+1}}{\phi_t}bQ_{t+1} - \left[\left(1 + \frac{\phi_{t+1}}{\phi_t}\right)b - \frac{f'(Q)|_{Q=\bar{Q}}}{\phi_t}\right]Q_t + bQ_{t-1} = \frac{f'(Q)|_{Q=\bar{Q}}}{\phi_t} \cdot \bar{Q}$$

(式4-36)

对比（式4-36）和（式4-27），可知：$\varepsilon = \dfrac{\phi_{t+1}}{\phi_t}$；b 即为此拓展模型中的调整成本系数；$\theta = \dfrac{f'(Q)|_{Q=\bar{Q}}}{\phi_t}$；$\phi_t$ 即为基本模型中定义的折现因子，$\phi_t = \delta^t$。且有 $\varepsilon = \dfrac{\phi_{t+1}}{\phi_t} = \dfrac{\delta^{t+1}}{\delta^t} = \delta \approx 1$。于是（式4-6）可以进一步化简为：

$$\mu = 1 + \frac{|\theta|}{2b} - \left\{ \left(1 + \frac{|\theta|}{2b}\right)^2 - 1 \right\}^{1/2} \tag{式4-37}$$

由 $f(Q)$ 的定义式（式4-33）可得：

$$f'(Q)|_{Q=\bar{Q}} = \frac{\partial\left[\phi_t\left(1 - \dfrac{1}{\eta(h)}\right)p(h)\right]}{\partial Q} + \frac{\partial \lambda}{\partial Q} \tag{式4-38}$$

由（式3-68）可知 λ 与 Q 无关；由（式3-4）可知国内价格 $p(h)$ 是国内销售量 $q(h)$ 的函数，$P(h) = c(h)q(h)^{-1/\eta(h)}$；由（式3-2）可知国内销售量是总产量的函数，$Q = q_t(h) + q_t(f)$。于是：

$$\frac{\partial p(h)}{\partial q(h)} = c(h)\left(-\frac{1}{\eta(h)}\right)q(h)^{-\frac{1}{\eta(h)}-1}$$

$$\frac{\partial \lambda}{\partial q(h)} = 0$$

$$\frac{\partial Q}{\partial q(h)} = 1 + \frac{\partial q(f)}{\partial q(h)}$$

令 $\eta(h) = \eta(f)$，代入（式3-71），有 $q(f) = \left[\dfrac{e_t c(f)}{c(h)}\right]^{\eta(h)} q(h)$，故 $\dfrac{\partial q(f)}{\partial q(h)} = \left[\dfrac{e_t c(f)}{c(h)}\right]^{\eta(h)}$，$\dfrac{\partial Q}{\partial q(h)} = 1 + \left[\dfrac{e_t c(f)}{c(h)}\right]^{\eta(h)}$，因而 $\dfrac{\partial q(h)}{\partial Q} = \dfrac{1}{1 + \left[\dfrac{e_t c(f)}{c(h)}\right]^{\eta(h)}}$。

将以上结论分别代入（式3-4）中，可得：

$$f'(Q)|_{Q=\bar{Q}} = \phi_t\left(1 - \frac{1}{\eta(h)}\right)\left(-\frac{1}{\eta(h)}\right)\bar{q}(h)^{-\frac{1}{\eta(h)}-1}\frac{c(h)}{1 + \left[\dfrac{e_t c(f)}{c(h)}\right]^{\eta(h)}}$$

$$\tag{式4-39}$$

这里 $\bar{q}(h)$ 和 $\bar{q}(f)$ 分别是没有调整成本，即 $b = 0$ 条件下最优的本国销售量和最优的外国销售量。套用基本模型（$b = 0$）中（式3-71）$q_t(f) = \left[\dfrac{c(h)\left(1 - \dfrac{1}{\eta(h)}\right)}{e_t c(f)\left(1 - \dfrac{1}{\eta(f)}\right)}\right]^{-\eta(f)} q_t^{\eta(f)/\eta(h)}$，上式中的 $q(h)$ 和 $q(f)$ 即为此拓展模型中的 $\bar{q}$

(h) 和 $\bar{q}(f)$，为了简化表达式，在此拓展模型中假设两国的需求价格弹性趋于相等，即 $\eta(h) = \eta(f)$，可得：$\bar{q}(f) = \left[\dfrac{e_t c(f)}{c(h)}\right]^{\eta(h)} \bar{q}(h)$ （式 4 - 40）

联合（式 3 - 2）和（式 4 - 40），可得：

$$\bar{Q} = \bar{q}(h) + \bar{q}(f) = \bar{q}(h) + \left[\dfrac{e_t c(f)}{c(h)}\right]^{\eta(h)} \bar{q}(h) = \bar{q}(h)\left\{1 + \left[\dfrac{e_t c(f)}{c(h)}\right]^{\eta(h)}\right\}$$

（式 4 - 41）

于是可知：

$$\bar{q}(h) = \dfrac{\bar{Q}}{1 + \left[\dfrac{e_t c(f)}{e(h)}\right]^{\eta(h)}}$$

（式 4 - 42）

联合（式 3 - 4）和（式 3 - 6），可得 $\phi_t\left(1 - \dfrac{1}{\eta(h)}\right)c(h)\bar{q}(h)^{\frac{1}{\eta(h)}} + \lambda = 0$，求得：

$$\bar{q}(h) = \left[-\dfrac{\phi_t}{\lambda}\left(1 - \dfrac{1}{\eta(h)}\right)c(h)\right]^{\eta(h)}$$

（式 4 - 43）

把（式 4 - 43）代入（式 4 - 41），可得：

$$\bar{Q} = \left\{1 + \left[\dfrac{e_t c(f)}{c(h)}\right]^{\eta(h)}\right\}\left[-\dfrac{\phi_t}{\lambda}\left(1 - \dfrac{1}{\eta(h)}\right)c(h)\right]^{\eta(h)}$$

（式 4 - 44）

把（式 4 - 42）代入（式 4 - 39），可得：

$$f'(Q)\big|_{Q=\bar{Q}} = \phi_t\left(1 - \dfrac{1}{\eta(h)}\right)\left(-\dfrac{1}{\eta(h)}\right)\left\{\dfrac{\bar{Q}}{1 + \left[\dfrac{e_t c(f)}{c(h)}\right]^{\eta(h)}}\right\}^{\frac{1}{\eta(h)} - 1} \dfrac{c(h)}{1 + \left[\dfrac{e_t c(f)}{c(h)}\right]^{\eta(h)}}$$

把（式 4 - 43）代入（式 4 - 39），可得：

$$\theta = \dfrac{f'(Q)\big|_{Q=\bar{Q}}}{\phi_t} = \left(1 - \dfrac{1}{\eta(h)}\right)\left(-\dfrac{1}{\eta(h)}\right)\dfrac{Q^{\frac{1}{\eta(h)} - 1} c(h)}{\left\{1 + \left[\dfrac{e_t c(f)}{c(h)}\right]^{\eta(h)}\right\}^{\frac{1}{\eta(h)} - 1}\left\{1 + \left[\dfrac{e_t c(f)}{c(h)}\right]^{\eta(h)}\right\}}$$

$$= \left(1 - \dfrac{1}{\eta(h)}\right)\left(-\dfrac{1}{\eta(h)}\right)\dfrac{\left\{\left[1 + \left(\dfrac{e_t c(f)}{c(h)}\right)^{\eta(h)}\right]\left[-\dfrac{\phi_t}{\lambda}\left(1 - \dfrac{1}{\eta(h)}\right)c(h)\right]^{\eta(h)}\right\}^{\frac{1}{\eta(h)} - 1} c(h)}{\left(1 + \left[\dfrac{e_t c(f)}{c(h)}\right]^{\eta(h)}\right)^{\frac{1}{\eta(h)}}}$$

$$= \left(1 - \dfrac{1}{\eta(h)}\right)\left(-\dfrac{1}{\eta(h)}\right)\left[1 + \left(\dfrac{e_t c(f)}{c(h)}\right)^{\eta(h)}\right]^{-1}\left[-\dfrac{\phi_t}{\lambda}\left(1 - \dfrac{1}{\eta(h)}\right)c(h)\right]^{-1-\eta(h)} c(h)$$

$$= \left(1-\frac{1}{\eta(h)}\right)\left(-\frac{1}{\eta(h)}\right)\left[-\frac{\phi_t}{\lambda}\left(1-\frac{1}{\eta(h)}\right)c(h)\right]^{-1-\eta(h)} \frac{c(h)}{\left[1+\left(\frac{e_t c(f)}{c(h)}\right)^{\eta(h)}\right]}$$

(式 4-45)

由（式 3-68）可知：

$$-\frac{\phi_t}{\lambda} = \left(\frac{\beta}{W_t}\right)^{\beta}\left[\frac{(1-\alpha-\beta)}{S_t(h)}\right]^{1-\alpha-\beta}\left(-\frac{\alpha}{e_t S_t(f)}\right)^{\alpha}$$

(式 4-46)

三、$\frac{\partial |\theta|}{\partial e_t}$ 和 $\frac{\partial \mu}{\partial e_t}$ 的计算过程

进一步对 θ 进行整理，结合（式 4-45）和（式 4-46），可以得到：

$$\theta = \left(1-\frac{1}{\eta(h)}\right)\left(-\frac{1}{\eta(h)}\right)\left\{\left(\frac{\beta}{W_t}\right)^{\beta}\left[\frac{(1-\alpha-\beta)}{S_t(h)}\right]^{1-\alpha-\beta}\left[-\frac{\alpha}{e_t S_t(f)}\right]^{\alpha}\right\}^{-\eta(h)-1} \frac{c(h)^{-\eta(h)-1}c(h)}{\left\{1+\left[\frac{e_t c(f)}{c(h)}\right]^{\eta(h)}\right\}}$$

$$= \left(1-\frac{1}{\eta(h)}\right)\left(-\frac{1}{\eta(h)}\right)\left\{\left(\frac{\beta}{W_t}\right)^{\beta}\left[\frac{(1-\alpha-\beta)}{S_t(h)}\right]^{1-\alpha-\beta}\left[-\frac{\alpha}{e_t S_t(f)}\right]^{\alpha}\right\}^{-\eta(h)-1} \frac{c(h)^{-\eta}e_t^{\alpha(\eta(h)+1)}}{\left\{1+\left[\frac{e_t c(f)}{c(h)}\right]^{\eta(h)}\right\}}$$

(式 4-47)

令 $G = \left(1-\frac{1}{\eta(h)}\right)\left(-\frac{1}{\eta(h)}\right)^{-\eta(h)}\left\{\left(\frac{\beta}{W_t}\right)^{\beta}\left[\frac{(1-\alpha-\beta)}{S_t(h)}\right]^{1-\alpha-\beta}\left[-\frac{\alpha}{e_t S_t(f)}\right]^{\alpha}\right\}^{-\eta(h)-1}$，①

则 G 与 e_t 无关，G<0，且 $\theta = G \frac{e_t^{\alpha(\eta(h)+1)}}{c(h)^{\eta(h)}+(e_t c(f))^{\eta(h)}}$。

$$\frac{\partial \theta}{\partial e_t} = G \frac{\partial\left[\frac{e_t^{\alpha(\eta(h)+1)}}{c(h)^{\eta(h)}+(e_t c(f))^{\eta(h)}}\right]}{\partial e_t}，因而 \frac{\partial \theta}{\partial e_t} 的正负取决于：$$

$$\frac{\partial\left[\frac{e_t^{\alpha(\eta(h)+1)}}{c(h)^{\eta(h)}+(e_t c(f))^{\eta(h)}}\right]}{\partial e_t} 的正负。$$

$$\frac{\partial\left[\frac{e_t^{\alpha(\eta(h)+1)}}{c(h)^{\eta(h)}+(e_t c(f))^{\eta(h)}}\right]}{\partial e_t} = \frac{\alpha(\eta(h)+1)e_t^{\alpha(\eta(h)+1)}}{[c(h)^{\eta(h)}+(e_t c(f))^{\eta(h)}]} -$$

$$\frac{e_t^{\alpha(\eta(h)+1)}}{[c(h)^{\eta(h)}+(e_t c(f))^{\eta(h)}]^2}\left[\eta(h)c(h)^{\eta(h)-1}\frac{\partial c(h)}{\partial e_t}+\eta(h)e_t c(f)^{\eta(h)-1}\left(c(f)+e_t \frac{\partial c(f)}{\partial e_t}\right)\right]$$

---

① 这里要求 $\eta > 1$ 才可解，从这里开始本书的讨论都是基于 $\eta > 1$ 的情形。由于需求价格弹性小于 1 或接近于 1（指贸易成本非常高）的大多为非贸易品或初级产品，大多数考虑汇率传导的文献也都主要是围绕需求价格弹性大于 1 的商品进行讨论。

第四章 汇率变动下的产量动态调整过程

$$= \frac{1}{[c(h)^{\eta(h)} + (e_t c(f))^{\eta(h)}]^2} \left\{ \begin{array}{l} [c(h)^{\eta(h)} + (e_t c(f))^{\eta(h)}][\alpha(\eta(h)+1)e_t^{\alpha(\eta(h)+1)-1}] - \\ e_t^{\alpha(\eta(h)+1)} \left[\eta(h) c(h)^{\eta(h)-1} \frac{\partial c(h)}{\partial e_t} + \eta(h)(e_t c(f))^{\eta(h)-1} \left(c(f) + e_t \frac{\partial c(f)}{\partial e_t} \right) \right] \end{array} \right\}$$

$$= \frac{e_t^{\alpha(\eta(h)+1)}}{[c(h)^{\eta(h)} + (e_t c(f))^{\eta(h)}]^2} \left\{ \begin{array}{l} c(h)^{\eta(h)} \alpha(\eta(h)+1) + (e_t c(f))^{\eta(h)} \alpha(\eta(h)+1) \\ - e_t \left[\eta c(h)^{\eta(h)-1} \frac{\partial c(h)}{\partial e_t} + \eta(h)(e_t c(f))^{\eta(h)-1} \left(c(f) + e_t \frac{\partial c(f)}{\partial e_t} \right) \right] \end{array} \right\}$$

令 $Z = \left\{ \begin{array}{l} c(h)^{\eta(h)} \alpha(\eta(h)+1) + (e_t c(f))^{\eta(h)} \alpha(\eta(h)+1) - \\ e_t \left[\eta c(h)^{\eta(h)-1} \frac{\partial c(h)}{\partial e_t} + \eta(h)(e_t c(f))^{\eta(h)-1} \left(c(f) + e_t \frac{\partial c(f)}{\partial e_t} \right) \right] \end{array} \right\}$，则：

$$Z = c(h)^{\eta(h)} \alpha(\eta(h)+1) + (e_t c(f))^{\eta(h)} \alpha(\eta(h)+1) - \eta(h) c(h)^{\eta(h)-1} e_t \frac{\partial c(h)}{\partial e_t}$$

$$- \eta(h)(e_t c(f))^{\eta(h)-1} c(f) e_t - \eta(h)(e_t c(f))^{\eta(h)-1} e_t e_t \frac{\partial c(f)}{\partial e_t}$$

$$= c(h)^{\eta(h)} \alpha(\eta(h)+1) + (e_t c(f))^{\eta(h)} \alpha(\eta(h)+1) - \eta(h) c(h)^{\eta(h)} \frac{e_t}{c(h)} \frac{\partial c(h)}{\partial e_t}$$

$$- \eta(h)(e_t c(f))^{\eta(h)-1} c(f) e_t - \eta(h)(e_t c(f))^{\eta(h)} \frac{e_t}{c(f)} \frac{\partial c(f)}{\partial e_t}$$

其中 $\frac{e_t}{c(h)} \frac{\partial c(f)}{\partial e_t} = \eta^{p(h),e}$，$\frac{e_t}{c(f)} \frac{\partial c(f)}{\partial e_t} = \eta^{p(f),e} + 1$，则 Z 可以整理为：

$$Z = [\alpha(\eta(h)+1) - \eta(h) \eta^{p(h),e}] c(h)^{\eta(h)} + [\alpha(\eta(h)+1) - 2\eta(h) - \eta(h) \eta^{p(f),e}]$$
$(e_t c(f))^{\eta(h)}$，与 b 无关。

因而 $\frac{\partial \theta}{\partial e_t} = \frac{G}{[c(h)^{\eta(h)} + (e_t c(f))^{\eta(h)}]^2} Z$，由（式4-45）可以判断 $\theta < 0$，所以：

$$\frac{\partial |\theta|}{\partial e_t} = \frac{\partial(-\theta)}{\partial e_t} = -\frac{\partial \theta}{\partial e_t} = -\frac{G}{[c(h)^{\eta(h)} + (e_t c(f))^{\eta(h)}]^2} Z \quad \text{（式4-48）}$$

又知 $G < 0$，则 $\frac{\partial \theta}{\partial e_t}$ 的符号与 Z 的符号相同，并且与 b 无关。

根据（式4-37）：

$$\frac{\partial \mu}{\partial e_t} = \frac{1}{2b} \frac{\partial |\theta|}{\partial e_t} - \left(1 + \frac{|\theta|}{2b}\right) \frac{1}{2b} \frac{\partial |\theta|}{\partial e_t} \left[\left(1 + \frac{|\theta|}{2b}\right)^2 - 1\right]^{-1/2}$$

$$= -\frac{1}{2b} \frac{\partial |\theta|}{\partial e_t} \left\{ \left(1 + \frac{|\theta|}{2b}\right) \left[\left(1 + \frac{|\theta|}{2b}\right)^2 - 1\right]^{-1/2} - 1 \right\} \quad \text{（式4-49）}$$

第五章 人民币汇率回滞问题的供求分析和 SUR 检验

在第四章里,本书在基本模型的基础上引入了调整成本的概念,讨论了汇率变动下产量的动态调整过程,发现了汇率变动对于经济的影响有一定的时间滞后性。这一点在实证研究中也得到了论证,例如张学毅(2006)指出,对于中国而言,人民币的实际有效汇率贬值的经济增长效应是显著的,但这种效应是滞后的,当期并不显著。为了进一步探讨汇率对出口市场是否具有结构性影响,从理论和实证方面探讨人民币汇率的回滞现象(Hyteresis)是否存在,引入了沉淀成本的概念。与调整成本的中短期性相比,沉淀成本是一个更长期的概念,会对厂商的进入—退出决策产生回滞影响。因而本章通过沉淀成本对回滞的供给和需求进行了分析,并使用 SUR 方法验证了人民币汇率是存在回滞现象的。

第一节 引 言

在第四章的调整成本模型中分析了汇率变动下产量的动态调整过程,该模型的结论指出产量的短期调整和长期调整的幅度是不同的,短期内企业为了保持原有销售额可以通过调整价格保持产量稳定,但是长期看来利润率的变化必然导致产量的调整,这说明了汇率变动的经济效应是具有时间滞后性的。为了进一步探讨汇率对出口市场是否具有结构性影响,从理论和实证方面探讨人民币汇率的回滞现象是否存在,引入沉淀成本的概念。

传统的国际经济学理论认为,汇率的变动对国际贸易只有短期影响,从长期来看汇率是中性的,这是因为汇率变动最终会带来国内价格的同方向、同比例变动,实际汇率会回到原有水平(国内价格变动由此完全冲销名义汇率变动对贸易的影响)。但是这个理论在解释 20 世纪 80 年代美国的汇率与进口量之间关系时遇到了问题：20世纪80年代的美元贬值并没有带来国际收支的相应改善，贸易品的价格和数量在汇率大幅度变动时调整却很缓慢，传统的国际贸易理论无法解释这种现象。于是包括克鲁格曼、鲍德温和迪克西特在内的一些经济学家开始对贸易品的价格和数量在汇率大幅度变动时的缓慢调整提出了汇率回滞的解释。

回滞最初是一个物理学概念，它最早由苏格兰物理学家詹姆斯·艾尔弗雷德·尤因提出。概括地说：回滞是指即使短期的冲击消失了，系统也无法恢复到受冲击前的状态（迪克西特，1989b）。20世纪90年代以来，经济学家已开始质疑在技术选择、劳动就业、投资、国际贸易等领域都存在回滞现象。回滞理论被应用到经济学领域后，冲击了以阿罗—德布鲁为代表的传统经济理论。汇率回滞是指短期的汇率变动将对进出口价格产生持久的影响，如果汇率存在回滞问题，就意味着汇率对出口价格的不完全传导，汇率对贸易的调节机制就不能充分发挥。

由于汇率回滞对进口和出口影响的传导机制是相似的，本书仅以出口为例，探讨汇率回滞对出口量和出口价格的传导机制。汇率回滞应用到出口贸易中，是指本币升值会使本国出口商失去部分外国市场，即使汇率恢复到原来水平也不能重新恢复到原来的出口量；或指本币贬值会使本国出口市场竞争更趋激烈，即使汇率恢复到原来水平，出口量和出口价格也不可能恢复到原来的状态。分析人民币汇率是否存在回滞问题，对于深入探讨我国汇率传导机制，以及我国政府宏观政策的制定和优化我国的出口商品结构具有极其重要的理论和现实意义。

在第四章中，本书为了分析产量的动态调整过程引入了调整成本的概念，调整成本是指在生产过程中改变生产规模产生的成本，可以看作一个中短期的成本，对厂商中短期内产量调整的决策产生影响。在本章中，为了从理论上分析人民币汇率回滞现象，本书又引入了沉淀成本的概念。实际上，沉淀成本模型是汇率回滞理论中最常见的模型。沉淀成本是指在投入生产的初期付出的不能完全收回的成本，与调整成本相比，它可以被理解为一个长期的成本，对于厂商长期的进入或退出决策产生回滞影响。

第二节　回滞的微观基础分析：考虑沉淀成本

汇率回滞从微观层面来看究竟是如何产生的呢？大量对回滞问题的理论模型研究，如克鲁格曼（1989）、吉奥瓦尼蒂（Giovannetty）和萨米埃（Samiei）（1996）、迪克西特（1989a，1989b）都有一个相同的基本假设——沉淀成本模型，那就是假定消费者总是信息不完全的，他们对商品品质的度量是基于自己对商品的熟悉程度，即前期的消费，对于任何新的商品，他们总是抱以不信任的态度，他们宁愿选择相同品质但自己比较熟悉的商品。这样，一个原来没有参与出口业务的企业在进入国外市场时为了使外国消费者能熟悉自己的商品需要支付进入成本，也称为沉淀成本（Sunk Costs），它包括企业开发国外市场，建立分销网络，甚至专门针对外国人的需求开发生产能力等支出费用。这种沉淀成本一旦发生，厂商就不能轻易廉价出售其资产，不管是有形资产，还是无形资产。假定出口商的期望利润的折现值为 PV_t，一个原来没有出口业务的厂商进入外国市场所付出的沉淀成本为 SC_t。厂商为了实现利润最大化目标，其做出进入或退外国市场决策的条件为：

决策一：当 $PV_t > SC_t$ 时，厂商作出进入外国市场决策；

决策二：当 $SC_t > PV_t > 0$ 时，厂商采取观望态度，为无变动范围（Range of No Change）；

决策三：当 $PV_t < 0$ 时，出口商做出退出外国市场决策。

一、回滞的供给分析

在鲍德温（1988）模型中，假定第 i 个出口商对商品的定价为 P_i，边际成本为 C，出口数量为 X_i，利润为 π_i，所有出口商都从利润最大化的角度进行定价，那么就有以下最大化方程：

$$\max \pi_i = (P_i - C_i) X_i \tag{式5-1}$$

由于出口商是在国内市场生产再出口到外国市场，而且在外国市场的营销渠道建设以及品牌建设等投入一般都是把本币兑换成外币再投入的，因此出口商的边际成本应该用本币价格来表示。另外，出口商也更关心用本币表示的利润。所以（式5-1）中的变量分别是以本币表示的利润额、用本币表示的商品价格、用本币表示的边际成本和出口数量。

问题转化为 $\pi_i = (P_i - C_i) X_i$ 的最大化简单求解问题，两边对 P_i 求导可得：

$$\frac{\partial \pi_i}{\partial P_i} = P_i \frac{\partial X_i}{\partial P_i} + X_i - C_i \frac{\partial X_i}{\partial P_i}$$

进一步解得该最大化问题的一阶条件为：

$$P_i = \frac{C_i}{1 + \frac{\partial P_i}{\partial X_i} \frac{X_i}{P_i}} \tag{式5-2}$$

$$P_i' = \frac{P_i}{E} \tag{式5-3}$$

其中 P_i' 是每单位出口商品用外币表示的价格，E 是每单位外币可兑换的本币数目。

需求价格弹性的公式为：

$$\varepsilon_P = -\frac{P_i}{X_i}\frac{\partial X_i}{\partial P_i} \tag{式5-4}$$

把（式5-3）、（式5-4）代入（式5-2），可以得到：

$$P'_i = \frac{1}{1-\frac{1}{\varepsilon_P}}\frac{C_i}{E} \tag{式5-5}$$

由（式5-5）可以看出，假定每单位出口商品用本币表示的边际成本不变，出口商品的外币价格与汇率反方向变动，同时还受供给价格弹性的影响。根据张伯伦猜想（Chamberlain Assumption），价格弹性是市场结构 M 的函数。也就是说，汇率变动不能完全传导到出口商品的外币价格上（依市定价①），这种不完全传导的程度受市场结构的影响。

下面结合图5-1来说明厂商作出决策的过程，从而解释出口国的供给量与汇率之间的关系。用 E 代表一单位外币可兑换的本币，PX 表示本国的出口供给量，S 表示本国对国外市场的供给曲线。由于新厂商进入外国市场需要付出沉淀成本，这几段供应曲线之间存在临界值（D_1，I_1）、（D_2，I_2）和（D_3，I_3）。假定初始汇率为 E_1，本国有 N_1 个出口商，则本国出口商拟出口到国外市场的供给量为 PX_1。

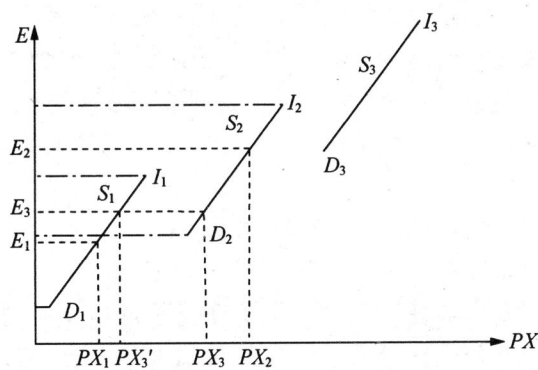

图5-1 出口商品供应量与汇率关系

---

① 克鲁格曼（1987）在其"依市定价"理论中认为出口商可以根据市场上产品的需求价格弹性，对同一种商品在不同的市场上制定不同的价格，使以进口国货币表示的其出口产品的价格保持稳定，而忽略汇率或生产成本。国外出口商运用这种价格歧视手段的目的在于在一国货币贬值时，保证其在该国的市场份额，在该国货币升值时提高边际利润。

然后，如果汇率发生的是小幅度的变动，如从 E_1 上升到 E_3（小幅度是指 $E_3<I_1$），在变动后的汇率水平 E_3 下，原来已经进入外国市场的厂商可以得到比原来更高的利润，它肯定会继续向该市场出口产品；但对于原来没有产品出口的厂商而言，期望利润的折现值仍小于新进入外国市场需支付的沉淀成本，于是原来没有进入外国市场的厂商肯定不会出口（此为决策二）。由于沉淀成本没有发生，外国消费者对本国产品的需求量也没有增加。出口的供给量上升到 PX_3'，但本国的出口商数目不变，仍为 N_1。

如果汇率发生大幅度的变动，超过了 S_1 段的临界值 I_1，假定贬值到 E_2，在 E_2 的汇率水平下，厂商期望利润的折现值大于新进入外国市场需支付的沉淀成本，这时已经开始出口的厂商在外国市场的份额及其利润都会增加，而利润的增加又会吸引很多原来没有出口的厂商也加入到出口商的行列中来，而原来已经有出口业务的厂商则扩大其出口量（此为决策一），使出口供给曲线从 S_1 跳跃到 S_2。当然，要注意进入市场的投资是持久和沉淀的。由于付出了沉淀成本，外国消费者对同质产品的偏好会从其他国家的产品转移到本国产品上来，消费者的需求结构就会发生变化，这种变化使得那些在高汇率、低需求状态下进入外国市场的出口商，在汇率回归后由于出口商品的外币价格下降而有了一个相对较高的需求量，因此就肯定不会退出外国市场。则出口商出口的供给量上升为 PX_2（如图 5-1 所示），而出口商数目也由 N_1 变为 N_2（$N_2>N_1$）。假设本币再小幅度升值，假如汇率从 E_2 下降到 E_3，则出口的供给量从 PX_2 下降到 PX_3。从图 5-1 中可以看出，即使位于同一汇率水平，也有 PX_3 比 PX_3' 大。这是因为当汇率发生大幅度贬值时，很多原来没有出口的厂商也加入到出口商的行列中来，一旦这些新加入的厂商为开始出口业务付出了沉淀成本，只要汇率变动的幅度不足以使出口商预期利润的折现值为负数（只要 $PV_t>0$），这些出口商就不会退出外国市场（此为决策二）。所以当汇率又恢复到 E_3，这些出口商也不会退出出口市场，由此带来的效果就是使受到冲击后的出口供应商之间具有更高的竞争性（因为这时出口商数目为 N_2，高于汇率直接从 E_1 跳到 E_3 的出口商数目 N_1），市场结构①已经发生变化，出口量的提高也会持续下去。本币贬值超过临界值的情况也与此相似。与之相反，如果本币升值幅度很大，汇率低于临界值 D_1，这时 $PV_t<0$，没有出口的厂商不会进入外国市场，已经进入外国市场的出口商也会退出（此为决策三），出口商数目会小于 N_1，供给曲线也会跳到另外一条曲线上。

由此可见，本币发生小幅度贬值和大幅度贬值的情形相比，即使最后达到了同一汇率水平，但后者比前者的出口供应量更大（$PX_3>PX_3'$），出口商数目也

---

① 市场结构是指特定的市场中，企业间在数量、份额、规模上的关系，以及由此决定的竞争形式。

会增大（$N_2 > N_1$）。

以上从出口商进入或退出外国市场决策的微观层面解释了汇率发生的大幅度变动对出口供给量具有持续的影响，即使汇率恢复到原来的状态也不足以使出口供给恢复到原来的水平，这就是汇率回滞效应。当汇率存在回滞时，只有汇率向相反方向的变动比原来的变动幅度更大，才可能使出口供给曲线跳跃回原来的曲线，从而恢复原来的出口供给水平。沉淀成本模型指出了沉淀成本的这种不可逆转性使贸易对汇率的变动不敏感——尤其是汇率高度不稳定的时候（鲍德温，1988）。

美元在20世纪80年代的表现也是一种很强的回滞效应，但它变动的方向正与这个例子相反，由于美元一开始大幅升值，结果陷入长期的结构性赤字，后来美元贬值到原来的状态也不足以改变赤字。

二、回滞的需求分析

假设消费者从消费一种产品转换到消费另一种产品存在转换成本。"转换成本"最早是由迈克·波特在1980年提出，指的是当消费者从一个产品或服务的提供者转向另一个提供者时所产生的一次性成本，这种成本不仅仅是经济上的，也是时间、精力上的。保罗·克伦佩雷尔（Paul Klemperer）进一步把转换成本分成三种类型：包括学习成本、交易成本和契约成本。即使消费者在同质产品之间转换，但由于提供产品的厂商不同，产品在设计、性能和使用方法上会存在差异，因此消费者必须花费一定的时间和精力甚至参加一些培训去学习如何使用新产品，这就是学习成本。交易成本是指当消费者从一种商品转换到另一种商品时所发生的时间成本、信息搜寻成本、交通成本以及通信成本等。例如，消费者想转换为其服务的银行，需要了解其他银行的服务、收费等信息，还需要把旧的银行账户销掉，新开一个银行账户，这个过程就需要耗费时间成本、信息搜寻成本、交通成本以及通信成本等。另外，很多厂商会采取一些奖励性的营销策略，当消费者购买产品的数量达到一定的程度之后，就会给予一定的现金补偿或折扣，如果消费者在期间转换消费选择，则会失去现金补偿或折扣，这就是契约成本（克伦佩雷尔，1987）。由于转换成本的存在，理性消费者只有在消费新产品比消费旧产品带来的效用增加大于转换成本时，才会改变原来的消费偏好。一般来说，消费者对所消费的产品掌握的信息是不完全的，所以消费者在消费产品时就存在不确定性。

但是当汇率的变动给消费者带来的收益超过消费者的转换成本时，消费者就有可能改变原来的消费习惯（弗鲁特和克伦佩雷尔，1989）。如果新产品是质量较高的产品，一旦消费者接受了新产品，他就会对这种产品有较高的忠诚度。因此当汇率发生逆转时,出口需求的价格弹性就会减少,也就是说,出口需求对出口价格的变化变得更不敏感,汇率大的变动只能带来出口量的小幅变动,两者是不对称的,也就是存在回滞。本书将构建一个对数线性模型,来检验当汇率发生变动时,出口品的需求价格弹性是否发生变化。如果发生变化,就说明有回滞现象存在,反之则没有。

三、回滞的均衡分析

均衡价格和出口量是由出口国的供给曲线和进口国的需求曲线所共同决定的,在以上供给分析与需求分析的基础上,本书用一个均衡模型来解释汇率变动是如何影响均衡价格和出口量,从而揭示回滞的传导机制。

中国的出口市场属于不完全竞争市场,也就是说,出口产品的价格是由厂商的产量决定的(垄断厂商的产量足以影响市场价格)。假定出口商生产出口商品用本币表示的边际成本在一定的产量范围内(可表示为 $X < K^0$)是一个常数,则出口商用外币表示的边际成本(设为 MC)是汇率的函数。在同一汇率水平下,如果出口商为了向外国市场出口更多的商品(这时 $X > K^0$)而投入了沉淀成本,则 MC 在 $X > K^0$ 时会有一个水平的跳跃(如图5-2所示)。

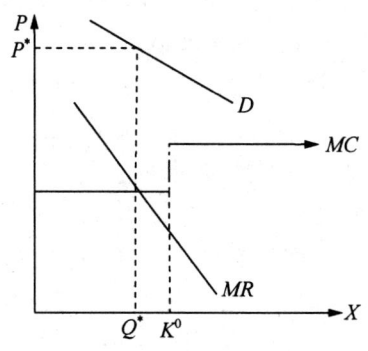

图5-2 均衡价格和均衡产量的决定

也就是说,当假定出口商生产出口品的边际成本以及产能扩张边际成本(Marginal Cost of Capacity Expansion)均为常数时,总的边际成本函数是一个阶梯函数,在投入沉淀成本前的最大产量 K^0 处会不连续,这种跳跃的高度取决于出口商对扩张后产能的期望使用寿命。如果出口商希望无限期地使用扩张的产能,则 MC 曲线中跳跃的高度为 rA(r 为常数的折旧率,A 是单位扩张成本)。如果出口商计划利用扩张产能的时间越短,MC 曲线中跳跃的高度会越大(鲍德温,1988)。

图 5-2 中的价格均为出口商品的外币价格,E 表示一单位外币可兑换的人民币数目。利润最大化原则指出,垄断厂商的最优产量使得它的边际成本恰好等于边际收益,即 $MC(Q^*) = MR(Q^*)$。

MC 曲线和 MR 曲线相交处决定了产量 Q^*,顺着产量 Q^* 垂直上去,在需求曲线上确定了垄断价格 P^*。

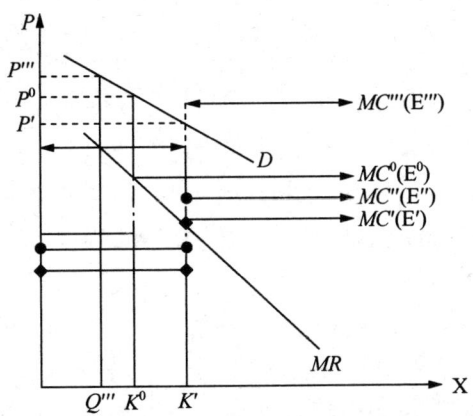

图 5-3 汇率变动对均衡价格和出口量的影响

下面结合图 5-3 来分析汇率变动情况下出口量和均衡价格的确定。假设初始的汇率水平为 E^0,边际成本曲线 MC^0 是 E^0 的函数。P^0 是在汇率水平下的均衡价格。本币贬值会使用外币表示的边际成本降低,但是不会改变边际利润曲线(MR 曲线)。如果本币贬值的幅度足够大,出口商由于利润驱动会投入沉淀成本以扩张产能,如图 5-3 所示:当汇率从 E^0 升到 E',出口商会把产能从 K^0 扩张到 K',边际成本曲线变为 MC'。这时由 MC' 曲线和 MR 曲线的交点以及需求曲线所共同决定的均衡价格 P' 小于初始的均衡价格 P^0,而均衡的出口量从 K^0 增大到 K'。

如果后来本币发生小幅度升值,假设汇率变为 E''(小幅度是指 $E^0 < E'' < E'$),汇率水平下 E'' 的边际成本曲线变为 MC''。由于出口商已经投入了沉淀成本,汇率变动后只要还可以弥补可变成本,出口商就不会退出已占领的市场,这时产能保持不变,仍为 K',所以汇率水平 E'' 下的均衡价格和均衡产量仍为 P' 和 K',与汇率小幅度变动前的均衡价格和均衡产量完全相同。在这种情况下,汇率失去了调节国际收支的功能,也就产生了回滞问题。

从 E' 开始,如果本币发生的是较大幅度的升值,如汇率水平变为 E''',先假定出口商还维持产能在 K' 不变,则边际成本曲线水平上移为 MC''',由 MC''' 曲线、边际利润曲线和需求曲线决定了在 E''' 水平下的均衡价格 P'''(P''' 大于 P^0,也大于

P'）和均衡的出口量 Q'''（Q'''小于 K^0，也小于 K'）。也就是说，即使出口商已经付出了沉淀成本，但如果本币升值的幅度足够大，使得出口商的期望利润的折现值为负数，那么出口商还是会退出原有市场。

第三节 人民币汇率变动与我国对外贸易的关系

综观我国人民币汇率的变动史，可以分为两个截然不同的运动阶段。在1994年人民币汇率制度改革以前，人民币汇率基本上处于一种持续的贬值阶段。在1981~1994年的13年，人民币名义有效汇率贬值了72%，年均贬值幅度为9.35%。而1994年人民币汇率制度改革之后，人民币汇率又表现出了趋势性升值的特征。1994~1999年，人民币名义有效汇率升值了24%，年均升值幅度达4.4%。

作为影响一个国家对外贸易发展的重要经济杠杆和政策工具，汇率的变动对我国对外贸易发展具有重要的影响。从实际情况来看，1994年以前人民币汇率的贬值运动在改善我国贸易收支方面发挥了积极作用，从1990年起我国对外贸易基本上结束了在逆差水平上长期徘徊的局面。在趋势性汇率贬值的影响下，我国的贸易结构也发生了重大变化。1992~1994年，我国改革开放前以资源密集型产品为主导的贸易结构已经发生了根本的转变，劳动密集型产品的生产优势得以实现，这反映出我国基于资源禀赋和经济发展水平上的国际分工过程已经基本完成。

1994年以来，人民币汇率在稳定中出现了升值趋势，然而我国的对外贸易却保持了连年的高额顺差。这一方面可能反映了1994年初人民币汇率的过度贬值带来的回滞效应。1994年人民币名义汇率借并轨时机一次性贬值50%，实际上超额贬值的幅度大约10%，我国企业趁机跻身外国市场，支付了市场调研费用、广告费用、针对外国消费者需求的研发费用等沉淀成本，所以即使汇率在1994年之后略有回升，那些厂商也没有退出既有的外国市场，出口量一直保持增长势头。另一方面也说明了我国的出口市场结构可能已经出现升级的迹象。从世界市场的需求变化来看，20世纪90年代中期以来，国际市场对非熟练的劳动密集型产品的需求已趋于饱和，进口国消费者对此类产品的质量预期越来越高。需求条件的变化意味着我国劳动密集型产品出口的收入和需求价格弹性已越来越小，而资本密集型、技术密集型产品的需求弹性却相对上升。与此相对应的是，我国经济增长模式已开始由简单劳动驱动型向物质资本和人力资本驱动型变化，出口商适应消费国需求而调整出口商品结构，带来了持续的贸易顺差。

第四节 人民币回滞问题的实证分析

一、计量模型的选取与数据说明

目前对回滞问题的实证研究还不能与理论研究同步,这是由于直接检验回滞对数据有比较高的要求,只有少数产业的数据及短期的数据可以用,因此用多国的数据或者间接检验方法来研究回滞现象是一个有效的解决办法,如帕斯利和魏尚进(1993)、马丁内斯·匝佐索(Martínez-Zarzoso)和诺瓦克·莱曼(Nowak-Lehmann)(2003)。本书也采用间接检验的方法,基于前面对回滞微观层面的理论分析,将分两阶段构建不同的 SUR 估计。在第一阶段,检验汇率变动对出口商品的外币价格的影响不显著;在第二阶段,检验商品出口的外币价格对出口量没有显著的影响。

本书所使用的数据范围为 1989~2003 年,由于样本期较短,本书选择了英国、日本、新加坡、澳大利亚、马来西亚和荷兰六个国家的数据。现有的关于人民币汇率变动的研究往往用人民币对美元汇率代替,如戴祖祥(1997)和许少强(2002),忽略了人民币对其他国家货币的变动,使实证结论难以具备普遍性,而马科斯(Marquez, 1990)认为用双边数据还是能得到许多有效的信息,所以本书拟采用我国对六国的双边汇率和出口量来进行估计。对这六个国家的选取基于以下考虑:在第二个模型中需要用中国相对美国出口到其他国家的相对价格,所以选取了美国以外的其他几个中国最重要的贸易伙伴;以 2003 年为例,中国与这六个国家的进出口总额占中国对全世界进出口总额的 50%,地理分布也比较广泛,所以具有较大的代表性。本书的出口量和 CDP 均以十亿美元为单位。由于商品价格变动并不完全由实际汇率变动决定,很难区分出是名义汇率变动或其他因素对价格产生的影响,所以本书采用的数据是名义汇率。所有数据都来源于《中国统计年鉴》、《中国海关统计年鉴》、IMF 出版的《国际金融统计数据》(International Financial Statistics)和美国贸易委员会网站。数据处理是利用 Eview 5.0 软件进行的。

对于时间序列数据而言,在一个给定的时期里,不同方程的扰动项可能都反映了某个共同的不可测的或忽略的因素,因而它们是相关的。当同时期相关存在时,用似无关回归估计(SUR)方法联合估计所有的方程比单独地估计每个方程更有效。众所周知,同一时期出口到不同国家的出口量受一些共同扰动项的影响，如出口国的对外贸易政策、出口国的汇率变动预期或全球性的经济危机等，本书采用了 SUR 方法进行检验，可以得到更准确的估计结果。

二、第一阶段的 SUR 检验

1. 计量模型

基于理论部分从供给方面对回滞的分析，为了检验汇率变动对相对价格的影响，本书借鉴马丁内斯·匝佐索和诺瓦克·莱曼（2003）的研究提出如下估计模型：

$$D\ln(RP_{it}) = C_{1i} + C_{2i} \times D\ln(RER_{it}) + C_{3i} \times D\ln(RER_{it-1}) + C_{4i} \times \ln(RP_{it-1}) + U_t \quad (式 5-6)$$

其中 $D\ln(RP_{it})$ 是指对第 t 时期中国与美国出口到 i 国家的价格比率取对数再一阶差分，$D\ln(RER_{it})$ 是指对第 t 时期人民币对 i 国家汇率取对数再一阶差分，U_t 为白噪声（White Noise）过程。

2. 实证结果

对（式 5-6）仍然采用 SUR 方法对模型进行估计。估计结果如表 5-1 所示。从模型的估计结果来看：①方程整体的显著性较高，DW=1.935260，方程整体 F 统计量为 3.651033，通过 1% 的显著性水平。但方程的可决系数较低，仅为 0.297411，这可能是由于方程的解释变量和被解释变量都是一阶差分，这种增量之间的拟合优度一般都较低。②在 5% 的显著性水平下，汇率的对数及其一阶差分的系数都很不显著，这说明汇率变动对相对价格的影响较小。结合我国出口市场实际情况，这可能是由于我国出口市场属于内部竞争市场，我国出口商为了维护市场份额一般采取因市定价策略，从而弱化了汇率对外币价格的影响。③相对价格的一阶滞后项在 5% 水平下显著，表明相对价格的变动具有一定的平稳性，这也符合我国出口市场的实际情况。

表 5-1 供给模型的 SUR 估计结果

Variable	Coeff.	t - Statistic	P - Value
常数	0.024248	1.835515 *	0.0707
$D\ln(RER_{it})$	-0.013505	-0.348567	0.7285
$D\ln(RER_{it-1})$	-0.024275	-0.652383	0.5163
$\ln(RP_{it-1})$	-0.518233	-2.294016 **	0.0248
DW - value		1.935260	
R^2		0.297411	

注：P - Value 为解释变量系数零假设成立的概率。"**"表示该解释变量在 5% 的水平下显著；"*"表示该解释变量在 10% 的水平下显著。

三、第二阶段的 SUR 检验

1. 计量模型

为了检验商品出口的外币价格对出口量的影响,在参照马丁内斯·匝佐索和诺瓦克·莱曼(2001)研究的基础上,设定第二阶段的 SUR 模型为:

$$\ln(EV_{it}) = C_{1i} + C_{2i} \cdot \ln(EP_{it}) + C_{3i} \cdot \ln(EV_{it-1}) + C_{4i} \cdot \ln(Z_{it}) + C_{5i} \cdot (D_t \times \ln(EP_{it})) + \xi_t \quad (式5-7)$$

其中 EV_{it} 是指在 t 时期中国出口到第 i 个国家的出口量,EP_{it} 是指在 t 时期中国出口到第 i 个国家的出口价格指数,C 是指在 t 时期第 i 个国家的 GDP,ξ_t 为 t 期的白噪声,$i=1,2,\cdots,7$;$t=1989,\cdots,2003$。

由于中国在 1994 年 1 月 1 日进行了重大的汇率体制改革,实施有管理浮动汇率制。人民币一步并轨到 1 美元兑换 8.70 元人民币,可能引起出口行为发生结构性变化,但已有的检验人民币汇率回滞的文章没有考虑这个问题。本书在需求模型中加入了一个虚拟变量 D_t,用虚拟变量乘以 $\ln(EP_{it})$ 表示出口市场结构变化后的需求价格弹性变化。

$D_t = 0$,出口市场发生结构性变化前;

$D_t = 1$,出口市场发生结构性变化后。

因而 $C_{2i} + C_{5i} \cdot D_t$ 为出口需求的价格弹性。

2. 实证结果

由于中国对不同国家的出口量、汇率可能存在同期相关,本书采用 SUR 方法对(式5-7)进行估计,以提高模型估计的准确性。模型估计结果如表5-2所示:

表 5-2 需求模型的 SUR 估计结果

Variable	Coeff.	t – Statistic	P – Value
常数	1.168489	0.520657	0.6042
$\ln(EP_{it})$	-0.315351	-0.642728	0.5224
$\ln(EV_{it-1})$	1.021697	16.08418 **	0.0000
$\ln(Z_{it})$	0.155869	2.113196	0.0380
$D_t \times \ln(EP_{it})$	-0.032970	-2.028829 **	0.0461
DW – value		2.210477	
R^2		0.988365	

对（式5-7）估计的拟合优度为0.988365，DW=2.210477，模型整体通过1%的显著性检验。可见，模型的拟合程度相当好。从表5-2可以看出：①在5%的显著性水平下，出口的需求价格弹性系数不显著，这说明由于汇率的变动引起的出口价格的变动并不会引起出口量的相应增加，出口量对出口价格的变化变得不敏感，汇率大的变动只能带来出口量的小幅变动，这两者的不对称是回滞存在的一个证据。②虚拟变量的系数较为显著，这说明我国的出口市场的确在样本期内发生了结构性变化，检验结果表明结构变化点发生在1996年，这是由于1994年我国汇率的重大改革存在着滞后影响，加上1994~1996年出现严重通货膨胀和大量资本内流，及亚洲金融危机，人民币汇率一直承受巨大压力，导致出口市场发生结构性断裂点。以上两个结果都表明，我国的汇率存在回滞现象。③估计结果表明1989~1995年我国出口需求价格弹性为-0.315351，虽然系数不显著，但还是可以提供一些信息；1996年出口市场发生结构性改变后出口需求价格弹性变为-0.348321（-0.348321=-0.315351-0.032970）。两者都为负数，符合经济含义，而且1996年之后的出口需求价格弹性的绝对值有较大的提高。联系到我国1994~2002年，人民币相对于美元、欧元（2001年前为德国马克）和日元的名义汇率升值幅度分别为5.1%、17.9%和17%，实际汇率升值幅度分别为18.5%、39.4%和62.9%。对1996年后我国出口需求价格弹性增大的一种合理解释是，1994年人民币较大幅度的升值优化了进出口结构，减少加工贸易而促使一般贸易升级技术（杨帆，2005）。另外，实证结果跟大部分学者认为我国进出口需求的价格弹性不足的观点一致。如厉以宁等（1991）对我国1970~1983年的数据分析得出我国出口需求价格弹性只有0.0506，陈彪如（1992）运用1980~1989年的进出口价格指数和贸易量指数进行回归后得到我国出口需求价格弹性为0.7241，具体的数值差异可能是由于计量模型和数据段的选取不同所造成的。

估计结果得出各个国家的固定效应为1.168489，个体效应见表5-3。个体效应分别反映了六个国家对中国出口的产品的偏好程度。可以看到，除了日本以外，其他国家的个体效应均为正数。本书认为，这可能是由于日本存在严重的民族性消费倾向，对国产货的信心较强，而对中国产品的偏好程度较低。

表5-3 澳大利亚、日本、马来西亚、荷兰、新加坡、英国的个体效应

国家	个体效应	国家	个体效应
澳大利亚	0.053572	荷兰	0.003685
日本	-0.440023	新加坡	0.213038
马来西亚	0.311195	英国	0.141467

第五节 本章小结

通过从需求和供给两方面对汇率回滞问题的理论分析及对人民币汇率的回滞问题的两阶段 SUR 检验,可以得到以下结论:

两阶段的 SUR 检验表明我国人民币汇率存在回滞问题,突出表现在 1996 年以后,从而使得通过汇率对出口量和出口价格的影响甚微。人民币汇率回滞表明我国汇率存在一个惰性区间,由于我国在劳动力成本和人力资源方面均存在比较优势,在国际市场上的竞争主要表现为本国出口商之间的竞争,而非我国出口商与其他国家出口商之间的竞争。在这种内部竞争激烈的情况下,我国出口商一般都愿意从长远利益出发维护市场份额,这也弱化了汇率对外币价格的影响,进一步扩大了人民币汇率的惰性区间的宽度。由此可见,2005 年 7 月 21 日的人民币升值 2% 的幅度必定也在惰性区间的范围内,对我国出口贸易不存在很大影响。况且,人民币升值之后,以前那些受低汇率保护的出口企业为了维护其在国外市场的市场份额,会积极提高出口产品的附加值及劳动生产率,通过加强管理、降低成本、增强市场竞争力来提高效益和出口竞争力,有利于出口结构和社会资源配置的优化。

另外,僵化的汇率体制使得剔除了出口退税影响的实际有效汇率对进出口的影响不显著(陈平、黄健梅,2003),而且用低汇率保护出口企业的方法还会使我国遭受来自国际上的巨大压力,所以在现行的汇率体制下用出口退税、加快折旧等财政手段调节国际收支将是一条有效的途径。

人民币汇率存在回滞问题,也就意味着汇率自行波动和政府进行汇率调节的幅度不能过大。一旦人民币汇率的波动较大,引起回滞效应,则简单恢复到原来的汇率水平并不足以重新获得以前失去的市场,而将需要一段时间的补偿性的汇率反方向变动来抵消回滞效应。1994 年以来,人民币事实上盯住美元,但在此期间美元对其他国家货币汇率不断波动,间接造成了金融市场的动荡。所幸的是,2005 年 7 月 21 日汇率形成机制改革后,人民币不再盯住任何一种单一货币,而是参考一篮子汇率进行调节,国际市场主要货币汇率的相互变动,无疑会大大减少人民币汇率的波动性,从而避免回滞效应。本书结论也支持了这次汇率改革的科学性,同时也对以后的汇率制度改革具有较大的参考意义。

汇率回滞还表明汇率的变动幅度过大会带来出口市场的结构性变动。因此,人民币汇率的回滞现象会影响我国产业结构调整的速度,以及造成短期内产业结构的不合理性加剧。

第六章 汇率变动对固定资产投资的影响

第四章在基本模型的基础上引入了调整成本的概念，探讨了汇率变动下产量的动态调整过程；本章的理论模型仍是建立在基本模型的基础上，将基本模型中的非劳动力投入细分为资本投入（固定资产投资）和原材料投入，并假定厂商根据理性预期作出决策，考察了汇率变动对于厂商固定资产投资决策的影响。本章的重大贡献是可以通过模型考察汇率变动对内生性投资的影响，从而考察汇率变动引起的产业结构的变动；并且由于引入了产业特征变量，本章的模型还考察了不同行业投资汇率弹性的差异，例如厂商在本国市场和外国市场的利润加成如何影响投资。

第一节 引 言

传统的关于汇率变动与投资之间关系的研究，往往围绕资本在国际间的流动进行，也即汇率升值/贬值或汇率的波动幅度对于东道国引进外商直接投资产生何种影响。关于汇率变动对于引进外商直接投资的研究相当繁杂，目前已经形成了相对财富假说（弗鲁特和斯坦因，1991），风险规避理论（高德伯格和科尔斯塔德，1995；宋和拉潘，2000）和专用资产并购理论（布朗尼根，1997），虽然各个理论的研究角度不同，但基本上得到了一致的结论：东道国的货币升值不利于引进外商直接投资，而东道国的货币贬值却对外商直接投资具有促进作用。

全社会总投资由内生投资需求和涉外投资（主要指 FDI）组成。可以假设，外商直接投资与内生投资需求的结构都由国内各行业的利润率决定，因而汇率变动可以通过影响各个行业的利润率进而改变投资的比例关系，而 FDI 只会水平地影响全社会总投资额的规模变化。当然，在现实中由于政府对于外商直接投资设置了一定的行业准入门槛，因而外商直接投资与内生性投资的结构并不完全一致，但这种差异在理论模型中可以忽略不计。从文献回顾中可以看出，以往的研究侧重于研究汇率变动对于外生性即 FDI 总规模的影响，而很少涉及内生性投资，特别是内生性投资的结构。本书的重点就是研究汇率变动对于内生投资结构的影响，也就是国内资本如何在不同部门、不同行业之间流动。因此，本章在基本模型的基础上，将非劳动力投入细分为资本投入和原材料投入，运用理性预期的分析方法，从理论层面严谨的探讨了汇率变动与固定资产投资之间的关系；另一方面，通过这个模型可以考察汇率如何影响不同行业厂商的利润加成从而影响投资。

第二节 理性预期下的固定资产投资模型

在第四章的调整成本模型中，本书讨论了调整成本对汇率弹性的影响，得到调整成本与汇率弹性成反向关系的结论，并且认为进口原材料投入比例小的行业的产量与汇率同向变动，即本币贬值会带来该行业的生产扩张，只有当进口原材料投入比例达到一定的门槛值（使得 Z < 0 时），汇率才跟总产量反向变化。为了考查厂商在国内外市场的利润加成如何影响资本的边际利润从而对投资产生影响，并且探讨汇率变动对固定资产投资的影响受哪些因素的影响，本章在基本模型的基础上，把非劳动力投入细分为资本（固定资产投入）和原材料投入；进一步放松生产函数为 CD 生产函数的假定，改为假定生产函数为规模报酬不变的生产函数；并假设厂商根据理性预期作出决策，从而厂商会选择投资来使未来的利润流 V 折现到当期的利润值最大化，见（式 6-1），资本存量采用传统的资本积累方程，即受约束于资本累积量和新投入资本，见（式 6-2）。通过这个模型还可以考察厂商在本国市场和外国市场的利润加成如何影响投资。假设 t 时刻厂商关于固定资产投资的利润最大化函数为：

$$FI_t(K_t, e_t) = \{I_t\}_{t=1}^{\max \infty} \{\sum_{\tau=0}^{\infty} \beta^\tau [\prod(K_{t+\tau}, e_{t+\tau}) - I_{t+\tau} - R(I_{t+\tau})] \mid \Omega_\tau\}$$

（式 6-1）

受约束于：

$$K_{t+1} = (1-\delta)K_t + I_t \qquad \text{（式 6-2）}$$

关于调整成本函数本书采用文献中经典的二次方程：

$$R(I_t) = \frac{\gamma}{2}(I_t - \mu)^2 \qquad \text{（式 6-3）}$$

（式 6-3）中的 γ 和 μ 为参数。（式 6-1）中的 K_t 为 t 时期初的资本存量，

∏ 为资本（固定资产投资）的总收益函数，β 为关于时间的折现率，δ 为资本的折旧率，I_t 为 t 时期的投资额，R 为资本的调整成本方程，e_t 为 t 时期的汇率（表示为单位外币的本币价格），$E\{\cdot \mid \Omega_t\}$ 为 t 时期信息集 Ω_t 下的条件期望，并假设未来不确定性的唯一来源是汇率，所以厂商通过充分利用当前所有的信息集合来预期将来的汇率，以及得到对未来收入的预期，从而决定当期的新投资水平。

模型假设如下：期初厂商观察到汇率 e_t，然后选择可变投入并观察当期的利润值 π_t。给定当期利润并且预期未来的收益后，厂商选择当期的投资水平 I_t，当期的投资只会在下一期的生产中发生作用，也就是说，假定投资对利润的影响产生一期滞后。

解（式 6-1）的最大化函数，对每一个时间 t 而言，只有 $\tau=0$ 期的 $I_{t+\tau}$ 和 $R(I_{t+\tau})$ 才跟 I_t 有关，$\tau=0$ 期时 e_t 与 $t-1$ 期的投资影响 t 期的利润，只有从 $\tau=1$ 开始投资 I_t 才通过 K_{t+1} 影响厂商在 t 期对未来利润的预期。

则基于理性预期的厂商利润最大化的一阶条件为：

$$\frac{\partial FI_t}{\partial I_t} = E\left\{\sum_{\tau=0}^{\infty} \beta^{\tau} \left[\frac{\partial \prod(K_{t+\tau}, e_{t+\tau})}{\partial K_{t+\tau}} \frac{\partial K_{t+\tau}}{\partial I_t}\right] \mid \Omega_t\right\} - 1 - \frac{\partial R(I_t)}{\partial I_t} = 0$$

结合（式 6-2）可得 $\frac{\partial K_{t+\tau}}{\partial I_t} = (1-\delta)^{\tau-1}$，代入上式为：

$$E\left\{\sum_{\tau=1}^{\infty} \beta^{\tau}(1-\delta)^{\tau-1}\left[\frac{\partial \prod(K_{t+\tau}, e_{t+\tau})}{\partial K_{t+\tau}}\right] \mid \Omega_t\right\} = 1 + \frac{\partial R(I_t)}{\partial I_t} \quad (式 6-4)$$

其中，$\frac{\partial \prod(K_{t+\tau}, e_{t+\tau})}{\partial K_{t+\tau}}$ 表示资本的边际利润，可以把其简写成 $\prod_{t+\tau}^k$。此一阶条件方程表明对于任意的 t 期，厂商投入的投资水平使得新增每单位资本投入的边际成本等于该新增每单位资本投入的预期未来产出的折现值。

由（式 6-3），可得：

$$\frac{\partial R(I_t)}{\partial I_t} = \gamma(I_t - \mu) \quad (式 6-5)$$

把（式 6-5）代入到（式 6-4），可得厂商最优投资问题的一阶条件变为：

$$I_t = \frac{1}{\gamma} E\left\{\sum_{\tau=1}^{\infty} \beta^{\tau}(1-\delta)^{\tau-1} \prod_{t+\tau}^k \mid \Omega_t\right\} + \mu - \frac{1}{\gamma} \quad (式 6-6)$$

其中 $\prod_{t+\tau}^k$ 表示（式 6-4）中资本的边际利润。因此，（式 6-6）说明投资水平是基于资本的预期未来边际收益的。下面把资本看作外生变量来确定资本的边际利润。

厂商在每期初观察到汇率 e_t 并决定国内外市场上的产品销售以及国内外可变

投入的使用,从而最大化每期总收益。厂商利润最大化函数为:

$$\prod(K_t,e_t) = \max_{q_t(h),q_t(f),L_t,N_t(f),N_t(d)} p(h)q_t(h) + e_t p(f)q_t(f) - e_t S_t(f)N_t(f) - S_t(h)N_t(h) - W_t L_t \tag{式6-7}$$

受约束于:

$$Q = q_t(h) + q_t(f)$$
$$Q = F(K_t, L_t, N_t(f), N_t(d)) \tag{式6-8}$$

在此假定 K_t 为外生变量。厂商的收入由国内的销售量 q 和在国外的销售量 q^* 两部分组成。生产要素为:国内劳动投入为 L,国内的原材料投入为 $N(d)$,原材料中需要进口的部分投入为 $N(f)$,相关的要素价格分别记为:劳动力的价格 W,国内原材料的价格 $S(h)$ 和国外原材料的价格 $S(f)$。$F(\cdot)$ 为规模报酬不变的生产函数。假设劳动力和原材料可以在短期进行调整,且调整成本为零,则厂商利用期初的资本存量(也即固定资产投资存量,当期的投资对其没有影响)、国内外可变投入(劳动力和原材料)进行生产。

销售价格与销售量之间的关系可以一般表示为:

$$P(h) = c(h)q(h)^{-1/\eta(h)}; eP(f) = c(f)q(f)^{-1/\eta(f)} \tag{式6-9}$$

$\eta(h)$ 和 $\eta(f)$ 分别表示产品在本国和外国的需求价格弹性①[$\eta(h)$ 和 $\eta(f)$ 与汇率无关]。市场需求曲线取决于汇率 e(单位外币的本币价格)。汇率通过影响当地产品对进口竞争产品的相对价格来影响需求②,因此 $a(h)$ 是汇率 e 的函数,它的构成反映了进口品的竞争压力。为方便表示,(式3-3)(式3-4)的表达式中去掉了 t。

为了解最优化问题,令:

$$\pi_t = p(h)q_t(h) + e_t p(f)q_t(f) - W_t L_t - e_t S_t(f)N_t(f) - S_t(d)N_t(d)$$

构造拉格朗日函数:$\pi' = \pi + \lambda[q(h) + q(f) - F(K_t, L_t, N_t(f), N_t(h))]$。

对该拉格朗日函数求一阶导数方程如下:

$$\frac{\partial \pi'}{\partial q(h)} = \left(1 - \frac{1}{\eta(h)}\right)p(h) + \lambda = 0 \tag{式6-10}$$

$$\frac{\partial \pi'}{\partial q(f)} = e_t\left(1 - \frac{1}{\eta(f)}\right)p(f) + \lambda = 0 \tag{式6-11}$$

$$\frac{\partial \pi'}{\partial L_t} = -W_t - \lambda \frac{\partial F}{\partial L_t} = 0 \tag{式6-12}$$

---

① 由(式6-9)可得 $\ln p(h) = \ln c(h) - \frac{1}{\eta(h)}\ln q(h)$,可知:

$\frac{\partial \ln p(h)}{\partial \ln q(h)} = -\frac{1}{\eta(h)}, \frac{\partial \ln q(h)}{\partial \ln p(h)} = -\eta(h)$;同理 $\frac{\partial \ln q(f)}{\partial \ln p(f)} = -\eta(f)$。

② 见伯吉斯和奈特(1998)。

$$\frac{\partial \pi'}{\partial N_t(h)} = -S_t(h) - \lambda \frac{\partial F}{\partial N_t(h)} = 0 \qquad (\text{式} 6-13)$$

$$\frac{\partial \pi'}{\partial N_t(f)} = -e_t S_t(f) - \lambda \frac{\partial F}{\partial N_t(f)} = 0 \qquad (\text{式} 6-14)$$

综合（式 6-10）和（式 6-11），可得：

$$\frac{\partial \pi'_t}{\partial K_t} = \frac{1}{K_t}\left[\left(1-\frac{1}{\eta(h)}\right)p(h)q_t(h) + \left(1-\frac{1}{\eta(f)}\right)e_t p(f)q_t(f) - (W_t L_t + S_t(h)N_t(h) + e_t S_t(f)N_t(f))\right]$$

$$(\text{式} 6-15)$$

具体求解过程见本章附录"一"。

（式 6-15）即为厂商利润最大化条件下的资本的边际利润函数。为了考察（式 6-6）中汇率对于固定资产投资的影响，首先求出了汇率对资本的边际利润的影响。假设不同期的汇率变动是不相关的，因此 t 时刻和过去的汇率信息给出了计算 FI_t^k 对汇率变动的反应的所有必要信息；假设汇率是不确定性的唯一来源并且厂商可以根据已有的信息做出理性预期的条件下，预期的未来边际收益就等于今天的边际收益，即每一期预期资本的边际利润就是最大化条件下资本的边际利润，于是有（式 6-6）中的每一期的 $E[\prod_{t+\tau}^{k} | \Omega_\tau]$ 等于（式 6-15）中的 $\frac{\partial \pi'_t}{\partial k_t}$。（式 6-6）可以写成：

$$I_t = \frac{1}{\gamma}E\left\{\sum_{\tau=1}^{\infty}\beta^{\tau}(1-\delta)^{\tau-1}\prod_{t+\tau}^{k} | \Omega_t\right\} + \mu - \frac{1}{\gamma}$$

$$I_t = \frac{\beta}{\gamma}E\left\{\sum_{\tau=1}^{\infty}[\beta(1-\delta)]^{\tau-1}\prod_{t+\tau}^{k} | \Omega_t\right\} + \mu - \frac{1}{\gamma} = \frac{\beta}{\gamma}\frac{1}{1-\beta(1-\delta)}\frac{\partial \pi'}{\partial K_t} + \mu - \frac{1}{\gamma}$$

$$= \mu - \frac{1}{\gamma} + \frac{A}{K_t}\left\{\begin{array}{l}\left(1-\frac{1}{\eta(h)}\right)p(h)q_t(h) + \left(1-\frac{1}{\eta(f)}\right)e_t p(f)q_t(f) - [W_t L_t + S_t(h)N_t(h)] \\ + e_t S_t(f)N_t(f)]\end{array}\right\}$$

$$(\text{式} 6-16)$$

其中 $A = \dfrac{\beta}{\gamma[1-\beta(1-\delta)]}$。

为了考查厂商在国内外市场的利润加成如何影响边际资本收益从而对固定资产投资产生影响，由利润最大化函数总公式可得 $MR_t = \dfrac{\partial TR(q_t)}{\partial q_t} = \left(1-\dfrac{1}{\eta_t}\right)p_t$，把厂商利润最大化的一阶条件代入加成的定义式可得：$MKUP_t(h) = \dfrac{p_t(h)}{MC_t(h)} = \dfrac{p_t(h)}{MR_t(h)} = 1-\dfrac{1}{\eta_t(h)}$；同理可以推导出：$MKUP_t(f) = \dfrac{p_t(f)}{MC_t(f)} = \dfrac{p_t(f)}{MR_t(f)} = 1-$

$\frac{1}{\eta_t(f)}$。把两个加成公式分别代入（式6-15）和（式6-16），可以进一步表示为：

$$\prod_t^k = \frac{\partial \pi'_t}{\partial K_t} = \frac{1}{K_t}\left\{\frac{p_t(h)q_t(h)}{MKUP_t(h)} + \frac{e_t p_t(f)q_t(f)}{MKUP_t(f)} - [W_t L_t + S_t(h)N_t(h) + e_t S_t(f)N_t(f)]\right\}$$
（式6-17）

$$I_t = \mu' + \frac{A}{K_t}\left\{\frac{p_t(h)q_t(h)}{MKUP_t(h)} + \frac{e_t p_t(f)q_t(f)}{MKUP_t(f)} - [W_t L_t + S_t(h)N_t(h) + e_t S_t(f)N_t(f)]\right\}$$
（式6-18）

其中，$\mu' = \mu - \frac{1}{\gamma}, A = \frac{\beta}{\gamma[1-\beta(1-\delta)]}$。

由以上两个公式可以看到，无论在本国市场还是外国市场，利润加成的增大会带来资本边际利润的减少，从而带来固定资产投资的减少。也就是说，在利润率越高的行业，预期的资本边际利润越少，厂商在对汇率存在理性预期的条件下倾向于减少固定资产投资。

由于从上面两个公式没法直接看出汇率变动对资本边际利润和固定资产投资的影响，下面求投资对汇率的一阶导数，得到如下形式：

$$\frac{\partial \prod_t^k}{\partial e_t} = \frac{1}{K_t}\left[\frac{p(h)q(h)}{e_t MKUP(h)}(\eta^{p(h),e} - \eta^{MKUP(h),e}) + \frac{p(f)q(f)}{MKUP(f)}(1 + \eta^{p(f),e} - \eta^{MKUP(f),e}) + \frac{1}{e_t}(\eta^{\omega,e}WL + \eta^{S(h),e}S(h)N(h) + e_t S(f)N(f)(1 + \eta^{S(f),e}))\right]$$
（式6-19）

$$\frac{\partial I_t}{\partial e_t} = A\frac{\partial \prod_t^k}{\partial e_t} = \frac{A}{K_t}\left\{\frac{p(h)q(h)}{e_t MKUP(h)}(\eta^{p(h),e} - \eta^{MKUP(h),e}) + \frac{p(f)q(f)}{MKUP(f)}(1 + \eta^{p(f),e} - \eta^{MKUP(f),e}) + \frac{1}{e_t}[\eta^{\omega,e}WL + \eta^{S(h),e}S(h)N(h) + e_t S(f)N(f)(1 + \eta^{S(f),e})]\right\}$$
（式6-20）

其中 $A = \frac{\beta}{\gamma[1-\beta(1-\delta)]}$。

具体求导过程见本章附录"二"。

可以进一步化简上式：

$TR = p_t(h)q_t(h) + e_t p_t(f)q_t(f)$

$TC = W_t L_t + S_t(h)N_t(h) + e_t S_t(f)N_t(f)$

用出口收入占总收入的比例表示厂商的出口导向程度，$\chi =$

$\dfrac{e_t p_t(f) q_t(f)}{p_t(h) q_t(h) + e_t p_t(f) q_t(f)}$，则 $e_t p_t(f) q_t(f) = \chi [p_t(h) q_t(h) + e_t p_t(f) q_t(f)]$；
$p_t(h) q_t(h) = (1-\chi)[p_t(h) q_t(h) + e_t p_t(f) q_t(f)]$。

厂商均衡的条件是 $MR = MC$ 和 $TR = TC$。

假设在所有可变投入（即非固定资产投入）中，劳动力投入占 α，进口原材料投入占总可变投入的比例为 φ，则有：$W_t l_t = TC \cdot \alpha$；$e_t S_t(f) N_t(f) = TC \cdot \varphi$；$S_t(h) N_t(h) = TC \cdot (1 - \alpha - \varphi)$。

利用这些比例公式，（式6–19）可以进一步化简为：

$$\dfrac{\partial \prod_t^k}{\partial e_t} = \dfrac{TR}{K_t} \left\{ \dfrac{(1-\chi)}{e_t MKUP(h)} (\eta^{p(h),e} - \eta^{MKUP(h),e}) + \dfrac{\chi}{MKUP(f)} (1 + \eta^{p(f),e} - \eta^{MKUP(f),e}) \right. \\ \left. + \dfrac{1}{e_t} [\alpha \eta^{\omega,e} + \varphi(1 + \eta^{S(f),e}) + (1 - \alpha - \varphi) \eta^{S(h),e}] \right\}$$

（式6–21）

$$\dfrac{\partial I_t}{\partial e_t} = A \dfrac{\partial \prod_t^k}{\partial e_t} = \dfrac{A \cdot TR}{K_t} \left\{ \dfrac{(1-\chi)}{e_t MKUP(h)} (\eta^{p(h),e} - \eta^{MKUP(h),e}) + \dfrac{\chi}{MKUP(f)} (1 + \eta^{p(f),e} - \eta^{MKUP(f),e}) \right. \\ \left. + \dfrac{1}{e_t} [\alpha \eta^{\omega,e} + \varphi(1 + \eta^{S(f),e}) + (1 - \alpha - \varphi) \eta^{S(h),e}] \right\}$$

（式6–22）

其中，$A = \dfrac{\beta}{\gamma[1 - \beta(1-\delta)]}$。

上式给出了汇率变动影响固定资产投资行为的渠道和这些影响的大小。由括号中的组成可以看出，汇率主要通过影响本国销售收入、出口到外国的销售收入、包含进口原材料的总成本这三大部分影响资本的边际利润，从而影响投资。对每一个产业而言，与产业相关的固定资产投资对汇率的反应取决于等式右端的几个主要部分：

$$\eta^{I_t,e} = f(\bar{\gamma}, \bar{\delta}, \overset{+}{\beta}, \overset{+}{TR/K_t}, \overline{MKUP}(h), \overline{MKUP}(f))$$

（式6–23）

（1）资本存量调整成本 γ 越大的行业，固定资产投资对汇率的反应越小。这是显然的，固定资产投资规模的调整必然带来调整成本的发生，这将抑制厂商扩大或缩小固定资产投资规模的倾向；调整成本越大，厂商的投资决策对汇率变动越不敏感。这里的调整成本是指固定资产投资存量的调整成本，第四章调整成本模型是讨论由劳动力和原材料投入引起的调整成本，但两个模型的基本结论一致，即调整成本越大，厂商的产量和投资对汇率变动越不敏感。

（2）固定资产折旧率 δ 越高的行业，固定资产投资对汇率的反应越小。这是因为固定资产折旧率越高，厂商的投资行为越取决于其成本因素中生产对于固定资产规模的要求，而非汇率变动带来的利润率变化；另外，折旧率越高，固定资产使用时间越短,而在短时间内汇率风险较小,因此固定资产投资的汇率弹性越小。

(3)时间折现因子 β(也可理解为利率或资金使用成本)越高的行业,固定资产投资对于汇率的反应越大。

(4)单位资本带来的收入值 TR/K_t 也影响固定资产投资对汇率的反应。单位资本带来的收入值 TR/K_t 高的地区或者行业,其对汇率变动的反应较大。单位资本带来的收入值越高,表明固定资产投资对于收入的贡献越大,那么凡是可以引起利润率变化的因素,比如本币升值或贬值,都会引起固定资产投资的变动较大。

(5)无论是本国市场还是外国市场,利润率越高的行业固定资产投资受汇率的影响越小。企业的利润率越高,表明企业承受价格变化的空间越大,因而在汇率变动的情况下,厂商越不容易调整产量或是投资规模。这一结论可以认为是对 PTM 理论的拓展,PTM 理论指出了在汇率变动的情况下,厂商可能为了保住原有市场份额只改变利润加成,因而厂商的利润空间越大,厂商改变生产规模、调整固定资产投资的倾向越小。

(6)固定资产投资对汇率的反应还受各种弹性的影响,而弹性取决于产业的竞争程度和厂商的定价模式。

大量文献对影响价格汇率弹性和工资汇率弹性的市场结构和行业特征变量进行了研究。例如不完全竞争理论从不完全竞争的角度对汇率变动的价格传递机制进行了分析,考虑了许多行业的定价因素,如市场结构(多恩布什,1987)、需求弹性(多恩布什,1987;芬斯特拉,1989)、成本的函数形式(谢福特,1994)、产品的替代程度(多恩布什,1987;奈特,1993)等,进而考察了进出口价格对于汇率变化的调整程度。另一些研究专注于不同的行业特征对于汇率传导率在行业间差异的影响,如多恩布什(1987),胡珀和曼恩(1989)从产品同质性与替代程度、国内外厂商相对市场份额、市场集中度以及厂商实行价格歧视的可能性等角度来分析加成份额对汇率变动的反应。研究指出,若该行业的产品差别程度(或替代程度)高、国外企业相对于国内企业具有较大市场份额、企业价格歧视能力强、企业市场集中度高的企业具有较大的能力维持加成份额,则汇率对该行业具有较高的价格传导效应。

同时,研究表明,不同的行业特征会导致不同行业的工资汇率弹性存在差异。如坎帕和高德伯格(1998)专门对美国 1972 年到 1995 年长达 24 年的工资水平和美元汇率的变动作了研究,认为工资对实际汇率的反应在行业间有很大的不同,行业特征比如行业的竞争结构、行业内劳动力的技术水平、对外贸易倾向以及进口投入品比例都与实际汇率对工资的影响有重大相关性。低成本价格行业如纺织业、木材业和木制品行业以及初级的金属业或者装配金属产品行业,在统计上比高成本价格行业的反应更显著;行业的出口倾向越大,实际工资对实际汇率的反应也就越大;随着行业对进口投入品的需求越大,实际工资的反应就变得更小了;并且,有更多受大学教育的工人的行业工资对汇率的弹性较小。高德伯格和特雷西(1999)研究了美国跨州的20个制造行业工资水平对汇率的反应,指出实际汇率的变动对制造业工资的影响在统计上较为显著,并且这种显著性在行业间有很大差别。这种差别取决于各行业间的贸易倾向、不同行业国内外的产品需求价格弹性等行业特征的差异。

第三节 本章小结

本章为了考察厂商在国内外的利润加成如何影响资本的边际利润从而对投资产生影响,并且探讨固定资产投资的汇率弹性受哪些因素的影响,在基本模型的基础上将非劳动力投入细分为资本投入和原材料投入,并且假定厂商根据理性预期做出决策。在这样的假定下,本书解出了厂商每期的最优投资量对汇率变动的反应,并且指出其与以下因素有关:资本存量调整成本 γ,固定资产折旧率 δ,国内市场的利润率 $MKUP(h)$ 和国外市场利润率 $MKUP(f)$ 与 $\eta^{I_t,e}$ 成反向关系;而时间折现因子 β 和单位资本带来的收入 TR/K_t 与 $\eta^{I_t,e}$ 成正向关系;除此之外,$\eta^{I_t,e}$ 还受到反映市场竞争程度和厂商定价模式的各种弹性的影响。

$$\eta^{I_t,e} = f(\overset{-}{\gamma},\overset{-}{\delta},\overset{+}{\beta},\overset{+}{TR/K_t},\overset{-}{MKUP(h)},\overset{-}{MKUP(f)})$$

本章的研究与以往不同之处在于,以往关于汇率变动与投资关系的研究往往侧重于汇率变动下资本在国际间的流动,也即引进外商直接投资和本国产业海外转移的总量规模;但本书关注的是汇率变动对内生投资的影响,并通过引入行业特征变量很好的讨论了行业之间的差异,这种不同行业内生性投资对于汇率变动反应的差异就形成了产业结构的调整。这不仅弥补了传统研究对内生性投资结构的研究空缺,而且为研究汇率变动的产业结构调整效应提供了很好的理论基础。

本章附录

一、(式6-15) 的求解过程

由(式6-10) 和(式6-11) 可得:

$$\left(1-\frac{1}{\eta(h)}\right)p(h) = \left(1-\frac{1}{\eta(f)}\right)e_t p(f) \quad \text{(式6-24)}$$

结合（式6-10），（式6-12）~（式6-14）可以写成：

$$p(h)\left(1-\frac{1}{\eta(h)}\right)\frac{\partial F}{\partial L_t} = W_t \quad \text{(式6-25)}$$

$$p(h)\left(1-\frac{1}{\eta(h)}\right)\frac{\partial F}{\partial N_t(h)} = S_t(h) \quad \text{(式6-26)}$$

$$p(h)\left(1-\frac{1}{\eta(h)}\right)\frac{\partial F}{\partial N_t(f)} = e_t S_t(f) \quad \text{(式6-27)}$$

由于 $F(K_t, L_t, N_t(f), N_t(d))$ 是规模报酬不变的生产函数，由欧拉（Euler）定理可得：

$$F(K_t, L_t, N_t(f), N_t(d)) = q(h) + q(f)$$

$$= \frac{\partial F}{\partial K_t}K_t + \frac{\partial F}{\partial L_t}L_t + \frac{\partial F}{\partial N_t(h)}N_t(h) + \frac{\partial F}{\partial N_t(f)}N_t(f) \quad \text{(式6-28)}$$

由 $\pi_t = p(h)q_t(h) + e_t p(f)q_t(f) - e_t S_t(f)N_t(f) - S_t(d)N_t(d) - W_t L_t$ 可得：

$$\frac{\pi_t}{K_t} = \frac{p(h)q_t(h) + e_t p(f)q_t(f)}{K_t} - W_t\frac{L_t}{K_t} - e_t S_t(f)\frac{N_t(f)}{K_t} - S_t(h)\frac{N_t(h)}{K_t}$$

$$[\text{代入（式6-25）}\sim\text{（式6-27）}]$$

$$= \frac{p(h)q_t(h) + e_t p(f)q_t(f)}{K_t} - p(h)\left(1-\frac{1}{\eta(h)}\right)\left[\frac{L_t}{K_t}\frac{\partial F}{\partial L_t} + \frac{N_t(d)}{K_t}\frac{\partial F}{\partial N_t(d)} + \frac{N_t(f)}{K_t}\frac{\partial F}{\partial N_t(f)}\right]$$

$$[\text{代入（式6-28）}]$$

$$= \frac{p(h)q_t(h) + e_t p(f)q_t(f)}{K_t} - p(h)\left(1-\frac{1}{\eta(h)}\right)\left[\frac{q_t(h) + q_t(f)}{K_t} - \frac{\partial F}{\partial K_t}\right]$$

$$\text{(式6-29)}$$

可得：$\dfrac{\partial \pi_t'}{\partial K_t} = -\lambda \dfrac{\partial F}{\partial K_t} = p(h)\left(1-\dfrac{1}{\eta(h)}\right)\dfrac{\partial F}{\partial K_t} \quad \text{(式6-30)}$

综合（式6-29）和（式6-30），可得：

$$\frac{\partial \pi_t'}{\partial K_t} = p(h)\left(1-\frac{1}{\eta(h)}\right)\frac{q_t(h) + q_t(f)}{K_t} + \left(\frac{\pi_t}{K_t} - \frac{p(h)q_t(h) + e_t p(f)q_t(f)}{K_t}\right)$$

把（式6-24）代入第一项，把总公式代入第二项，可得：

$$\frac{\partial \pi_t'}{\partial K_t} = \frac{1}{K_t}\left\{\left(1-\frac{1}{\eta(h)}\right)p(h)q_t(h) + \left(1-\frac{1}{\eta(f)}\right)e_t p(f)q_t(f) - [W_t L_t + S_t(h)N_t(h) + e_t S_t(f)N_t(f)]\right\} \quad \text{(式6-15)}$$

二、$\dfrac{\partial I_t}{\partial e_t}$、$\dfrac{\partial \prod_t^k}{\partial e_t}$ 的求导过程

求导过程中反复用的弹性关系公式包括：

$$\eta^{p(h),e} = \frac{\partial p(h)}{\partial e_t}\frac{e_t}{p(h)}, \text{于是}\frac{\partial p(h)}{\partial e_t} = \frac{\eta^{p(h),e}p(h)}{e_t};$$

$$\eta^{p(f),e} = \frac{\partial p(f)}{\partial e_t}\frac{e_t}{p(f)}, \text{于是}\frac{\partial p(f)}{\partial e_t} = \frac{\eta^{p(f),e}p(f)}{e_t};$$

$$\eta^{w,e} = \frac{\partial w}{\partial e_t}\frac{e_t}{w}, \text{于是}\frac{\partial w}{\partial e_t} = \frac{\eta^{w,e}w}{e_t};$$

$$\eta^{S(h),e} = \frac{\partial S(h)}{\partial e_t}\frac{e_t}{S(h)}, \text{于是}\frac{\partial S(h)}{\partial e_t} = \frac{\eta^{S(h),e}S(h)}{e_t};$$

$$\eta^{S(f),e} = \frac{\partial S(f)}{\partial e_t}\frac{e_t}{S(f)}, \text{于是}\frac{\partial S(f)}{\partial e_t} = \frac{\eta^{S(f),e}S(f)}{e_t};$$

$$\eta^{MKUP(h),e} = \frac{\partial MKUP_t(h)}{\partial e_t}\frac{e_t}{MKUP_t(h)}, \text{于是}\frac{\partial MKUP_t(h)}{\partial e_t} = \frac{\eta^{MKUP(h),e}MKUP_t(h)}{e_t};$$

$$\eta^{MKUP(f),e} = \frac{\partial MKUP_t(f)}{\partial e_t}\frac{e_t}{MKUP_t(f)}, \text{于是}\frac{\partial MKUP_t(f)}{\partial e_t} = \frac{\eta^{MKUP(f),e}MKUP_t(f)}{e_t}。$$

与汇率相关的变量包括所有的价格变量和加成变量，则：

$$\frac{\partial \prod_t^k}{\partial e_t} = \frac{1}{K_t}\left[\frac{\partial\left(\dfrac{p(h)q_t(h)}{MKUP(h)}\right)}{\partial e_t} + \frac{\partial\left(\dfrac{e_t p(f)q_t(f)}{MKUP(f)}\right)}{\partial e_t} - \frac{\partial(W_t L_t + S_t(h)N_t(h) + e_t S_t(f)N_t(f))}{\partial e_t}\right]$$

$$= \frac{1}{K_t}\left[\begin{array}{l}\left(\dfrac{q(h)}{MKUP(h)}\dfrac{\partial p(h)}{\partial e_t} - \dfrac{p(h)q(h)}{MKUP(h)^2}\dfrac{\partial MKUP(h)}{\partial e_t}\right) + \left(\begin{array}{l}\dfrac{p(f)q(f)}{MKUP(f)} + \dfrac{e_t q(f)}{MKUP(f)}\dfrac{\partial p(f)}{\partial e_t} \\ -\dfrac{e_t p(f)q(f)}{MKUP(f)^2}\dfrac{\partial MKUP(f)}{\partial e_t}\end{array}\right) \\ -\left(L\dfrac{\partial S(h)}{\partial e_t} + Z\dfrac{\partial W}{\partial e_t} + S(f)N(f) + e_t N(f)\dfrac{\partial S(f)}{\partial e_t}\right)\end{array}\right]$$

$$= \frac{1}{K_t}\left[\begin{array}{l}\dfrac{p(h)q(h)}{e_t MKUP(h)}(\eta^{p(h),e} - \eta^{MKUP(h),e}) + \dfrac{p(f)q(f)}{MKUP(f)}(1 + \eta^{p(f),e} - \eta^{MKUP(f),e}) \\ + \dfrac{1}{e_t}(\eta^{w,e}WL + \eta^{S(h),e}S(h)N(h) + e_t S(f)N(f)(1 + \eta^{S(f),e}))\end{array}\right]$$

$$= \frac{1}{K_t} \left[\frac{(1-\chi) \cdot TR}{e_t MKUP(h)} (\eta^{p(h),e} - \eta^{MKUP(h),e}) + \frac{\chi \cdot TR}{MKUP(f)} (1 + \eta^{P(f),e} - \eta^{MKUP(f),e}) \right. $$
$$\left. + \frac{1}{e_t} (\alpha \eta^{\omega,e} \cdot TR + (1-\alpha-\varphi)\eta^{S(h),e} \cdot TR + \varphi(1+\eta^{s(f),e}) \cdot TR) \right]$$

$$= \frac{TR}{K_t} \left[\frac{(1-\chi)}{e_t MKUP(h)} (\eta^{p(h),e} - \eta^{MKUP(h),e}) + \frac{\chi}{MKUP(f)} (1 + \eta^{P(f),e} - \eta^{MKUP(f),e}) \right.$$
$$\left. + \frac{1}{e_t} (\alpha \eta^{\omega,e} + \varphi(1+\eta^{s(f),e}) + (1-\alpha-\varphi)\eta^{s(h),e}) \right]$$

(式 6 – 21)

$$\frac{\partial I_t}{\partial e_t} = A \frac{\partial \prod_t^k}{\partial e_t} = \frac{A \cdot TR}{K_t} \left[\frac{(1-\chi)}{e_t MKUP(h)} (\eta^{p(h),e} - \eta^{MKUP(h),e}) + \frac{\chi}{MKUP(f)} (1 + \eta^{p(f),e} - \eta^{MKUP(f),e}) \right.$$
$$\left. + \frac{1}{e_t} (\alpha \eta^{w,e} + \varphi(1+\eta^{s(f),e}) + (1-\alpha-\varphi)\eta^{s(h),e}) \right]$$

(式 6 – 22)

其中，$A = \dfrac{\beta}{\gamma[1-\beta(1-\delta)]}$。

第七章 汇率变动对非贸易品部门的影响

本书前面几章讨论了汇率变动对于贸易品部门的影响，对贸易品部门的分析又区分为可出口品和进口替代品，并且又将加工贸易同一般贸易分开单独考察，对贸易品部门的考察包括价格、产量、劳动力需求、固定资产投资对于汇率变动的反应，分析了产量的动态调整过程。至此，对于贸易品部门汇率传导的分析已经比较系统和全面了。正如文献综述中所述，从20世纪50年代开始，相依经济学已经将非贸易品部门纳入开放经济学的分析框架，毋庸置疑，非贸易品部门对于开放经济条件下的诸多理论问题和经济现象有着密切的关联，而非贸易品部门与贸易品部门之间的相对价格变化、产量变动、相对工资变化和劳动力流动又是引起两部门之间资源重新配置的重要原因，因此引入非贸易品部门对于分析汇率变动带来的产业结构调整效应是非常必要的。

第一节 引 言

在最早期的国际经济学研究文献中，通常暗含着一个假定：所有商品和服务都是可贸易的。然而这与现实并不相符，并非所有的商品和服务都是可贸易的，在技术因素、经济因素和制度因素的影响下，相当一部分的商品和服务是不可贸易的。1999年，世界服务贸易总额仅占全球服务业增加值的12%，同期商品贸易的相应比例为51%（《世界投资报告》，2002）。但是在近二三十年的研究中发现，开放经济条件下宏观经济的诸多理论问题离不开对非贸易品的关注，并且在现实经济中，商品与服务的可贸易性直接影响到一国几乎全部重要的宏观经济变量，如产出结构、就业、价格水平、汇率、国际收支等，还影响到宏观经济政策的实施效果。

现代关于非贸易品部门的分析框架始于澳大利亚学派的索尔特（1959）、斯旺（1960）、柯登（1960）、皮尔斯（1961）以及麦克杜格尔（1965），他们的研究被称为"相依经济学"。这是关于非贸易品部门最早的理论分析，也是对汇率变动的产业结构调整效应的研究雏形。相依经济学中，产品市场被分为贸易品部门和非贸易品部门市场，真实汇率被定义为非贸易品价格（P_N）和贸易品价格（P_T）之比：$V = P_N/P_T$，其中贸易品价格由世界市场决定：$P_T = eP_T^*$，因而名义汇率的变化会引起真实汇率的变化，也即两部门价格竞争力的变化，从而导致资源在两部门间的重新配置，最终产业结构将会随之发生变化。

20世纪90年代以来，国际经济学对于可贸易性的关注更为深入，开始考虑具体产业部门的可贸易性。然而，时至今日，对于非贸易品的研究主要还是集中在著名的BS效应，将汇率变动对于非贸易品部门产量的影响独立出来进行研究的文献为数不多，仅有部分文献涉及了汇率变动对于非贸易品部门劳动力数量和价格的影响。因而，本书可谓开创了此领域的先河，将非贸易品部门从贸易品部门独立出来，建立微观理论模型，讨论非贸易品部门的产量汇率弹性的独特性，可以协调众多传统理论不能解释的现象。

第二节　非贸易品模型

一、非贸易品部门就业汇率弹性

本书对非贸易品部门就业汇率弹性的模型设定参考弗伦克尔（Frenkel，2004）提出的资源配置效应模型。

首先定义一国货币的实际汇率为：$e = \dfrac{P_N}{P_T}$，其中 e 表示实际汇率，P_T 和 P_N 分别表示贸易品部门和非贸易品部门的价格水平。这里的定义是间接标价法，实际汇率上升表示货币升值，实际汇率下降表示货币贬值。实际汇率作为两种商品的相对价格水平的比率，其变动会导致资源在贸易品部门和非贸易品部门之间重新配置。

假设开放经济条件下，一国经济分为两大部门：贸易品部门和非贸易品部门。劳动力在两大生产部门间可以自由流动，由此两部门的货币工资相同。根据劳动力供给和需求的基本模型可知，劳动力供给与实际工资正相关，而每个部门的劳动力需求则与其实际工资负相关。要实现劳动力市场供需均衡，则必须满足以下条件的成立。

$$L_S\left(\frac{W}{P}\right) = L_{TD}\left(\frac{W}{P_T}\right) + L_{ND}\left(\frac{W}{P_N}\right) \qquad \text{(式7-1)}$$

其中，L_S 表示劳动力市场的总供给，L_{TD} 和 L_{ND} 则分别表示贸易品部门和非贸易品部门的劳动力需求，其中 $\dot{L}_S > 0$，$\dot{L}_{TD} < 0$，$\dot{L}_{ND} < 0$，W 表示名义货币工资，P_T 和 P_N 分别表示贸易品部门和非贸易品部门的价格水平。设 α 为贸易品占该国总消费品的比重，则该国总体价格水平可表示为：

$$P = P_T^{\alpha} P_N^{1-\alpha}$$

由于一国劳动力同时消费贸易品和非贸易品，因此定义 $\frac{W}{P} = w$ 为实际消费工资，则有：

$$\frac{W}{P} = \frac{W}{P_T^{\alpha} P_N^{1-\alpha}} = \frac{W}{P_T} \frac{P_T^{1-\alpha}}{P_N^{1-\alpha}} = \frac{W}{P_T e^{1-\alpha}} = w$$

$$\frac{W}{P} = \frac{W}{P_T^{\alpha} P_N^{1-\alpha}} = \frac{W}{P_N} \frac{P_N^{\alpha}}{P_T^{\alpha}} = \frac{W}{P_N} e^{\alpha} = w$$

定义 $\frac{W}{P_T} = we^{\alpha-1}$ 和 $\frac{W}{P_N} = we^{-\alpha}$ 为贸易品部门和非贸易品部门的实际生产工资。

将其代入劳动力市场均衡方程（式7-1）中，得到：

$$L_S\left(\frac{W}{P}\right) = L_S(w) = L_{TD}(we^{1-\alpha}) + L_{ND}(we^{-\alpha}) \qquad \text{(式7-2)}$$

利用丁剑平等（2005）以及居励（2007）对（式7-2）的推导，可直接得到实际汇率对各变量均衡水平的影响：

$$\frac{dL_T^*}{de} = \frac{(1-\alpha)ew^* \dot{L}_S \dot{L}_{ND} - e^{1-\alpha} w^* \dot{L}_{ND} \dot{L}_{TD}}{e^{1+\alpha} \dot{L}_S - e^2 \dot{L}_{TD} - e \dot{L}_{ND}} < 0 \qquad \text{(式7-3)}$$

$$\frac{dL_N^*}{de} = \frac{e^{1-\alpha} w^* \dot{L}_{ND} \dot{L}_{TD} - \alpha w^* \dot{L}_S \dot{L}_{ND}}{e^{1+\alpha} \dot{L}_S - e^2 \dot{L}_{TD} - e \dot{L}_{ND}} > 0 \qquad \text{(式7-4)}$$

其中，"$*$"表示劳动力市场均衡时各变量的均衡水平。由（式7-3）和（式7-4）可以看到，实际汇率对两部门均衡就业的影响不同，当实际汇率升值时，贸易品部门的就业会减少，而非贸易品部门的就业会增加，该经济体的就业结构也将发生变化。这说明实际汇率变动对一国经济体的就业结构会产生影响。

二、非贸易品部门产量汇率弹性

1. 开放经济条件下两部门模型的建立

本章的基本假定与第三章的基本模型保持一致，但在此不再考虑单个代表性厂商，而是考虑整个社会（国家）经济体在汇率变动情况下的最优产量决策。

为了使本书的理论体系完整化，本书在之前对贸易品部门、一般贸易与加工贸易进行分析的基础上引入国内非贸易品部门，将国内生产分为两大部门，即贸易品部门和非贸易品部门，从而整个社会（国家）的利润函数为：

$$\prod = P_T Y_T + P_N Y_N - L_T W_T - L_N W_N - H K_T - H K_N \qquad (式7-5)$$

其中，P_T、P_N 分别为贸易品和非贸易品的价格，Y_T、Y_N 为相应的产量，L_T、L_N 为贸易品行业和非贸易品行业的劳动力投入，W_T、W_N 分别为工资，K_T、K_N 分别为资本投入，H 为单位资本使用成本。很多关于非贸易品部门的研究会简单地假设两部门之间的劳动力完全自由流动，从而导致两部门的工资水平完全相等。然而，很多后续研究表明，这一严格的假设并不符合经济现实，劳动市场并非可以完全自由流动，部门之间工资也存在差异（莱博，1993；丁建平、鄂永健，2005；居励，2007）。根据莱博（1993）的研究，贸易品部门与非贸易品部门的工资水平并不一致，并且汇率变动对于两部门工资水平的影响也不尽相同，显而易见，部门间相对工资水平决定了劳动力的分配方式，而其变动则会引起劳动力要素在两部门间的重新分配，因而假定劳动力在行业间的分配遵循如下原则：

$$L_T = f\left(\frac{W_T}{W_N}\right) \qquad (式7-6)$$

$$L_T + L_N = L \quad (常数) \qquad (式7-7)$$

其中 L 为社会劳动力总量。

与基本模型一致，假定两部门的生产函数为 C-D 函数，并且为规模报酬不变：

$$Y_T = L_T^{\alpha_T} K_T^{\beta_T}, \qquad Y_N = L_N^{\alpha_N} K_N^{\beta_N} \qquad (式7-8)$$

其中，$\alpha_T + \beta_T = 1$，$\alpha_N + \beta_N = 1$

关于 HBS 效应的研究指出，由于贸易品部门与非贸易品部门的劳动生产率差异造成了两部门之间价格水平的不同，因而国内价格水平 P_L 由贸易品价格和非贸易品价格共同决定：

$$P_L(h) = \frac{P_N Y_N}{P_T q + P_N Y_N} P_N + \frac{P_T q}{P_T q + P_N Y_N} P_T \qquad (式7-9)$$

根据基本模型中的假定，国外价格水平 $p(f)$ 由国外收入水平、汇率和产出决定，也即 $P_L(f) = P(f) = c(f) q(f)^{\frac{1}{\eta(f)}}$，此即国外的价格需求曲线。

由调整成本模型中（式4-41）$\bar{q} = \dfrac{\bar{Q}}{1 + \left(\dfrac{e_i c(f)}{c(h)}\right)^{\eta(h)}}$，这里 $\bar{q}$ 即不考虑调整成本时，贸易品部门产品中用于内销的部分 $q(h)$。

$$q(h) + q(f) = Q$$

$$q(f) = Q - q(h) = \frac{\left(\frac{e_t c(f)}{c(h)}\right)^{\eta(h)}}{1 + \left(\frac{e_t c(f)}{c(h)}\right)^{\eta(h)}} Q \qquad \text{(式7-10)}$$

一般的，本书定义真实汇率为国内外价格水平之比，即 $e_t = \frac{P_L(h)}{P_L(f)}$[①]，因而有：

$$P_L(h) = e_t P_L(f)$$

$$\frac{P_N Y_N}{P_T q + P_N Y_N} P_N + \frac{P_T q}{P_T q + P_N Y_N} P_T = e_t c(f) q(f)^{\frac{1}{\eta(f)}} \qquad \text{(式7-11)}$$

进一步假定 $\eta(h) = \eta(f)$，建立拉格朗日函数如下：

$$\pi' = \pi + \lambda_1 \left[L_T - f\left(\frac{W_T}{W_N}\right) \right] + \lambda_2 (L_T + L_N - L) + \lambda_3 (Y_T - L_T^{\alpha_T} K_T^{\beta_T}) + \lambda_4 (Y_N - L_N^{\alpha_N} K_N^{\beta_N})$$

$$+ \lambda_5 \left\{ P_T + \frac{\left(\frac{P_N}{P_T} - 1\right) Y_N}{\frac{Y_T}{1 + \left(\frac{e_t c(f)}{c(h)}\right)^{\eta(h)}} + \frac{P_N}{P_T} Y_N} P_N - c(h) \left[1 + \left(\frac{e_t c(f)}{c(h)}\right)^{\eta(h)} \right]^{\frac{1}{\eta(h)}} \right\} \qquad \text{(式7-12)}$$

（式7-12）中大括号内式子的化简过程见本章附录。
对上述拉格朗日函数求最大化的一阶最优条件如下：

$$P_T + \lambda_3 + \lambda_5 \left\{ \frac{\left(\frac{P_N}{P_T} - 1\right) Y_N}{\left[\frac{Y_T}{1 + \left(\frac{e_t c(f)}{c(h)}\right)^{\eta(h)}} + \frac{P_N}{P_T} Y_N\right]^2} \frac{1}{1 + \left(\frac{e_t c(f)}{c(h)}\right)^{\eta(h)}} \right\} P_N = 0 \qquad \text{(式7-13)}$$

$$P_N + \lambda_4 + \lambda_5 \left\{ \frac{\left(\frac{P_N}{P_T} - 1\right)}{\frac{Y_T}{1 + \left(\frac{e_t c(f)}{c(h)}\right)^{\eta(h)}} + \frac{P_N}{P_T} Y_N} + \frac{\left(\frac{P_N}{P_T} - 1\right) Y_N}{\left[\frac{Y_T}{1 + \left(\frac{e_t c(f)}{c(h)}\right)^{\eta(h)}} + \frac{P_N}{P_T} Y_N\right]^2} \frac{P_N}{P_T} \right\} P_N = 0$$

$$\text{(式7-14)}$$

[①] 注意一般的实际汇率的定义为 $e_t = s \times \frac{P}{P^*}$。此处的 P_L 和 P_L^* 为用同种货币标价的国内价格和国外价格，因而定义方式如上。

$$-W_T + \lambda_1 + \lambda_2 - \lambda_3 \alpha_T \frac{Y_T}{L_T} = 0 \quad \text{(式 7-15)}$$

$$-W_N + \lambda_2 - \lambda_4 \alpha_N \frac{Y_N}{L_N} = 0 \quad \text{(式 7-16)}$$

$$-H - \lambda_3 \frac{\beta_T}{K_T} Y_T = 0 \quad \text{(式 7-17)}$$

$$-H - \lambda_4 \frac{\beta_N}{K_N} Y_N = 0 \quad \text{(式 7-18)}$$

$$L_T = f\left(\frac{W_T}{W_N}\right)$$

$$L_T + L_N = L$$

$$Y_T = L_T^{\alpha_T} K_T^{\beta_T}$$

$$Y_N = L_N^{\alpha_N} K_N^{\beta_N}$$

$$P_T + \frac{\left(\frac{P_N}{P_T} - 1\right) P_N Y_N}{\frac{Y_T}{1 + \left(\frac{e_t c(f)}{c(h)}\right)^{\eta(h)}} + \frac{P_N}{P_T} Y_N} - c(h) \left[1 + \left(\frac{e_t c(f)}{c(h)}\right)^{\eta(h)}\right]^{\frac{1}{\eta(h)}} = 0 \quad \text{(式 7-19)}$$

2. 求解社会经济体利润最大化问题

本模型的最终目标为分别求出非贸易品部门与贸易品部门的产量汇率弹性 $\frac{\partial Y_T}{\partial e_t}$ 和 $\frac{\partial Y_N}{\partial e_t}$，并讨论两者之间的区别与联系。在基本模型中本书已经对于贸易品部门的产量汇率弹性进行了充分的讨论，因此这里主要关注非贸易品部门的产量汇率弹性 $\frac{\partial Y_N}{\partial e_t}$，即汇率变动对非贸易品行业产量的影响究竟如何，这一弹性受到哪些因素的影响，为此本书将求解最大化问题。

由（式 7-17）和（式 7-18）得到：

$$\lambda_3 \frac{\beta_T}{K_T} Y_T = \lambda_4 \frac{\beta_N}{K_N} Y_N$$

$$\frac{\lambda_3}{\lambda_4} = \frac{\frac{\beta_N}{K_N} Y_N}{\frac{\beta_T}{K_T} Y_T}$$

令 $C = \dfrac{\dfrac{\beta_N}{K_N} Y_N}{\dfrac{\beta_T}{K_T} Y_T}$，则 $\lambda_3 = C \lambda_4$。

令 $\left\{-\dfrac{\left(\dfrac{P_N}{P_T}-1\right)Y_N}{\left[\dfrac{Y_T}{1+\left(\dfrac{e_t c(f)}{c(h)}\right)^{\eta(h)}}+\dfrac{P_N}{P_T}Y_N\right]^2}\left[\dfrac{1}{1+\left(\dfrac{e_t c(f)}{c(h)}\right)^{\eta(h)}}\right]\right\}P_N = b_1$,则由（式 7 –

13）可以得到：$P_T + \lambda_3 + \lambda_5 b_1 = 0$，也即 $P_T + \lambda_4 C + \lambda_5 b_1 = 0$。

令 $\left[\dfrac{\left(\dfrac{P_N}{P_T}-1\right)}{\dfrac{Y_T}{1+\left(\dfrac{e_t c(f)}{c(h)}\right)^{\eta(h)}}+\dfrac{P_N}{P_T}Y_N}+\dfrac{\left(\dfrac{P_N}{P_T}-1\right)Y_N}{\left[\dfrac{Y_T}{1+\left(\dfrac{e_t c(f)}{c(h)}\right)^{\eta(h)}}+\dfrac{P_N}{P_T}Y_N\right]^2}\times\dfrac{P_N}{P_T}\right]P_N = b_2$，则由

（式 7 – 14）可得：$P_T + \lambda_4 + \lambda_5 b_2 = 0$，也即 $P_N C + \lambda_4 C + \lambda_5 b_2 C = 0$。

由以上两式可以得到：$P_N C - P_T + \lambda_5 (b_2 C - b_1) = 0$，进而推出：$\lambda_5 = \dfrac{P_T - P_N C}{C b_2 - b_1}$。

类似地，由 $P_T b_2 + \lambda_4 C b_2 + \lambda_5 b_1 b_2 = 0$ 和 $P_N b_1 + \lambda_4 b_1 + \lambda_5 b_1 b_2 = 0$ 可以得到：

$P_T b_2 - P_N b_1 + \lambda_4 (b_2 C - b_1) = 0$

进而推出：

$\lambda_4 = \dfrac{P_N b_1 - P_T b_2}{C b_2 - b_1}$

$\lambda_5 = C \dfrac{P_N b_1 - P_T b_2}{C b_2 - b_1}$

由（式 7 – 16）可以得到：

$\lambda_1 = W_N + \lambda_4 \alpha_N \dfrac{Y_N}{L_N} = W_N + \dfrac{P_N b_1 - P_T b_2}{C b_2 - b_1}\alpha_N \dfrac{Y_N}{L_N}$

由（式 7 – 15）可以得到：

$\lambda_1 = W_T - W_N - \dfrac{P_N b_1 - P_T b_2}{C b_2 - b_1}\alpha_N \dfrac{Y_N}{L_N} + C \dfrac{P_N b_1 - P_T b_2}{C b_2 - b_1}\alpha_T \dfrac{Y_T}{L_T}$

令 $\dfrac{\beta_T}{K_T}Y_T = d_3$，$\dfrac{\beta_N}{K_N}Y_N = d_4$，则由（式 7 – 17）和（式 7 – 18）分别可以得到：

$\lambda_3 = -\dfrac{H}{d_3}$，$\lambda_4 = -\dfrac{H}{d_4}$

因而有 $\begin{cases}\lambda_4 = \dfrac{P_N b_1 - P_T b_2}{C b_2 - b_1}\\ \lambda_4 = -\dfrac{H}{d_4}\end{cases}$。

其中 $C = \dfrac{Y_N}{Y_T}\gamma, b_1 = b_1(Y_N, Y_T), b_2 = b_2(Y_N, Y_T), d_4 = \dfrac{\beta_N}{K_N}Y_N \propto \dfrac{Y_N}{K_N}$。

则有：

$$\lambda_4 = \left(\dfrac{Y_N}{K_N}\right) = \lambda_4(Y_N, Y_T) \tag{式7-20}$$

由（式7-19）可以得出：

$$Y_N \propto \delta Y_T \tag{式7-21}$$

其中 δ 的解法见本章附录。

由（式7-8）可得：

$$Y_T = f^{\alpha_T}\left(\dfrac{W_T}{W_N}\right)K_T^{\beta_T}$$

由 $Y_N = \delta Y_T = L_N^{\alpha_N}K_N^{\beta_N} = \left[L - f\left(\dfrac{W_T}{W_N}\right)\right]^{\alpha_N} K_N^{\beta_N}$ 可以推出：

$$f^{\alpha_T}\left(\dfrac{W_T}{W_N}\right)K_T^{\beta_T} = \dfrac{1}{\delta}\left[L - f\left(\dfrac{W_T}{W_N}\right)\right]^{\alpha_N} K_N^{\beta_N} \tag{式7-22}$$

从（式7-20）出发，由于 $\dfrac{Y_N}{Y_T} = \delta$（常数），则 $b_1, b_2 \propto \dfrac{1}{Y_N}$，因而 $\lambda_4 = \dfrac{P_N b_1 - P_T b_2}{C b_2 - b_1}$ 为常数：

$$C = \dfrac{Y_N}{Y_T}\gamma = \delta\gamma$$

由（式7-18）有，$\dfrac{Y_N}{K_N} = -\dfrac{H}{\lambda_4 \beta_N}$（常数），令 $-\dfrac{H}{\lambda_4 \beta_N} = g$，则有：

$$Y_N = gK_N = \left[L - f\left(\dfrac{W_T}{W_N}\right)\right]^{\alpha_N} K_N^{\beta_N}$$

因而：

$$K_N = \left[\dfrac{\left(L - f\left(\dfrac{W_T}{W_N}\right)\right)^{\alpha_N}}{g}\right]^{\frac{1}{1-\beta_N}} \tag{式7-23}$$

由公式（7-22）可得：

$$K_T^{\beta_T} = \dfrac{1}{\delta}\dfrac{\left(L - f\left(\dfrac{W_T}{W_N}\right)\right)^{\alpha_N}}{f^{\alpha_T}\left(\dfrac{W_T}{W_N}\right)}K_N^{\beta_N} = \dfrac{1}{\delta}\dfrac{\left(L - f\left(\dfrac{W_T}{W_N}\right)\right)^{\alpha_N}}{f^{\alpha_T}\left(\dfrac{W_T}{W_N}\right)}\left[\dfrac{\left(L - f\left(\dfrac{W_T}{W_N}\right)\right)^{\alpha_N}}{g}\right]^{\frac{\beta_N}{1-\beta_N}}$$

$$K_T = \left\{ \frac{1}{\delta} \frac{\left(L - f\left(\frac{W_T}{W_N}\right)\right)^{\alpha_N}}{f^{\alpha_T}\left(\frac{W_T}{W_N}\right)} \left[\frac{\left(L - f\left(\frac{W_T}{W_N}\right)\right)^{\alpha_N}}{g}\right]^{\frac{\beta_N}{1-\beta_N}} \right\}^{\frac{1}{\beta_T}} \quad \text{(式 7-24)}$$

因而：

$$Y_T = f^{\alpha_T}\left(\frac{W_T}{W_N}\right) \left\{ \frac{1}{\delta} \frac{\left(L - f\left(\frac{W_T}{W_N}\right)\right)^{\alpha_N}}{f^{\alpha_T}\left(\frac{W_T}{W_N}\right)} \left[\frac{\left(L - f\left(\frac{W_T}{W_N}\right)\right)^{\alpha_N}}{g}\right]^{\frac{\beta_N}{1-\beta_N}} \right\}$$

$$= \frac{1}{\delta}\left[L - f\left(\frac{W_T}{W_N}\right)\right]^{\alpha_N} \left[\frac{\left(L - f\left(\frac{W_T}{W_N}\right)\right)^{\alpha_N}}{g}\right]^{\frac{\beta_N}{1-\beta_N}} \quad \text{(式 7-25)}$$

$$Y_N = \delta Y_T = f^{\alpha_T}\left(\frac{W_T}{W_N}\right) \left\{ \frac{\left(L - f\left(\frac{W_T}{W_N}\right)\right)^{\alpha_N}}{f^{\alpha_T}\left(\frac{W_T}{W_N}\right)} \left[\frac{\left(L - f\left(\frac{W_T}{W_N}\right)\right)^{\alpha_N}}{g}\right]^{\frac{\beta_N}{1-\beta_N}} \right\}$$

$$= \left(L - f\left(\frac{W_T}{W_N}\right)\right)^{\alpha_N} \left[\frac{\left(L - f\left(\frac{W_T}{W_N}\right)\right)^{\alpha_N}}{g}\right]^{\frac{\beta_N}{1-\beta_N}} \quad \text{(式 7-26)}$$

3. 对非贸易品部门产量汇率弹性的讨论

由（式 7-26）推出：

$$Y_T = \frac{1}{\delta}\left[L - f\left(\frac{W_T}{W_N}\right)\right]^{\frac{\alpha_N}{1-\beta_N}} g^{\frac{\beta_N}{1-\beta_N}}$$

$$\ln Y_T = -\ln\delta + \frac{\alpha_N}{1-\beta_N}\ln\left(L - f\left(\frac{W_T}{W_N}\right)\right) - \frac{\beta_N}{1-\beta_N}\ln g$$

$$\ln Y_T = -\ln\delta + \frac{\alpha_N}{1-\beta_N}\ln\left(L - f\left(\frac{W_T}{W_N}\right)\right) - \frac{\beta_N}{1-\beta_N}(\ln Y_N - \ln K_N) \quad \text{(式 7-27)}$$

其中与 $\ln e_t$ 相关的项为 $\ln\delta$ 和 $\ln g$，而 $g = \frac{Y_N}{K_N}$ 即非贸易品的产出和资本投入比，那么 $\frac{\partial \ln g}{\partial \ln e_t}$ 为非贸易品产出和资本投入比对汇率的弹性。

由 $Y_N = \delta Y_T$ 可得：

$$\ln Y_N = \ln\delta + \ln Y_T \quad \text{(式 7-28)}$$

联立（式 7-26）和（式 7-28）得到（式 7-29）和（式 7-30）。

$$\ln Y_T = -\ln\delta + \alpha_N \ln\left(L - f\left(\frac{W_T}{W_N}\right)\right) + \beta_N \ln K_N \quad \text{(式7-29)}$$

$$\ln Y_N = \alpha_N \ln\left(L - f\left(\frac{W_T}{W_N}\right)\right) + \beta_N \ln K_N \quad \text{(式7-30)}$$

显然,根据(式7-30),$\frac{\partial \ln Y_N}{\partial \ln e_t}$ 取决于 $\frac{\partial \ln K_N}{\partial \ln e_t}$,而 $\ln K_N$ 的讨论可以如下转化为前文贸易品模型中 $\ln K_T$ 的讨论:

根据 $Y_N = \delta Y_T$,有:

$$\delta K_T^{\beta_T} f^{\alpha_T}\left(\frac{W_T}{W_N}\right) = K_N^{\beta_N}\left(L - f\left(\frac{W_T}{W_N}\right)\right)^{\alpha_N}$$

$$\ln\delta + \beta_T \ln K_T + \alpha_T \ln f\left(\frac{W_T}{W_N}\right) = \alpha_N \ln\left(L - f\left(\frac{W_T}{W_N}\right)\right) + \beta_N \ln K_N$$

$$\frac{\partial \ln K_N}{\partial \ln e_t} = \frac{1}{\beta_N}\frac{\partial \ln\delta}{\partial \ln e_t} + \frac{\beta_T}{\beta_N}\frac{\partial \ln K_T}{\partial \ln e_t} \quad \text{(式7-31)}$$

其中,$\ln K_T$ 根据固定资产投资模型的讨论有:

$$\frac{\partial I_t}{\partial e_t}\frac{\partial K_t}{\partial e_t} = \frac{A \cdot TR}{K_t}\left[\begin{array}{l}\dfrac{1-\chi}{e_t MKUP(h)}(\eta^{p(h),e} - \eta^{MKUP(h),e}) + \dfrac{\chi}{MKUP(f)}(1 + \eta^{p(f),e} - \eta^{MKUP(f),e}) \\ + \dfrac{1}{e_t}(\alpha\eta^{w,e} + \varphi(1+\eta^{S(f),e}) + (1-\alpha-\varphi)\eta^{S(h),e})\end{array}\right]$$

另外,根据(式7-29),$\frac{\partial \ln Y_T}{\partial \ln e_t}$ 取决于 $\frac{\partial \ln K_N}{\partial \ln e_t}$ 和 $\frac{\partial \ln\delta}{\partial \ln e_t}$。

求 $\frac{\partial \ln\delta}{\partial \ln e_t}$(具体求解过程见本章附录"三")得:

$$\frac{\partial \ln\delta}{\partial \ln e_t} = \left(2 + \frac{c(h)Z^{\frac{1}{\eta(h)}}}{P_T}\right)\eta^{P_T,e} + \left(\frac{P_N}{c(h)Z^{\frac{1}{\eta(h)}}} - 1\right)\eta^{P_N,e} - \left(1 + \frac{P_N}{c(h)Z^{\frac{1}{\eta(h)}}} + \frac{c(h)Z^{\frac{1}{\eta(h)}}}{P_T}\right)$$

$$\frac{\partial \ln(c(h)Z^{\frac{1}{\eta(h)}})}{\partial \ln e_t} \quad \text{(式7-32)}$$

于是 $\frac{\partial \ln Y_N}{\partial \ln e_t}$ 可求。

根据(式7-30)和(式7-31):

$$\frac{\partial \ln Y_N}{\partial \ln e_t} = \beta_N \frac{\partial \ln K_N}{\partial \ln e_t} = \beta_N\left(\frac{1}{\beta_N}\frac{\partial \ln\delta}{\partial \ln e_t} + \frac{\beta_T}{\beta_N}\frac{\partial \ln K_T}{\partial \ln e_t}\right) = \frac{\partial \ln\delta}{\partial \ln e_t} + \beta_T\frac{\partial \ln K_T}{\partial \ln e_t} \quad \text{(式7-33)}$$

可见,$\frac{\partial \ln Y_N}{\partial \ln e_t}$ 的大小与 $\frac{\partial \ln\delta}{\partial \ln e_t}$ 有关,由 $\frac{\partial \ln\delta}{\partial \ln e_t}$ 的表达式(式7-23),结合 $2 + \dfrac{c(h)Z^{\frac{1}{\eta(h)}}}{P_T} > 0$ 和 $\dfrac{P_N}{c(h)Z^{\frac{1}{\eta(h)}}} - 1 < 0$,可以得出 $\dfrac{\partial \ln Y_N}{\partial \ln e_t}$ 与 $\eta^{P_T,e}$ 正相关,与 $\eta^{P_N,e}$ 负相关

(实际上 $\eta^{P_N,e}$ 很小,可以忽略不计),与 β_T 正相关(一般来说,$\frac{\partial \ln K_T}{\partial \ln e_t} > 0$),且和 $\frac{\partial \ln K_T}{\partial \ln e_t}$(即 $\eta^{K_T,e}$)正相关。用总公式表达如下:

$$\eta^{Y_N,e} = f(\overset{+}{\eta^{P_T,e}}, \overset{+}{\beta_T}, \overset{+}{\eta^{K_T,e}}) \tag{式 7-34}$$

(1)贸易品部门的价格汇率弹性 $\eta^{P_T,e}$ 越大,则非贸易品行业产量对汇率变动就越敏感。比如,当贸易品行业价格汇率弹性较大时,汇率较小的变动就会引起贸易品价格的较大变动,则导致要素更多地在贸易品和非贸易品两大部门之间转移,从而非贸易品行业产量变动也相对较大。

(2)贸易品部门的资本投入比例越高,非贸易品部门的产量对汇率变动越敏感。当贸易品部门的资本投入比例很高时,小幅度的汇率变动就会引起资本在两部门间迅速地大规模转移,从而非贸易品部门的产量也会发生大幅度变化。

(3)贸易品部门资本投入的汇率弹性 $\eta^{K_T,e}$ 越大,非贸易品部门的产量汇率弹性越大。借用固定资产投资模型的讨论,影响 $\frac{\partial \ln K_T}{\partial \ln e_t}$ 的因素也会间接影响到 $\frac{\partial \ln Y_N}{\partial \ln e_t}$。资本存量调整成本 γ、固定资产折旧率 δ、时间折现因子 β、单位资本带来的收入值 TR/K_t 都影响固定资产投资对汇率的反应。在资本存量调整成本 γ 高、或者固定资产折旧率 δ 高的产业或者国家,其反应较小,从而 $\frac{\partial \ln Y_N}{\partial \ln e_t}$ 也较小;在时间折现因子 β(也可以理解为利率或者资金使用成本)高、单位资本带来的收入值 TR/K_t 高(即收入比较依赖于固定资产投入)的地区或者行业,其反应较大,从而 $\frac{\partial \ln Y_N}{\partial \ln e_t}$ 也较大。

第三节 对贸易品部门和非贸易品部门的经验分析

一、汇率变动与就业的经验分析

1. 数据说明

本书选取第三产业和建筑业作为非贸易品部门,工业①作为贸易品部门,选用 1994~2012 年的年度数据,行业就业量的数据来源于中国经济信息网经济统

---

① 包括采掘业,制造业,电力、热力的生产和供应业。

计数据库,实际有效汇率的数据来源于 BIS 数据库。

本部分选取三个变量:贸易品部门就业 tem、非贸易品部门就业 nem 和实际有效汇率 reer。由于变量的自然对数变换不改变原变量间的相关关系,且能使数据的趋势线性化,同时消除时间序列之间的异方差现象,故对上述三个变量 tem、nem 和 reer 分别取自然对数得 $\ln(tem)$、$\ln(nem)$ 和 $\ln(reer)$。

2. 实证分析方法

下面利用 Stata 软件,先对各变量进行单位根检验,确定变量的协整阶数,然后按照约翰森(Johansen)的协整检验方法进行协整分析,进而找出变量之间的长期均衡关系,最后再做系数差异检验。

(1)单位根检验。这里用迪基(Dickey)和富勒(Fuller)(1981)提出的残差项序列相关的 ADF 单位根检验法,检验变量的水平值和一阶差分是否为稳态序列,检验结果如表 7-1 所示。

表 7-1 两部门各变量单位根检验结果

变量	(c, t, l)	临界值	t 统计量	p 值
$\ln(reer)$	(0, 0, 0)	-2.630	-1.780	0.3904
$\Delta\ln(reer)$	(0, 0, 0)	-3.000	-3.655**	0.0048
$\ln(tem)$	(0, 0, 0)	-2.630	0.321	0.9783
$\Delta\ln(tem)$	(0, 0, 0)	-2.630	-2.597*	0.0936
$\ln(nem)$	(0, 0, 0)	-2.630	-2.532	0.1078
$\Delta\ln(nem)$	(0, 0, 0)	-2.630	-2.799*	0.0585

注:*、**和***分别表示系数在 10%、5% 和 1% 的水平上显著。Δ 表示变量的一阶差分。

其中,$\ln(reer)$、$\ln(tem)$ 和 $\ln(nem)$ 分别表示对数化后的实际有效汇率指数、贸易品部门就业人数和非贸易品部门的就业人数。由表 7-1 单位根检验的结果显示,所有变量均为非平稳序列,但其一阶差分序列均为平稳的,因而各变量均为一阶单整(以下简称 I(1))过程。

(2)检验滞后阶数。因为三个变量均为非平稳序列,有必要进一步确定 VECM 模型的滞后阶数。协整分析的前提是 VECM 模型的干扰项为白噪声过程,而这能够通过选择适当的滞后阶数来实现。检验结果如表 7-2 所示。

表 7-2 滞后阶数的选择

$\ln(tem)$ 与 $\ln(reer)$ 滞后阶数的选择		$\ln(nem)$ 与 $\ln(reer)$ 滞后阶数的选择	
滞后阶数	Schwarz Criteria	滞后阶数	Schwarz Criteria
0	-2.54	0	-3.23

续表

ln(tem) 与 ln(reer) 滞后阶数的选择		ln(nem) 与 ln(reer) 滞后阶数的选择	
滞后阶数	Schwarz Criteria	滞后阶数	Schwarz Criteria
1	-5.57*	1	-8.88*
2	-5.10	2	-8.46
3	-5.20	3	-8.01
4	-4.71	4	-8.24

由表 7-2，根据 SC（Schwarz Criteria）原则判定滞后阶数均为 1。

（3）约翰森协整检验。虽然三个变量原数据序列为非平稳序列，但由于其一阶差分序列均为平稳序列，可以进行协整分析。$\ln(tem)$ 和 $\ln(reer)$ 的约翰森检验结果如表 7-3 所示。

表 7-3 $\ln(tem)$ 和 $\ln(teer)$ 协整检验结果

协整秩 H_0：协整向量的数目	特征值	迹统计量	临界值	
			5% 显著水平	1% 显著水平
0	—	24.3244	15.41	20.04
至多 1 个	0.76036	1.4668	3.76	6.65

由表 7-3 可知，在 1% 的显著性水平上，拒绝 $H_0: r=0$ 的假设，接受 $H_0: r \leq 1$ 的假设，$\ln(tem)$ 和 $\ln(reer)$ 之间存在唯一的协整关系。标准化后，得到贸易品部门的协整方程为（括号内为标准差）：

$$\ln(nem) = -1.6446 + 2.2890^{**} \ln(reer) \quad \text{(式 7-35)}$$
$$\qquad\qquad\quad (0.5810)$$

负反馈调整系数前面的系数为 -2.2890，且在 5% 的显著性水平上显著，表明 $\ln(tem)$ 和 $\ln(reer)$ 之间确实存在长期均衡关系。

$\ln(tem)$ 和 $\ln(reer)$ 的约翰森检验结果如表 7-4 所示：

表 7-4 $\ln(nem)$ 和 $\ln(reer)$ 协整检验结果

协整秩 H_0：协整向量的数目	特征值	迹统计量	临界值	
			5% 显著水平	1% 显著水平
0	—	16.8636	15.41	20.04
至多 1 个	0.5665	1.8180	3.76	6.65

由表 7-4 可知，在 5% 的显著性水平上，拒绝 $H_0: r = 0$ 的假设，接受 $H_0: r \leq 1$ 的假设，$\ln(nem)$ 和 $\ln(reer)$ 之间存在唯一的协整关系。标准化后得到非贸易品部门的协整方程为（括号内为标准差）：

$$\ln(nem) = 11.0719 - 0.2783^{**}\ln(reer) + 0.03351t \quad (式7-36)$$
$$(0.0857)$$

正反馈调整系数前面的系数为 0.2783，且在 5% 的显著性水平上显著，表明 $\ln(nem)$ 和 $\ln(reer)$ 之间确实存在长期均衡关系。

3. 实证结果及讨论

由于实际有效汇率的数据是在间接标价法下取得的，根据协整方程（式7-35）和（式7-36），可得直接标价法下贸易品部门和非贸易品部门的就业汇率弹性，如表 7-5 所示。

表 7-5 贸易品部门和非贸易品部门就业汇率弹性

部门	就业汇率弹性	统计量	P 值
贸易品部门	2.2890	-3.94	0.0001
非贸易品部门	-0.2783	3.25	0.0012

两个协整方程式表明，实际汇率的升值会减少贸易品部门的就业、增加非贸易品部门的就业，贬值则使贸易品部门就业增加、非贸易品部门就业减少；就影响力大小而言，非贸易品部门的就业汇率弹性较贸易品部门的就业汇率弹性小，说明人民币汇率变动对贸易品部门的影响更大。综合看来，人民币实际汇率的变动对贸易品部门和非贸易品部门就业的影响是显著的，人民币实际汇率的变动将引起资源在贸易品部门和非贸易品部门之间的分配，人民币升值有利于非贸易品部门的发展，但这种影响是微弱的，汇率升值将较大程度上抑制非贸易品部门的发展。

人民币升值对贸易品部门的就业有显著的负面影响，这与前人的研究结论是一致的，即人民币升值会显著抑制贸易品部门的就业。人民币升值将促进非贸易品部门发展的结论与传统理论也是相符合的，与前人的研究也一致。以金融业为例，人民币升值通过资产负债表效应使得银行业的外币资产缩水，增加银行外币贷款和人民币存款；人民币升值预期还会使证券市场注入资金增加，有利于增强投资者信心，增加券商的盈利和证券业的竞争能力，从而促进证券业的发展。此外，对房地产行业而言，人民币升值对其就业的影响是双面的，人民币持续升值会通过降低国内经济增速对房地产需求产生负面影响，从而减少房地产行业就业；另外，短期人民币升值会通过引进外资和增加居民购房需求推动房地产业的发展。

二、汇率变动与产出的经验分析

1. 数据说明

本书选取1994~2012年的年度数据进行检验，实际汇率的数据来自BIS的实际有效汇率指数，该指数采用间接标价法汇率计算而得，上升表示人民币升值，下降表示贬值。贸易品部门和非贸易品部门的确定与"汇率变动与就业的经验分析"一致，选取第三产业和建筑业作为非贸易品部门，工业作为非贸易品部门。贸易部门产值（tpro）、非贸易部门产值（npro）的数据均从中国经济信息网经济统计数据库直接获取或是采用相关数据计算而得。

2. 实证分析方法

本部分采用协整理论进行实证分析。有时虽然两个变量都是随机游走的，但它们的某个线形组合却可能是平稳的。在这种情况下，称这两个变量是协整的。正如很多金融、经济时间序列数据都是不平稳的，但它们可能受某些共同因素的影响，从而在时间上表现出共同的趋势，即变量之间存在一种稳定的关系，它们的变化受到这种关系的制约，因此它们的某种线性组合可能是平稳的，即存在协整关系。比如，变量X和Y是随机游走的，但变量$Z = X + bY$可能是平稳的。在这种情况下，X和Y被称为是协整的，其中b称为协整参数（Cointegrating Parameter）。

关于协整理论的检验和估计有许多方法，如恩格尔—格兰杰（Engle - Granger, EG）两步法、约翰森检验方法、自回归分布滞后模型（Autoregressive Distributed Lag, ARDL）法等，这里采用约翰森检验方法。我们采取了1994~2012年的年度数据，样本总数为19个，进行了简单的协整分析，计量软件采用Stata12.1，整个分析的过程与前类似。

（1）单位根检验。

首先，对各变量进行单位根检验，结果如表7-6所示。

表7-6 单位根检验结果

变量	(c, t, l)	临界值	t统计量	p值
ln(reer)	(0, 0, 0)	-2.630	-1.780	0.3904
Δln(reer)	(0, 0, 0)	-3.750	-3.655**	0.0048
ln(tpro)	(0, 0, 0)	-2.630	-0.25	0.9323
Δln(tpro)	(0, 0, 0)	-3.000	-3.128**	0.0246
ln(npro)	(0, 0, 0)	-2.630	0.438	0.9829
Δln(npro)	(0, 0, 0)	-2.630	-2.830*	0.0000

注：Δ表示变量的一阶差分。"*"表示10%置信水平，"**"表示5%置信水平，"***"表示1%置信水平。

其中 $\ln(reer)$、$\ln(tpro)$、$\ln(npro)$ 分别表示对数化后的真实汇率指数 $reer$、贸易品部门总产值 $tpro$、非贸易品部门总产值 $npro$。单位根检验的结果显示,所有变量均为非平稳序列,而一阶差分序列均为平稳的,因而各变量均为 I(1) 过程,这里可以进行协整分析。

(2) 检验滞后阶数。因为三个变量均为非平稳序列,有必要进一步确定 VECM 模型的滞后阶数。协整分析的前提是 VECM 模型的干扰项为白噪声过程,而这能够通过选择适当的滞后阶数来实现。检验结果如表 7-7 所示。

表 7-7 滞后阶数的选择

$\ln(tpro)$ 与 $\ln(reer)$ 滞后阶数的选择		$\ln(npro)$ 与 $\ln(reer)$ 滞后阶数的选择	
滞后阶数	Schwarz Criteria	滞后阶数	Schwarz Criteria
0	-0.4022	0	-0.2795
1	-6.4817*	1	-7.1811*
2	-5.9829	2	-6.7171
3	-5.9660	3	-6.6304
4	-5.6393	4	-6.6194

由表 7-7,根据 SC(Schwarz Criteria)原则判定滞后阶数均为 1。

(3) 约翰森协整检验。虽然三个变量原数据序列为非平稳序列,但由于其一阶差分序列均为平稳序列,可以进行协整分析。$\ln(tpro)$ 和 $\ln(reer)$ 的约翰森检验的结果如表 7-8 所示。

表 7-8 $\ln(tpro)$ 和 $\ln(reer)$ 协整检验结果

协整秩 H_0: 协整向量的数目	特征值	迹统计量	临界值	
			5%显著水平	1%显著水平
0	—	27.5401	15.41	20.04
至多1个	0.78321	0.0215	3.76	6.65

由表 7-8 可知,在 1% 的显著性水平上,拒绝的 $H_0: r=0$ 的假设,接受 $H_0: r \leq 1$,$\ln(tpro)$ 和 $\ln(reer)$ 之间存在唯一的协整关系。标准化后,得到贸易品部门的协整方程为(括号内为标准差):

$$\ln(tpro) = 0.6586^{**} \ln(reer) \quad \text{(式 7-37)}$$
$$(0.1870)$$

负反馈调整系数前面的系数为 -0.6586,且在 5% 的显著性水平上显著,表

明 $\ln(tpro)$ 和 $\ln(reer)$ 之间确实存在长期均衡关系。

$\ln(npro)$ 和 $\ln(reer)$ 的约翰森检验的结果如表 7-9 所示：

表 7-9　$\ln(npro)$ 和 $\ln(reer)$ 协整检验结果

协整秩 H_0：协整向量的数目	特征值	迹统计量	临界值	
			5% 显著水平	1% 显著水平
0	—	17.6883	15.41	20.04
至多 1 个	0.62068	0.2396	3.76	6.65

由表 7-9 可知，在 5% 的显著性水平上，拒绝 $H_0: r = 0$ 的假设，接受 $H_0: r \leq 1$，$\ln(npro)$ 和 $\ln(reer)$ 之间存在唯一的协整关系。标准化后得到非贸易品部门的协整方程为（括号内为标准差）：

$$\ln(npro) = -0.8192°\ln(reer) \qquad (式 7-38)$$
$$\quad\quad\quad\quad (0.1245)$$

（注："°" 表示在 15% 的显著性水平上显著）

正反馈调整系数前面的系数为 0.8192，且在 15% 的显著性水平上显著，表明 $\ln(npro)$ 和 $\ln(reer)$ 之间确实存在长期均衡关系。

3. 实证结果及讨论

根据协整方程（式 7-37）和（式 7-38），可得直接标价法下贸易品部门和非贸易品部门的产量汇率弹性，如表 7-10 所示。

表 7-10　贸易品部门和非贸易品部门产量汇率弹性

部门	就业汇率弹性	统计量	P 值
贸易品部门	0.6586	-3.52	0.0004
非贸易品部门	-0.8192	-1.59	0.1126

由表 7-10 可以看出，实际汇率升值会显著地减少贸易品部门的产出，贬值则使贸易品部门产出显著增加，这个实证结果与罗伯托（Roberto，2004），克莱因、舒和特里斯特以及布兰森和洛夫（1987）等人的观点相符，也与范言慧和宋旺（2005）等人对中国的实证结果一致。从中国的经验来看，人民币实际汇率变动对贸易部门产出有显著的影响。而实际汇率升值会较为显著地增加非贸易品部门的产出，这与传统理论也是相符合的。弗伦克尔和泰勒（2005）认为，从理论上来看实际汇率升值会使劳动力由贸易部门流向非贸易部门，中国的情况正是如此。综合来看，人民币实际汇率的变动将引起资源在贸易品部门和非贸易品部门

之间的分配，汇率的升值将有利于非贸易品部门的发展，而反之汇率的贬值则有利于贸易品部门的发展。

第四节 本章小结

为了完善本书的理论框架，在考察了汇率变动对贸易品部门的影响之后，本章从整个社会经济体的角度探讨了汇率变动下，生产要素在贸易品部门和非贸易品部门之间的重新配置，从而得出了非贸易品部门的生产规模对于汇率变动的反应，以及其反应敏感度受到哪些因素的影响。根据理论分析，本书指出非贸易品部门的产量汇率弹性与贸易品部门的价格汇率弹性、贸易品部门的资本投入比例，以及贸易品部门的资本投入对汇率的弹性成正向关系。

$$\eta^{Y_N,e} = f(\overset{+}{\eta}^{P_{T,e}}, \overset{+}{\beta}_T, \overset{+}{\eta}^{K_{T,e}})$$

由此可以看出，汇率变动通过影响国内要素的相对价格，以及贸易品部门和非贸易品部门产品的相对价格对贸易品部门和非贸易品部门的相对规模产生了重大影响，这一结论与"相依经济学"提出的观点非常一致。

最后，本书使用协整的方法对汇率变动对于贸易部门和非贸易部门的不同影响进行了验证。就汇率对两部门就业的经验研究结果证明，实际汇率的升值会减少贸易品部门的就业，同时会使非贸易品部门的就业显著增加。汇率对两部门产量的经验研究结果指出，贸易部门的产量汇率弹性为正，而非贸易部门的产量汇率弹性为负，人民币升值有利于非贸易部门的发展。

本章附录

一、（式 7-12）中大括号内的化简过程

$$\frac{P_N Y_N}{\frac{P_T q}{P_N} + Y_N} + \frac{P_T q}{q + \frac{P_N}{P_T} Y_N} = e_t c(f) q(f)^{\frac{1}{\eta(f)}}$$

$$\frac{\dfrac{P_N Y_N}{\dfrac{P_T}{P_N}\dfrac{Y_T}{1+\left(\dfrac{e_t c(f)}{c(h)}\right)^{\eta(h)}}+Y_N}+\dfrac{\dfrac{P_T Y_T}{1+\left(\dfrac{e_t c(f)}{c(h)}\right)^{\eta(h)}}}{\dfrac{Y_T}{1+\left(\dfrac{e_t c(f)}{c(h)}\right)^{\eta(h)}}+\dfrac{P_N}{P_T}Y_N}}=c(h)\left[1+\left(\dfrac{e_t c(f)}{c(h)}\right)^{\eta(h)}\right]^{\frac{1}{\eta(h)}}$$

$$\dfrac{\dfrac{P_N}{P_T}P_N Y_N+\dfrac{P_T Y_T}{1+\left(\dfrac{e_t c(f)}{c(h)}\right)^{\eta(h)}}}{\dfrac{Y_T}{1+\left(\dfrac{e_t c(f)}{c(h)}\right)^{\eta(h)}}+\dfrac{P_N}{P_T}Y_N}=c(h)\left[1+\left(\dfrac{e_t c(f)}{c(h)}\right)^{\eta(h)}\right]^{\frac{1}{\eta(h)}}$$

$$\dfrac{\left[\dfrac{P_T Y_T}{1+\left(\dfrac{e_t c(f)}{c(h)}\right)^{\eta(h)}}+P_N Y_N\right]+\left[\dfrac{P_N}{P_T}P_N Y_N-P_N Y_N\right]}{\dfrac{Y_T}{1+\left(\dfrac{e_t c(f)}{c(h)}\right)^{\eta(h)}}+\dfrac{P_N}{P_T}Y_N}=c(h)\left[1+\left(\dfrac{e_t c(f)}{c(h)}\right)^{\eta(h)}\right]^{\frac{1}{\eta(h)}}$$

$$\Rightarrow P_T+\dfrac{\left(\dfrac{P_N}{P_T}-1\right)P_N Y_N}{\dfrac{Y_T}{1+\left(\dfrac{e_t c(f)}{c(h)}\right)^{\eta(h)}}+\dfrac{P_N}{P_T}Y_N}=c(h)\left[1+\left(\dfrac{e_t c(f)}{c(h)}\right)^{\eta(h)}\right]^{\frac{1}{\eta(h)}} \quad （式7-39）$$

代入原式，得到：

$$\pi'=\pi+\lambda_1\left[L_T-f\left(\dfrac{W_T}{W_N}\right)\right]+\lambda_2(L_T+L_N-L)+\lambda_3\left[Y_T-L_T^{\alpha_T}K_T^{\beta_T}\right]+\lambda_4\left[Y_N-L_N^{\alpha_N}K_N^{\beta_N}\right]$$
$$+\lambda_5\left\{P_T+\dfrac{\left(\dfrac{P_N}{P_T}-1\right)Y_N}{\dfrac{Y_T}{1+\left(\dfrac{e_t c(f)}{c(h)}\right)^{\eta(h)}}+\dfrac{P_N}{P_T}Y_N}P_N-c(h)\left[1+\left(\dfrac{e_t c(f)}{c(h)}\right)^{\eta(h)}\right]^{\frac{1}{\eta(h)}}\right\}$$

二、（式7-21）中 δ 的解法

由（式7-19）出发，有：

$$P_T + \frac{\left(\frac{P_N}{P_T}-1\right)P_N Y_N}{\frac{Y_T}{1+\left(\frac{e_t c(f)}{c(h)}\right)^{\eta(h)}}+\frac{P_N}{P_T}Y_N} = c(h)\left[1+\left(\frac{e_t c(f)}{c(h)}\right)^{\eta(h)}\right]^{\frac{1}{\eta(h)}}$$

$$P_T \frac{Y_T}{1+\left(\frac{e_t c(f)}{c(h)}\right)^{\eta(h)}} + \frac{P_N}{P_T}P_N Y_N = c(h)\left[1+\left(\frac{e_t c(f)}{c(h)}\right)^{\eta(h)}\right]^{\frac{1}{\eta(h)}}\left[\frac{Y_T}{1+\left(\frac{e_t c(f)}{c(h)}\right)^{\eta(h)}}+\frac{P_N}{P_T}Y_N\right]$$

$$\frac{P_T^2 Y_T}{1+\left(\frac{e_t c(f)}{c(h)}\right)^{\eta(h)}} + P_N^2 Y_N = c(h)\left[1+\left(\frac{e_t c(f)}{c(h)}\right)^{\eta(h)}\right]^{\frac{1}{\eta(h)}}\frac{P_T Y_T}{1+\left(\frac{e_t c(f)}{c(h)}\right)^{\eta(h)}} +$$

$$c(h)\left[1+\left(\frac{e_t c(f)}{c(h)}\right)^{\eta(h)}\right]^{\frac{1}{\eta(h)}}P_N Y_N$$

$$P_T Y_T \frac{P_T - c(h)\left[1+\left(\frac{e_t c(f)}{c(h)}\right)^{\eta(h)}\right]^{\frac{1}{\eta(h)}}}{1+\left(\frac{e_t c(f)}{c(h)}\right)^{\eta(h)}} = \left\{c(h)\left[1+\left(\frac{e_t c(f)}{c(h)}\right)^{\eta(h)}\right]^{\frac{1}{\eta(h)}} - P_N\right\}P_N Y_N$$

$$\Rightarrow \delta = \frac{Y_N}{Y_T} = \frac{P_T}{P_N}\frac{P_T - c(h)\left[1+\left(\frac{e_t c(f)}{c(h)}\right)^{\eta(h)}\right]^{\frac{1}{\eta(h)}}}{\left[1+\left(\frac{e_t c(f)}{c(h)}\right)^{\eta(h)}\right]\left\{c(h)\left[1+\left(\frac{e_t c(f)}{c(h)}\right)^{\eta(h)}\right]^{\frac{1}{\eta(h)}} - P_N\right\}} \quad (\text{式}7-40)$$

三、$\frac{\partial \ln\delta}{\partial e_t}$ 的求解过程

$$\delta = \frac{Y_N}{Y_T} = \frac{P_T}{P_N}\frac{P_T - c(h)\left[1+\left(\frac{e_t c(f)}{c(h)}\right)^{\eta(h)}\right]^{\frac{1}{\eta(h)}}}{\left[1+\left(\frac{e_t c(f)}{c(h)}\right)^{\eta(h)}\right]\left\{c(h)\left[1+\left(\frac{e_t c(f)}{c(h)}\right)^{\eta(h)}\right]^{\frac{1}{\eta(h)}} - P_N\right\}}$$

令 $1+\left(\frac{e_t c(f)}{c(h)}\right)^{\eta(h)} = Z$,则:

$$\ln\delta = \ln P_T + \ln(P_T - c(h)Z^{\frac{1}{\eta(h)}}) - \ln P_N - \ln(c(h)Z^{\frac{1}{\eta(h)}} - P_N) - \ln Z$$

$$\frac{\partial \ln P_T}{\partial e_t} = \eta^{P_T,e}, \frac{\partial \ln P_N}{\partial e_t} = \eta^{P_N,e}$$

$$\ln\left[P_T - c(h)Z^{\frac{1}{\eta(h)}}\right] = \ln\left[P_T\left(1 - \frac{c(h)Z^{\frac{1}{\eta(h)}}}{P_T}\right)\right] = \ln P_T + \ln\left(1 - \frac{c(h)Z^{\frac{1}{\eta(h)}}}{P_T}\right) \approx$$

$$\ln P_T - \frac{c(h)Z^{\frac{1}{\eta(h)}}}{P_T}$$

故：

$$\frac{\partial \ln(P_T - c(h)Z^{\frac{1}{\eta(h)}})}{\partial \ln e_t} = \frac{\partial \ln P_T}{\partial \ln e_t} - \frac{\partial\left(\frac{c(h)Z^{\frac{1}{\eta(h)}}}{P_T}\right)}{\partial \ln e_t} = \eta^{P_T,e} - \frac{e_t}{P_t} \frac{\partial(c(h)Z^{\frac{1}{\eta(h)}})}{\partial e_t}$$

$$+ \frac{c(h)Z^{\frac{1}{\eta(h)}}}{P_T} \eta^{P_T,e}$$

$$\Rightarrow \frac{\partial \ln(P_T - c(h)Z^{\frac{1}{\eta(h)}})}{\partial \ln e_t} = \eta^{P_T,e}\left(1 + \frac{c(h)Z^{\frac{1}{\eta(h)}}}{P_T}\right) - \frac{e_t}{P_T} \frac{\partial[c(h)Z^{\frac{1}{\eta(h)}}]}{\partial e_t}$$

同样地：

$$\ln[c(h)Z^{\frac{1}{\eta(h)}} - P_N] = \ln\left[c(h)Z^{\frac{1}{\eta(h)}}\left(1 - \frac{P_N}{c(h)Z^{\frac{1}{\eta(h)}}}\right)\right]$$

$$= \ln[c(h)Z^{\frac{1}{\eta(h)}}] + \ln\left(1 - \frac{P_N}{c(h)Z^{\frac{1}{\eta(h)}}}\right) \approx \ln[c(h)Z^{\frac{1}{\eta(h)}}] - \frac{P_N}{c(h)Z^{\frac{1}{\eta(h)}}} \quad ①$$

故：

$$\frac{\partial \ln(c(h)Z^{\frac{1}{\eta(h)}} - P_N)}{\partial \ln e_t} = \frac{\partial(c(h)Z^{\frac{1}{\eta(h)}})}{\partial \ln e_t} - \frac{\partial \ln\left(\frac{P_N}{c(h)Z^{\frac{1}{\eta(h)}}}\right)}{\partial \ln e_t}$$

$$= \frac{\partial(c(h)Z^{\frac{1}{\eta(h)}})}{\partial \ln e_t} - \frac{P_N}{(ch)Z^{\frac{1}{\eta(h)}}} \frac{\partial \ln P_N}{\partial \ln e_t} + \frac{P_N}{c(h)Z^{\frac{1}{\eta(h)}}} \frac{\partial \ln(c(h)Z^{\frac{1}{\eta(h)}})}{\partial \ln e_t}$$

$$\Rightarrow \frac{\partial \ln(c(h)Z^{\frac{1}{\eta(h)}} - P_N)}{\partial \ln e_t} = \frac{\partial \ln(c(h)Z^{\frac{1}{\eta(h)}})}{\partial \ln e_t}\left(1 + \frac{P_N}{c(h)Z^{\frac{1}{\eta(h)}}}\right) - \frac{P_N}{c(h)Z^{\frac{1}{\eta(h)}}} \eta^{P_N,e}$$

$$\therefore \frac{\partial \ln \delta}{\partial \ln e_t} = \eta^{P_T,e} - \eta^{P_N,e} + \left(1 + \frac{c(h)Z^{\frac{1}{\eta(h)}}}{P_T}\right)\eta^{P_T,e} - \frac{e_t}{P_T} \frac{\partial(c(h)Z^{\frac{1}{\eta(h)}})}{\partial e_t}$$

$$- \left(1 + \frac{P_N}{c(h)Z^{\frac{1}{\eta(h)}}}\right) \frac{\partial \ln(c(h)Z^{\frac{1}{\eta(h)}})}{\partial \ln e_t} + \frac{P_N}{c(h)Z^{\frac{1}{\eta(h)}}} \eta^{P_N,e}$$

$$= \left(2 + \frac{c(h)Z^{\frac{1}{\eta(h)}}}{P_T}\right)\eta^{P_T,e} + \left(\frac{P_N}{c(h)Z^{\frac{1}{\eta(h)}}} - 1\right)\eta^{P_N,e} - \frac{e_t}{P_T} \frac{\partial(c(h)Z^{\frac{1}{\eta(h)}})}{\partial e_t} -$$

---

① 此处为简便计算方便讨论，忽略了 $\ln\left(1 - \frac{P_N}{c(h)Z^{\frac{1}{\eta(h)}}}\right)$ 的泰勒展开式含二次项在内的高次项，仅考虑其一次项。

$$\left(1 + \frac{P_N}{c(h)Z^{\frac{1}{\eta(h)}}}\right)\frac{\partial \ln(c(h)Z^{\frac{1}{\eta(h)}})}{\partial \ln e_t}$$

$$= \left(2 + \frac{c(h)Z^{\frac{1}{\eta(h)}}}{P_T}\right)\eta^{P_T,e} + \left(\frac{P_N}{c(h)Z^{\frac{1}{\eta(h)}}} - 1\right)\eta^{P_N,e} - \frac{c(h)Z^{\frac{1}{\eta(h)}}}{P_T}\frac{\partial \ln(c(h)Z^{\frac{1}{\eta(h)}})}{\partial \ln e_t}$$

$$- \left(1 + \frac{P_N}{c(h)Z^{\frac{1}{\eta(h)}}}\right)\frac{\partial \ln(c(h)Z^{\frac{1}{\eta(h)}})}{\partial \ln e_t}$$

$$\Rightarrow \frac{\partial \ln \delta}{\partial \ln e_t} = \left(2 + \frac{c(h)Z^{\frac{1}{\eta(h)}}}{P_T}\right)\eta^{P_T,e} + \left(\frac{P_N}{c(h)Z^{\frac{1}{\eta(h)}}} - 1\right)\eta^{P_N,e} - \left(1 + \frac{P_N}{c(h)Z^{\frac{1}{\eta(h)}}} + \frac{c(h)Z^{\frac{1}{\eta(h)}}}{P_T}\right)\frac{\partial \ln(c(h)Z^{\frac{1}{\eta(h)}})}{\partial \ln e_t}$$

(式 7 - 32)

第八章 结论与政策建议

第一节 人民币汇率变动的产业结构效应：基于模型和实证的结果讨论

2005年7月21日，我国宣布放弃盯住美元的固定汇率制度，实行"有管理的浮动汇率制度"，并且2006年人民币升值的折合年率也达5%~7%，但由于连年来贸易顺差的持续高速增长，我国现在已成了全球唯一一个外汇储备突破一万亿美元的国家，这将使得2007年人民币升值和汇率市场化的进程进一步加快。2008年金融危机之后，尽管人民币兑美元汇率出现短期贬值，但是人民币与其他主要贸易伙伴国的货币之间的汇率并未发生贬值，而且在中国经济增长的强劲势头下，人民币长期必然保持升值趋势。从汇改至今，人民币汇率升值幅度已达到17%以上。

国内外学者的普遍共识认为，已经发生的人民币升值和未来的升值预期都会对中国的贸易增长、经济发展以及产业结构调整产生不可忽视的影响，这与本书的模型分析和实证结果都是一致的。根据本书的模型设定，将国内的产业进行了不同角度的划分，建立不同的模型探讨了汇率变动对于不同生产部门的影响，同时引入行业特征讨论了汇率变动对于各个行业的影响。下面，本书首先讨论并预测人民币汇率升值对不同生产部门的影响，再将这种影响细分到各个行业。

一、人民币汇率升值促进非贸易品部门发展

从相依经济学模型和本书的理论模型可以看出，汇率升值会使非贸易品部门利润相对贸易品部门得到提高，从而促使经济资源从贸易品部门向非贸易品部门进行转移；同时，根据本书的实证结果，非贸易品部门的产量汇率弹性为负，也就是说人民币升值会带来非贸易部门的产量扩张，推动非贸易品部门的快速

发展。

一方面，根据 BS 效应，伴随着经济快速发展的实际汇率升值，往往是贸易品部门的相对生产率提高，而非贸易品价格相对快速上涨。非贸易品部门利润相对于贸易品部门的提高将促进国内资源在贸易品部门和非贸易品部门的重新分配，正如相依经济学模型所指出的，汇率的相对低估是外向型战略的重要表现，而当人民币汇率逐渐升值向均衡汇率回归时，非贸易品部门将得到快速的发展。正如近年来所看到的，美容、教育、咨询等位列中国最赚钱的十大行业，教育、医疗成为吸引风险投资最多的行业。升值加大中国资产对外资的吸引力，外商直接投资越来越多地采取服务本土市场的战略。这有利于产业结构调整，有利于扩大内需，也有利于改善民生和生活质量，使增长和发展更为协调一致，避免只有增长而没有发展的状况。

另一方面，人民币汇率升值带来的预期效应、资金流入效应和财富效应，使得非贸易品部门中持有大量人民币资产的行业如房地产业、金融业受到国内外资本的追捧，在升值预期不变的条件下将会快速发展，人民币实际升值或预期对房价和股价的上涨有推波助澜的作用。结合西德和日本汇率升值的经验，两国的股市和房市都在升值后出现了快速增长，但是日本在本币升值过程中，没有像德国那样抓住有利时机，在资产价格上涨初期果断提高利率，而是将 2.5% 的超低利率保持了两年多时间，利率政策在资产价格的膨胀过程中丝毫没有发挥抑制作用，教训十分深刻。因而值得我国政府注意的是，在本币升值的过程中必须密切关注和调控资产价格，严防出现泡沫引发新的金融危机。

二、人民币汇率升值对低附加值产业影响深远

人民币汇率升值显然将对低附加值产业和高附加值产业产生不同的影响。本书在固定资产投资模型中也讨论了厂商在国内市场和国外市场的利润率对于行业的固定资产投资的汇率弹性的影响，得到的结论也符合一般的直观认识：利润率高的行业，在人民币升值的情况下，可以通过降低人民币标价的出口价格来保住原有的市场份额，因而生产规模和投资规模不必做大幅度的调整。而利润率很低的行业，比如我国很多劳动密集型、技术含量低的行业，在人民币升值的环境下，出口的外币价格升高，国际竞争力减弱，但是这些行业并不能通过降低本币价格来保持原有市场份额，必然导致生产规模萎缩。

因此，人民币升值对技术含量低、附加值低的产品出口的负面影响要大于对技术含量高、附加值高的产品出口的负面影响。

三、人民币汇率升值对进口替代品挑战更大

人民币升值会导致进口产品的人民币报价下降，刺激进口，从而使得与之具

有竞争关系的进口替代品的价格竞争力下降，进而影响到这些行业的盈利水平，可能导致进口替代品的生产萎缩。当然，从模型结论和直观意义都可以清楚地看出，如果进口替代型行业的进口原材料比例较高，则人民币汇率升值可以降低该行业的原材料成本，从而抵消一部分竞争加剧带来的负面效应。但由于我国进口替代品行业多为资源型，因而进口原材料投入比例普遍偏低，人民币汇率升值对其负面效应较大。

出口型的行业往往是国内具有比较优势的行业，尽管人民币汇率升值也会对这些行业的出口产生负面影响，但是这些行业的发展已经相对成熟，不会对国民经济产生重大的阻碍作用。然而，进口替代品行业则是国外具有比较优势的行业，也就是说这些行业属于国内的幼稚产业，如汽车工业中的轻、微型车，纺织工业中的化纤产品等，如果受到重大冲击整个行业很可能会被进口产品挤垮，对国民经济发展危害极大。因此，我国政府在升值的过程中必须注意保护国内幼稚工业。汽车、钢铁和石化都是我国典型的进口替代品行业，受进口品影响很大，目前国务院新出台的十大行业振兴计划也把汽车、钢铁和石化列入重点支持的行业，这与本书的结论一致。

四、人民币汇率升值推动贸易品部门升级和转型

从前面的分析可以看出：人民币升值压缩了劳动密集型出口行业的利润空间，造成一些行业产能过剩；另一方面，人民币升值有利于进口，同样对进口替代品行业构成压力。因而，贸易品部门中的可出口品和进口替代行业都将在人民币升值的趋势下面临严峻压力，本书在贸易品模型的实证研究中发现样本空间内的大部分贸易品部门在汇率升值的情况下，产量都会减少，因而贸易品部门都必须通过产业升级来寻找新的出路。利润率受到严重压缩的行业可以通过将生产转向劳动力更为低廉的中西部来降低成本；也可以通过提高产品质量，增加产品品种，延长价值链来提高竞争力。过去两年里，纺织行业就是比较成功的范例。

另外，根据本书的模型分析，人民币升值对于贸易品部门的不同行业影响有很大差异，就业汇率弹性在 -0.0932~0.6173 之间，产量汇率弹性在 -0.0879~0.1436 之间。因而更为根本的方法是转型转产，转向新的汇率环境下中国依然有国际竞争力或潜力的行业，特别是资本密集型或技术密集型行业，用短期阵痛的代价换取长期的发展空间。人民币升值对贸易品部门的冲击更多是短期的。从长期来看，产业结构的升级将使中国出口商品在新的平台上重新获得国际竞争力。

五、人民币汇率升值对加工贸易影响不定

人民币汇率升值对加工贸易的影响取决于以下三个因素的共同作用：

首先，根据本书的基本模型，进口原材料的投入比例越大，产量汇率弹性越小，由于加工贸易使用的都是进口设备和原材料，人民币升值首先会降低其进口成本，因而与一般贸易相比，人民币升值对加工贸易出口的负面影响要小于对一般贸易的负面影响。

其次，结合加工贸易模型的结论，加工贸易中间品的价格和进口量的汇率弹性越大，加工贸易品部门的产量汇率弹性越大，因而在加工贸易行业中跨国公司参与的程度越高，由于内部价格和内部订单的广泛使用，价格和进口量的汇率弹性越低，加工贸易部门的生产受到汇率升值的负面影响越小。

最后，人民币升值对于加工贸易的影响还取决于其他因素，例如行业利润率，我国的加工贸易企业多属于劳动密集型、低附加值行业，因而在人民币升值过程中受到较大冲击。

综合以上三点，人民币升值对加工贸易部门的影响不定。

六、人民币汇率升值对高开放度行业影响不一

行业的开放程度可以表现在许多方面，如进口原材料投入比例，出口导向度以及定价的国际化程度等。根据本书的模型分析，不同的开放程度指标将对行业的产量汇率弹性产生不同方向、不同程度的影响，因而一个开放度较高的行业在人民币汇率升值环境下，受到的影响可能是来自各个方面的，这些影响可能相互促进或相互抵消，该行业的产量最终朝什么方向变化取决于各因素的综合作用。

如果行业的开放度体现在大量的原材料或零部件依赖进口，即进口原材料投入比例较高，如造纸（纸浆进口）、钢铁（铁矿石进口）、轿车（部分重要零部件进口）、石化（原油进口）、化纤及塑料（原料进口）、航空（航空器材进口）、服装（高档面料进口）等，那么人民币升值将使得这些行业的成本有一定程度的下降，提高这些行业的盈利水平，进而促进行业的产量扩张。如中国造纸行业中的纸浆成本占70%，而纸浆中的38%是进口，如此看来，造纸行业的进口原材料投入比例已超过本书门槛自回归模型中估计得到的门槛值，造纸行业的产量汇率弹性将为负值，造纸行业可能是人民币升值中的受益行业，这也就解释了2007年和2008年人民币汇率具有强烈升值预期的情况下，造纸行业的股票受到追捧的原因。

如果行业的开放度体现在产成品大部分销往国外，即行业的出口导向程度高，也即基本模型中的χ较高，如传统的纺织服装、家电、机械等行业，那么人民币升值将对这些行业的出口收入产生较大的负面影响，在利润空间不大的情况下，这些行业的产量必然将大幅调整。

如果行业的开放程度体现在定价的国际化程度较高，也即基本模型中的进口

渗透度较高，那么人民币升值将对该行业带来较大的冲击，包括完全国际化定价的有色金属、部分国际化定价的石化、钢铁、电子元器件等行业，由于这些行业的产品价格受到国际价格影响较大，因此人民币升值将使得它们以人民币计价情况下的售价有所下降，从而导致利润下降。

七、必需品行业对人民币升值反应不大

结合本书的模型，本国和外国的需求价格弹性与产量汇率弹性成正向变动关系。中国的出口产品多为生活必需品和低价商品，其需求价格弹性很低，即使人民币汇率升值带动出口价格升高，产品的出口需求也不会产生大的变化，因而人民币升值对于必需品行业的影响有限。

八、人民币汇率升值将带来产业外移效应

结合日元升值的经验，日本在经历了20世纪70年代到90年代的4次升值过程之后，国内产业大量外移，以获得廉价的劳动力和更广阔的市场，但是过度的产业外移以及国内产业成长缓慢，造成了日本的"产业空洞化"。

目前人民币升值的趋势与当年的日本有相似之处，升值可以提高中国的综合国力，提升企业的国际地位。一些产能过剩并且具备比较优势的劳动密集型行业转移到国外，是升值之初产业国际转移的重要形式。对于在世界市场竞争的大企业，升值为其全球战略提供了很好的契机。走出去投资，从短期来看存在人民币升值的风险，但有利于长远发展。但在实施产业转移的战略时，必须吸取日本的经验教训，实现优势产业有序转移的同时，加大国内投资以及扶持未来优势产业，防止"产业空洞化"现象的发生。

第二节 人民币升值对不同行业的影响

本书的理论和实证模型都将国内经济分为贸易品部门和非贸易品部门两大部门进行考察。在理论模型中，本书得出了贸易品部门的就业汇率弹性与进口原材料投入比例、出口导向度和进口渗透度等行业特征变量相关，产量汇率弹性与进口原材料投入比例、本国市场和国外市场的需求价格弹性、进口渗透度、出口渗透度、出口导向程度以及本国和外国的需求价格弹性差异系数相关；而非贸易品部门的产量汇率弹性与贸易品部门的价格汇率弹性和资本投入的汇率弹性相关，而根据固定资产投资模型，贸易品部门的资本投入由资本存量调整成本、固定资

产折旧率、单位资本带来的收入以及本国和外国市场的利润率决定。

在对贸易品部门的实证分析中,本书选取了农业、能源、食品、纺织、化工、钢铁、汽车、电子和医药等9个行业;在对非贸易品部门的实证中,本书选取了第三产业和建筑行业。

一、人民币升值对贸易品部门的影响

本书实证测算得到9个贸易品部门行业的就业汇率弹性和产量汇率弹性,以及它们的主要决定因素进口渗透度、出口导向和进口原材料投入比例分别如表8-1和表8-2所示。

表8-1 贸易品部门各行业的就业汇率弹性及其影响因素

行业	农业	能源	食品	纺织	化工	钢铁	汽车	电子	医药
$\bar{M}_i$	8.486	34.357	7.571	11.545	19.764	6.364	10.247	47.365	4.482
$\bar{\alpha}_i$	7.423	7.063	7.359	9.814	13.846	5.567	6.656	26.952	9.587
$\bar{\chi}_i$	6.408	8.357	7.234	42.011	14.760	11.011	12.230	51.063	2.686
$\eta^{L,e}$	0.0449	0.6173	0.0279	0.1301	0.1745	0.0455	0.1098	0.5750	-0.0932

表8-2 贸易品部门各行业的产量汇率弹性及其影响因素

行业	农业	能源	食品	纺织	化工	钢铁	汽车	电子	医药
$\bar{M}_i$	8.740	33.637	7.145	9.068	17.708	5.027	9.828	44.937	4.623
$\bar{\alpha}_i$	7.421	6.288	6.953	8.968	12.512	4.746	6.120	24.995	8.764
$\bar{\chi}_i$	6.132	7.102	6.142	38.569	13.677	10.220	11.336	49.977	2.665
$\eta^{Q,e}$	-0.0284	0.1221	-0.0299	0.1269	-0.0144	0.0131	0.0242	0.1436	-0.0879

这9个行业当中就业汇率弹性为负的只有医药行业,说明汇率升值将会带来医药行业的就业增加;产量汇率弹性为负的有农业、食品行业、化工行业和医药行业,说明汇率升值将会带来这四个行业的产量扩张。

除医药行业外,其他8个行业就业汇率弹性均为正,其中就业汇率弹性从小到大排列为:食品→农业→钢铁→汽车→纺织→化工→电子→能源。

除农业、食品和医药行业外,其他5个行业的产量汇率弹性均为正,按照产量汇率弹性从小到大排列,顺序是:钢铁→汽车→能源→纺织→电子。

将这9个行业按照进口渗透度从小到大排列,顺序是:电子→汽车→农业→医药→能源→化工→钢铁→食品→纺织。

将这9个行业按照出口导向度从小到大排列，顺序是：电子→医药→农业→食品→汽车→能源→钢铁→化工→纺织。

将这9个行业按照进口原材料投入比例从小到大排列，顺序是：汽车→能源→食品→农业→医药→电子→化工→钢铁→纺织。

根据本书的实证结果，上述3种影响因素对于行业的就业汇率弹性的影响分别为：进口渗透度每提高1%，就业汇率弹性增加0.0217%；出口导向度每提高1%，就业汇率弹性增加0.0019%；进口原材料投入比例每提高1%，就业汇率弹性减小0.0204%。进口渗透度、出口导向度和进口原材料投入比例与就业汇率弹性的关系均符合理论预期。实证结果还指出，进口渗透度的影响最为显著，进口原材料投入比例的影响次之，而出口导向度的影响效果最弱。

三个行业特征变量对产量汇率弹性的影响分别为：进口渗透度每提高1%，产量汇率弹性增加0.0052%；出口导向度每提高1%，产量汇率弹性增加0.0054%；进口原材料投入比例每提高1%，产量汇率弹性减小0.0144%。进口渗透度、出口导向度和进口原材料投入比例与产量汇率弹性的关系均符合理论预期。而且实证结果还指出了，进口原材料投入比例的影响效果最显著，进口渗透度和出口导向度的影响效果次之且大体相当。

下面结合本书的理论和实证结果以及我国的现实情况，对人民币升值环境下各个行业的发展趋势进行分析。

1. 纺织业

纺织业作为我国传统的出口优势行业，在人民币升值过程中受到的冲击广受关注。根据本书的测算，纺织业在此次人民币升值过程中受到的负面影响最大，人民币汇率升值1%，纺织业就业将减少0.1301%，产量将收缩0.1269%。主要原因在于纺织业的进口渗透度和出口导向度相对其他行业而言相对较高，表明其在国内和国外面临的竞争激烈，而纺织业的主要竞争手段为价格竞争，造成该行业的利润空间微薄，承受汇率变动的能力非常弱；尽管有一定的原材料来自于进口，但并不能带来太大的收益。根据第一纺织网预测人民币每升值1%，纺织行业的利润就会下降2%~6%，所以人民币的快速升值对我国纺织行业的影响还是很大的。

但是，由于行业内部的子行业各自特征不同，棉纺织业、毛纺织业和服装业各自受汇率升值的冲击又有一定差异。根据黄素章（2006）的测算，如表8-3所示，人民币汇率升值对于纺织业子行业的影响分别为：

（1）棉纺织业。棉纺织行业中原料占成本的65%，根据对行业相关指标统计，设定棉纺织的平均毛利率为10%。棉纺织行业以棉纱、坯布等初级产品为主，因与国际价格联动的原料占比较高，附加值较低，议价能力较弱，90%的人民币升值压力由自己承担，出口受损程度相对较高。有关统计数据显示，棉纺织出口依存度为20%，人民币每升值1%，棉纺织业的全面受损程度表现为行业利润率下降3.19%。

（2）毛纺织业。毛纺织业中原料占成本的60%，根据对行业相关指标统计，设定毛纺织的平均毛利率为12%。毛纺织行业虽然羊毛原料主要靠进口，但因产业链较长，附加值较高，产品的议价能力强于棉纺织而弱于服装，出口相对受损程度较低。有关统计数据显示，毛纺织出口依存度为27%，人民币每升值1%，毛纺织业的全面受损程度表现为行业利润率下降2.27%。

（3）服装业。服装业中原料占成本的55%，根据对行业相关指标统计，服装业的平均毛利率为14%。服装行业等深加工产品因包含的劳动力价值较多，比较优势明显，其价格比国际同类产品低15%以上，因此议价能力较强。有关统计数据显示，服装业出口依存度为60%，服装业因出口依存度最高，受损最大，人民币每升值1%，服装业的全面受损程度表现为行业利润率下降6.18%。

表8-3 纺织业主要子行业利润率受人民币升值冲击分析

行业	主要原材料	占比（%）	可贸易品比例（%）	设定可贸易品比例（%）	设定行业的平均毛利率（%）	出口依存度（%）	人民币升值1%行业利润率下降（%）
棉纺织业	棉花	65	100	80	10	20	3.19
	化纤	35	50				
毛纺织业	羊毛	80	100	90	12	27	2.27
	化纤	20	50				
服装	面料	55	30	30	14	60	6.18

然而，这种利润的下降势必会淘汰一些不适应变化的企业，迫使纺织企业加速提升产品的附加值、树立品牌观念、提高企业核心竞争力。从长远而言，为了从根本上提升我国纺织业在国际市场上的核心竞争力，抓住中国经济目前良好的发展态势，利用积累的大量国际收支顺差，对纺织行业进行结构性调整，又不能不说是一件利大于弊的事。

2. 农业

根据本书的研究结果，人民币汇率升值对农业就业会产生不利影响，但根据本书的测算，汇率升值在一定程度上会增加农业的产出。农业的进口渗透度、出口导向度和进口原材料投入比例都很小，因而汇率升值对农业的影响不大，人民币汇率升值1%，就业减少0.0449个百分点，农业产量增加0.0284个百分点。

李小云、李鹤（2005）以大豆为例，对人民币升值对农业经济的影响进行了分析，她指出如果人民币汇率降低1%，理论推算大豆净进口将增加1208.48万吨。在国内大豆市场供求基本平衡的情况下，假设质优价廉的进口大豆对国产大豆产生直接替代作用，而人民币汇率降低1%，国产大豆将要压缩产量1208.48万吨。以2002年的数据为基础推算，我国大豆的播种面积为13080万亩，产量为1651万吨，由此分析，如果国产大豆压缩产量1208.48万吨，将导致大豆种植面积减少9576.93万亩，占2002年全国大豆播种面积的73.2%。

3. 化工行业

本书的实证结果指出，化工行业的就业汇率弹性为0.1745，产量汇率弹性为-0.0144，属于受到人民币汇率升值冲击的行业，其中人民币升值会对化工行业的就业产生较大的不利影响。从本书设定的主要影响因素来看，化工行业的进口渗透度和出口导向度偏大决定了化工行业在人民币升值环境中的不利地位，这是由于我国目前生产的化工产品大多是低附加值、资源型的基本化工产品，进口产品可以完全替代本国生产，国内市场的竞争激励；但化工行业的原材料也有相当部分来源于进口，因而抵消了升值的部分不利影响，使得行业整体受挫较小，人民币升值甚至会促进化工行业产出的增加。

另外，我国化工行业进出口模式是资源换技术和资金。就进出口结构而言，石化行业出口主要集中在基础化工加工原料，产品附加值比较低，例如尿素、纯碱、烧碱、磷肥、硫酸镁、碳酸钠等基本化工产品；进口主要集中在技术和资金密集型产品。根据本书的结论，低附加值行业更易受到汇率升值的冲击，因而人民币升值有利于增强国际市场高附加值的产品在国内市场的竞争力，同时也会削弱资源类化工产品在国际市场的价格竞争优势。

进一步考察人民币汇率变动对于化工行业短期影响和长期影响的差异，由于我国化工行业是靠需求拉动的行业，是受经济自主增长能力拉动的行业，而汇率升值从长期来看会降低国内需求，最终作用于经济增长，因此人民币升值对于化工行业的长期影响将更甚于短期内由于价格波动带来的影响。

4. 食品饮料业

人民币升值对于食品饮料业会产生一定的负面影响，本书测算得到的食品行业就业汇率弹性为0.0279，产量汇率弹性为-0.0299。从影响产量汇率弹性的各行业特征来看，基于国内庞大的消费市场规模，以及大多数公司市场化与国际化时间均较短，目前我国食品饮料行业消费市场主要在国内，但许多大型知名的国际食品饮料企业却不断进军我国国内市场，并掀起了兼并收购的浪潮，给我国国内食品饮料行业带来巨大的竞争压力。

从成本方面看，人民币升值可以降低食品饮料业进口农产品和进口机械设备的成本;从价格方面看,由于国内进口产品的价格下降将给国内企业带来价格竞争压力。但是,由于食品饮料行业的出口导向度和进口原材料投入比例都不高,两方面的效应又会发生抵消,因而食品饮料行业整体受挫有限。

5. 钢铁行业

根据测算,钢铁行业的就业汇率弹性为 0.0455,产量汇率弹性为 0.0131,就业总量和行业产量在人民币升值趋势中仍然面临紧缩的风险。一方面,我国目前仍属于钢铁净进口国,钢铁行业的进口渗透度较大,在人民币升值环境下国内价格竞争压力增大,对钢铁行业产生不利影响;另一方面,从原材料来看,目前我国的铁矿石主要仍靠国内供应,但是随着进口铁矿石总量和占比的逐年提高,人民币汇率的升值将逐渐有利于钢铁行业降低生产成本,提高中国钢铁工业的竞争能力。

6. 能源行业

能源行业的进口渗透度和出口导向度在本书测算的 9 个行业中偏大,因而能源行业的产量对于人民币汇率升值的反应也较大,就业汇率弹性为 0.6173,产量汇率弹性为 0.1221,人民币升值会带来能源行业就业和产量的紧缩。

人民币升值也可以降低能源行业的进口成本。一般而言,中国能源产品主要有两大类。一类属于一次能源产品,如原煤、石油等;另一类属于二次能源产品,如成品油、焦炭等。中国是一个矿产资源相对贫乏的国家。我国经济建设所需要的部分一次能源产品大量依赖进口;大量进口一次能源产品,再加工成为二次能源产品进行出口,是当前中国能源进出口贸易的重要特点。因而人民币升值通过降低成本又可以抵消一部分负面影响。但由于能源行业进口原材料投入比例相对其他行业而言较小,因而由进口原材料投入比例带来的正面影响有限。

7. 汽车行业

在本书考察的 9 个贸易品行业中,汽车行业的就业汇率弹性为 0.1098,产量汇率弹性较小,为 0.0242。分析影响汽车行业就业和产量汇率弹性的几个因素,可以发现汽车行业的进口渗透度和进口原材料投入比例较小,这可能是由于汽车行业尚属我国的幼稚行业,其发展受到国内政府政策的保护,因而在人民币升值条件下我国汽车行业将会受到的冲击相对有限。

相反地,对于进口较大比例零部件和原材料的汽车产品来说,人民币升值使进口汽车零部件的人民币价格下降,直接体现为汽车成本下降。其中,中高级轿车反应会比较明显,中高档车型国产化程度较低,主要是通过进口散件到中国进行半散件(Semi - Knocked Down,简称 SKD)或全散件(Completely Knocked Down,简称 CKD)组装生产。由于这类车进口零部件比例较大,最高能达到

60%,整车成本下降较多。相比中高档车型而言,经济型车的降价空间并不大。一方面此类车型本身的利润空间已经比较小,另一方面在这个细分市场中,国产车的份额较大,国产化率比较高,进口部件有限,对整车价格的影响也就有限。

8. 医药行业

根据本书的实证分析,医药行业的就业汇率弹性和产量汇率弹性为负值,分别为 -0.0932 和 -0.0879,说明人民币升值会增加医药行业的就业和产出。对影响医药行业就业汇率弹性和产量汇率弹性的三个行业特征因素进行分析,医药行业的进口渗透度和出口导向度较小,而原材料的进口比例相对较高,较高的原材料进口比例使医药行业在成本方面得益于人民币升值,同时相对较低的进口渗透率和出口导向度使得人民币升值对医药行业的负面影响较小,总体来说人民币升值会促进医药行业的发展。

医药行业可以细分为化学原料药、化学制剂药和生物药品、中药等子行业,由于各个行业的特征不同,受汇率升值的影响也有所区别。

(1) 化学原料药行业。化学原料药出口导向度较高,价格由国际供需决定,在国际价格保持稳定的条件下,人民币升值降低其人民币标价的出口收入。若人民币升值,将直接引起产品出口产品价格上扬,进而降低出口产品的竞争力,从出口的产品结构看,化学原料药约占医药产品贸易总额的一半,因而化学原料药子行业受的负面影响比较大。特别是大宗原料药(VC、青霉素盐等)和特色原料药的销售在很大程度上都是以国外市场为主,人民币升值使得产品竞争力下降,该类药品的生产企业会受到较大打击。

(2) 化学制剂药、生物药品。国内生产的化学制剂药和生物药品出口比例较小,但是由于国外新特药的进口价格将会下降,也会间接压缩国内仿制药的盈利空间,但总体影响不大。

(3) 中药。中药行业原材料的采购及成药的销售绝大部分以国内市场为主,汇率的变化对其基本没有影响。从长期看,人民币升值将影响经济的增长速度和增长模式,消费品将取代投资品成为促进经济增长的第一推动力。中药在我国有很好的消费基础,特别是那些资源有限、垄断性较强的中药品种,受进口商品的替代作用影响较小,在居民收入水平提高的推动下,具有持续稳定增长的特点。

9. 电子行业

根据本书的研究结果,电子行业的就业汇率弹性为 0.5750,产量汇率弹性为 0.1436,所受人民币汇率变动的冲击最大。电子行业的出口导向度和进口渗透度都相当高,这就是说,在人民币升值的过程中,电子行业无论是出口商品的人民币价格,还是内销产品的价格都将面临大幅度下调;虽然电子行业的进口原材料比例也很高,但根据本书的实证结果,进口原材料成本下降带来的收益小于价格下降带来的损失,人民币升值对电子行业发展的抑制作用明显。

电子制造业从产品类别来看,可以分为电子元件和家电行业;从利润率来看,可以分为低附加值产品和高附加值产品。一般来说,传统的家电产品,如彩电、空调的附加值都很低,利润率低,原材料大部分来自国内,因而极易受到汇率升值的影响。而高附加值的行业,包括个人电脑及DVD、数码相机等电子消费产品及电子元器件制造业等,利润率较高,原材料主要依赖于进口,生产方式主要为代工生产,因此其投入成本将随着人民币升值而有所降低,对于汇率升值的反应会比较小。

二、人民币升值对非贸易品部门的影响

1. 房地产行业

人民币升值对于房地产行业既有正面影响,也有负面影响。首先从长期来看,人民币持续升值会通过降低国内经济增长速度对房地产市场的需求产生负面影响。但是短期内人民币升值以及升值预期会对房地产市场产生积极作用,主要表现在:

(1)预期效应。货币升值预期会导致外资的涌入,并大量投资到房地产上,从而增加房地产投资需求,推高房价,这是货币升值过程中必然发生的。

(2)财富效应。升值将有助于降低国内物价水平,因而居民用于购房的可支配收入增加,购房能力的提高导致需求增加,推动房地产行业的发展。

正面影响和负面影响相叠加形成升值对房地产的最终影响,因此人民币升值的最终影响取决于升值后宏观经济的走向,如果经济仍然能保持较高的增长,则升值对房地产是利好,反之,则房地产亦将受损。

结合韩国、日本、中国台湾等国家或地区的货币升值对经济的影响,可以看出升值对房价的影响是最早持续上涨,然后泡沫形成,最后泡沫破灭、房价下降。出现这一过程的原因在于:在升值初期,经济形势良好,需求增加,特别是外资投资需求增加,导致房价上涨;升值过程中,房价在不断上涨,泡沫形成,但支持房价的宏观经济却受到越来越大的负面影响;最后,币值升至最高时,房价到了最高点,但出口受到重大影响、外资撤退,宏观经济开始走向衰退,这时就是泡沫破灭、房价下降的时候。整个过程周期长度取决于升值周期长度,一般会较长,如韩国是4年,1986~1990年;日本是24年,1971~1995年;中国台湾是8年,1985~1992年。这些国家或地区的经验教训警诫我们,在人民币升值过程中必须密切关注房地产价格的走势,当价格已经过度偏离真实价值出现泡沫

时，政府必须出台有效措施控制房价。

2. 金融业

（1）银行业。人民币升值会使得银行业的外币资产发生缩水。人民币升值预期又会使得外币贷款趋于增加，人民币贷款趋于减少；外币存款趋于减少，人民币存款趋于增加，发生资产负债的币种结构调整效应。但是由于我国银行的主要业务限于国内，因而人民币升值总体来说对银行业的影响不大。

（2）证券业。在升值预期下，注入证券市场的资金增加，有利于集聚股市人气和增强投资者信心。而市场的走强将为证券公司的经纪业务、资产管理业务、投资银行业务以及自营投资业务的稳步增长提供积极的支持，这将直接增加券商的盈利，提高证券业竞争能力，股市上涨往往对证券公司经营形成放大效应。但从长期来看，则存在股市泡沫及其与其他资产市场形成的连带效应对整个金融体系形成冲击的风险。

3. 旅游业

人民币升值会通过价格效应和收入效应来影响国内旅游业的发展。所谓价格效应，也即人民币升值使得我国入境游的外币价格提高，入境游需求将受到一定影响。然而，中国旅游产品和服务价格在全球范围内都是非常便宜的，比如2003年中国饭店服务的平均价格为98.43美元，在全球212个国家和地区中排120位，基于此测算的中国旅游业价格竞争力指数为89，在212个国家和地区中排名第3位。2004年中国饭店服务的平均价格为72.13美元，在全球排106位，基于此测算的中国旅游业价格竞争力指数为80，排名第16位。2004年价格竞争力排名有所降低，但依然位居前列。因此，即使人民币升值，对价格竞争力强劲的中国旅游业而言，入境旅游者数量不会因价格效应而明显减少。况且，目前入境旅游市场竞争激烈，旅行社和酒店内部即可消化人民币小幅度升值的价格效应。

中国的国际旅游产品结构尚处于较初级阶段，即以团队观光为主，而度假产品远未成熟。这种产品结构的特点是旅游者的价格敏感性不高。根据本书的分析，需求价格弹性越小，该行业的产量（旅游业的接待量）受汇率变化的影响越小。因而，对于国内入境游来说，人民币升值的价格效应是微不足道的。

另外，汇率升值将通过收入效应对出境旅游产生明显影响。近年来居民出境旅游倾向不断提高，出境规模不断扩大，人民币升值将提高居民出境旅游消费能力，减少国内旅游业的接待量，但目前出境游的比例毕竟还是很小的，因而收入效应带来的负面影响也有限。

4. 商贸业

人民币升值将从以下几个方面使得国内的商贸企业受益：

首先是收入效应。从短期看，汇率升值使得消费者实际购买力增强，促进商品消费增长，商业零售业从中受益。但如果人民币升值的长期效应使得国民经济增长受阻，消费者信心指数下滑，消费增速就会减缓，零售企业受损。

其次是价格效应。汇率变动的价格传导效应，使得进口价格和国内零售价格下降，价格效应与收入效应叠加，刺激消费增长，使零售企业受益。

最后是渠道效应。人民币升值后，出口价格竞争力下降，一开始出口导向较高的消费品生产商将寻求国内渠道作为替代，由此在商品供给数量和价格上使商业零售类企业受益，销售终端对供应商的谈判力也将显著提高。这其中受益最大的应该是具有渠道优势的连锁商业。

5. 电力行业

人民币升值将从供给和需求量方面影响国内电力行业。在电力供给方面，人民币升值可以降低电力燃料和电力设备的投资成本。首先，由于目前动力煤进口关税的下调、国际煤炭价格的走低以及石油价格持续的高位运行，导致国内许多燃油电厂改用水煤浆或改造为燃煤方式，增加了燃煤机组构成比例，促使国内电力行业煤炭进口需求增长，人民币升值将会降低煤炭进口成本。人民币升值趋势也将在一定程度上降低石油、天然气燃料的进口成本，增强国内燃油、燃气电力企业的购买力。其次，由于电力投资需求中对技术产品的进口依存度较大，在电力设备投资方面，一些主要的电力设备（如大型燃油、燃气机组和大容量、高参数、超临界机组），主要零部件（如发电机主轴、硅钢片、电子元器件等）与原材料（如特厚钢板、金属铜等）的采购成本以及烟气脱硫、脱硝等环保技术的进口支出，都可能因为人民币升值而降低，从而降低电力企业投资成本，对国内电力供给能力起到增强作用。

而人民币升值对于电力需求的影响方向并不确定，需要具体分析。一方面，人民币升值趋势将可能给建设周期长、供给弹性较小、资源稀缺性强的垄断性产业（如机场、港口、铁路、高速公路等基础产业）以及资金密集型产业（如建筑业与房地产业）带来资产增值，带动此类行业投资规模的扩大，从而增加这些产业的电力需求。另一方面，人民币升值将会降低以出口业务为主的行业的价格竞争优势，如纺织业（特别是出口依存度较高的服装业）、家电与建材行业等，直接影响该类行业的利润预期，降低该行业的生产能力，从而对其电力需求产生紧缩效应。

因此，人民币升值对于电力行业的整体影响要取决于电力行业由于成本下降而带动的价格下调幅度，以及电力需求的总体变动方向。

第三节 应对人民币升值、促进产业结构升级的措施：汇率政策

一、坚持汇率制度的渐进性改革

从本书的回滞模型可以看到，我国人民币汇率存在回滞现象，这也就意味着一旦人民币升值的幅度过大，将引发出口市场的结构性变动，此时即使把汇率简单地恢复到原来的水平，也不足以重新夺回失去的市场，从而对我国的国际收支造成不可逆转的影响。结合我国实际情况来看，近年东部沿海地区发生的外贸导向型企业倒闭潮很大程度就是由于短期内人民币升值幅度过大造成的。鉴于这一事实，我国的人民币制度改革必须坚持渐进性的宗旨，给国内企业充足的时间完成产业升级或转型，采取措施应对人民币升值的冲击。

二、采取措施减小人民币趋势性升值的压力

由于人民币的趋势性升值对国内经济带来负面影响，而且由于对国内各行业的影响不一，使得国内经济面临结构调整的艰巨任务。然而，经济体的结构调整并不是一蹴而就的，必须完成资金、劳动力和原材料等生产要素的顺利转移，并且妥善地处理传统行业的规模缩小或退出。因此，人民币趋势性升值的过程不可过快，必须给产业结构调整留下足够的时间，保证国内经济的顺利转型。为此，可采取以下措施减小人民币趋势性升值的压力：

（1）加快放宽对外直接投资的外汇限制。允许境外企业利润自由出入，一方面通过加强互补合作减少与贸易伙伴特别是周边发展中国家的贸易摩擦，同时舒缓大规模资本流入带来的升值压力。

（2）加快推行全面的意愿结汇制。减少经常项目的汇兑限制，逐步放宽居民因私购汇限制，在条件具备时可考虑效仿一些东欧国家先行放开本国居民购汇限制，适当藏汇于企业、居民，减少外汇供大于求和外汇储备增加的压力。

（3）完善汇率形成机制，实行有管理的浮动汇率制，同时逐步实现资本账户的开放。

第四节 应对人民币升值、促进产业结构升级的措施

一、推动贸易品部门的产业结构升级

由于我国的劳动力资源丰富,劳动力成本相对低廉,在长期外向型发展战略中形成了以劳动力密集型行业为主要优势行业的贸易品部门,这些行业普遍具有附加值低、技术含量低的特点。在人民币升值的长期趋势下,国内劳动力成本必然上升,劳动力密集型行业的比较优势部分丧失,并且由于利润空间低、产品具有可替代性,这些传统的出口优势行业在这一轮人民币升值过程中会遭受到比较沉重的打击。面对这种形势,通过采用新技术、开发新产品、提高附加值,以及引导贸易品部门向在升值环境下具有潜在优势的行业倾斜等产业结构升级措施,几乎成为应对人民币实际汇率升值的唯一途径。

产业结构的优化升级,其核心是社会生产技术更新所引发的产业结构的改进,即由于新技术的开发、引进、应用、扩散,引起高新技术产业发展和传统产业的更替、改造,这说明产业结构的优化升级是以技术创新为前提的。因此,产业升级的过程,就是伴随着技术进步和社会化程度的提高,不断淘汰衰退产业,加强传统产业的高新技术改造,实现主导产业的合理转换,扶持和引导支柱产业和新兴战略产业,提高产业结构作为资源转换器的效能和效益的过程。

然而,我国产业结构的升级并不是人民币升值的必然结果,尽管升值趋势使得行业之间的比较优势发生转变,但是由于转换成本和沉淀成本的存在,资源在行业间的转移具有一定的滞后性,需要适当引导才能实现产业结构的顺利升级。很多国家和地区在本币升值过程中,传统产业逐渐消亡,而新的具有竞争优势的产业没有形成,造成产业真正的空洞化,经济长期萎靡不振。比如我国香港地区在20世纪80年代劳动密集型产业向内地转移后,力图发展高科技、信息化产业的努力基本失败,以至于经济长期处于萧条状态,失业率多年居高不下。因此,推动一国产业结构升级需要政府与企业层面的正确决策、共同实施。

另外,由于本币升值的经济发展背景不同,相比其他国家的经验,我国更需要加大力度推动产业结构升级。日本等国的经验是,本币升值是在人均收入达到相当程度后出现,日元升值时日本在半导体、汽车等行业内已具备全球领先优势,并出现若干具有全球竞争力的高技术企业,产业结构已具备一定的抗风险能

力,而中国目前人均 GDP 仅有 1000 多美元,况且除劳动密集型产业具有全球领先优势外,其他产业几乎一片空白,因此中国政府必须在产业结构升级的过程中发挥更大的作用。

1. 超前规划产业升级的突破口

在引导产业升级的过程中,政府必须预先做好考察和规划工作,选定在某些代表未来发展方向、经济增长拉动作用大、产品附加值高、本国又具有一定研究基础的关键性产业,作为产业升级突破口。国家应在市场选择的基础上,通过技术引进和高科技投入等途径有重点地培植一批技术含量高、出口前途好的产业部门,增强其国际竞争力。根据本书的研究结果,部分行业在此次升值过程中受到的影响较小,表现出较大的发展潜力,比如我国的能源行业进出口的重要特点是大量进口一次能源产品,再加工成为二次能源产品进行出口,因而升值使得进口成本减小,出口收入增加。政府应该发掘类似的产业,引导资金向这些产业转移。

国外的经验显示,日本在 20 世纪 70 年代选择半导体作为主要突破口,政府采取了一系列扶持政策,包括筹集研究和开发基金,准予将从该产业得到的税收投资于该产业,保护国内市场抵制外国(尤其是美国)的竞争,这些政策使日本在 80 年代中期成功地从美国手中夺取了半导体市场的控制权,其后又控制了世界市场。韩国在 20 世纪 90 年代制订"1990~1997 年高技术及产业发展的七年计划",重点发展信息技术、自动化、新材料、机械和电子、精密化学、生物、航空等技术,现在韩国在信息技术、机械电子很多领域已处于全球领先地位,并带动一系列产业的发展。

2. 加强人力资本开发和利用,大力发展知识密集型产业

高水平的人力技术资本的投入是产业结构升级不可缺少的重要因素。政府应加大对基础教育的投入,加强职业培训,采取各种优惠措施吸引国外技术、管理人才,提高外向型人才、复合型人才的比重,奠定产业结构升级的人力资本基础。历史已经证明,当一国经济发展达到 H-O 模式①极限后,人力技术资本的供给将成为该国经济发展的决定性因素。例如,拉美和东南亚新兴工业化国家已经看到本国的要素禀赋优势随着经济的高速增长逐渐消失,但由于缺乏必要的人力技术资本供给,难以实现产业结构调整,最终被迫选择以引进外资的方式支撑本国经济的高速发展。这种方式尽管在一定期限内对经济发展起到了积极作用,随着这些国家的出口产品国际竞争力下降,隐含的潜在危机开始暴露,经济发展在各种各样的冲击下开始趋于衰退。

---

① H-O 理论(即赫克歇尔—俄林理论)以要素分布为客观基础,强调各个国家和地区不同要素禀赋和不同商品的不同生产函数对贸易产生的决定性作用。

3. 加大对研究支出的投入

只有技术含量高、利润空间大、需求价格弹性小的行业才能抵御人民币升值的风险，因而要实现产业升级必须加大研发支出，推动关键产业取得技术突破，并形成产业化。由于技术开发和产业化过程风险很大，政府的支持必不可少。政府应采取类似"863"计划①的措施推动基础性研究和应用技术方面的研究，并在税收、风险投资等方面给予支持，同时鼓励民间科研投入，推动自主创新企业的研究发展。

4. 充分利用人力资本的初步优势，适当发展先进技术

尽管我国廉价的劳动力优势在人民币升值的过程中将有所丧失，但是丰富的劳动力也为我国发展先进技术提供了人力基础，我国企业应该充分利用科技人才和技术工人的科研能力发展我国特有的先进技术。比如软件行业，中国已拥有一大批软件技术人才，但中国软件技术人员工资成本仅为硅谷的1/10左右，中国可以重点发展软件外包业，实际上中国在这方面的努力已有回报，2005年中国已取代印度成为全球最大软件外包生产厂商。中国在通讯行业的发展是很好例证：华为、中兴通讯通过劳动力成本低的优势逐步获得越来越多的国外市场份额，并在3G技术方面获得突破进展。

5. 采用先进技术、先进工艺改造劳动密集型产业，提高产品附加值

传统的劳动密集型产业在人民币升值过程中将受到重创，但这并非意味对劳动密集型产业完全被摒弃。例如我国的纺织、服装、玩具、小家电等行业，由于技术含量和附加值不高，其国际竞争力并不具有长期可持续性，但是如果通过采用高新技术、改造老工艺等途径来实现成本控制，改善设计、开发新产品、提升品牌等手段提高其非价格竞争优势，可以极大地改善其目前的处境，提高其国际竞争力和经济效益。

6. 加强行业管理，整顿出口秩序，避免国内企业过度竞争

根据回滞模型的结论，我国人民币汇率存在一个惰性区间，在此区间内汇率变动对出口市场的影响不显著。这个惰性区间的存在主要是由于我国出口商面临的主要竞争压力并非来源于外国厂商，而是本国厂商之间的恶性价格竞争。目前我国劳动密集型产品出口市场的一个典型特征就是出口秩序混乱，相互压价竞争，导致出口单价逐年下降，利润下滑。比如摩托车行业，我国摩托车产量虽然

---

① "863"计划是我国政府组织实施的一项对国家的长远发展具有重要战略意义的国家高技术研究发展计划，在我国科技事业发展中占有极其重要的位置，肩负着发展高科技、实现产业化的重要历史使命。"863"计划主要是由政府主导，同时鼓励企业参与。其中国家级的科研机关和各高等院校是科学研究的主导力量，而企业要加入"863"计划必须通过政府和相关部门的严格筛选，更重要的是企业自身的实力和发展潜力，因此只有极少数具有实力的企业才能作为该计划的承担单位。

连续 12 年居世界第一，但出口利润率却因恶性竞争逐步下滑，1999 年我国排量小于 50cc 的摩托车平均出口单价为 375 美元，到 2005 年，平均出口单价降到 199 美元；排量介于 50cc 和 250cc 之间的摩托车平均出口单价从 1999 年的 520 美元降至 374 美元。

因此，我国目前在面临人民币较大升值压力的情况下，政府更要加大对出口市场的整顿力度，规范出口商的竞争行为，就可以极大地缓解人民币升值对这些行业产生的压力。如商务部于 2006 年初开始对摩托车产品实行出口资质管理，未获得出口许可证的企业不再具备摩托车产品出口资格；规模较小的企业不再具有整车出口资格。出口秩序的整顿起到良好效果，2006 年第一季度，虽然人民币升值 3% 左右，但摩托车出口单价平均上升了 8%，行业的利润率总体是上升的。

二、引导非贸易品部门健康快速发展

根据相依经济学模型和本书的非贸易品模型，本币升值会导致非贸易品部门相对价格提高，引导资源在两部门之间的重新配置，促进非贸易品部门的发展。实际上，我国的非贸易品部门发展一向不足，特别是服务业发展相对滞后，提高非贸易品部门的发展水平对于改善人民生活水平有重大意义；另外，在贸易品部门受升值冲击的情况下，努力发展非贸易品部门也是保持我国经济快速稳定发展的重要手段。因此，政府应该抓住升值机遇，采取如下措施推动非贸易品部门的快速发展：

第一，增加针对服务部门的激励措施，包括降低服务行业的进入门槛，取消对民营企业进入的所有制歧视，鼓励国外资本、民营资本发展各类教育、医疗服务，等等。

第二，深化国内金融市场和投融资体制的改革，保证经济资源能顺利地从贸易品部门转到非贸易品部门。

但在推动非贸易品部门发展的过程中，政府也必须密切关注资产价格的变动，防止经济泡沫的出现。非贸易品部门中的房地产行业、金融行业等由于拥有大量的人民币资产，在人民币升值的预期下必然受到国内外资金的追捧，资产价格短期内迅速上升，因而必须对投资需求过快转移和投资集中在少数高风险、投机性行业的现象保持警惕，以防形成"经济泡沫"。这种现象虽然短期内看似有利于非贸易品部门的繁荣发展，但是长期看来，一旦资产价格过度偏离均衡价值，或人民币升值预期减弱，经济泡沫破灭，中小投资者受损严重，对经济发展也有极大的负面影响，这也是中国政府在近期采取一系列调控楼市和股市措施的原因。

三、鼓励产业的地区转移

在人民币升值环境下,我国厂商必须寻求更大的成本优势,实施适当的产业转移政策有利于帮助一些行业走出危机。这里的产业地区转移包括产业在国内转移,也即东部沿海地区产业向中西部转移;也包括产业的海外转移。

1. 逐步向中西部转移,降低生产成本

从国际经验来看,本币升值造成劳动密集型产业比较优势丧失时,该国和地区一般采取实现产业空间转移,以获得更低的生产成本。向生产成本的洼地转移,将是中国劳动密集型产业未来的发展方向。与国际经验不同的是,中国特殊的二元结构可以使劳动密集型产业向中西部转移,降低制造成本,抵消升值不利影响,而不用向更低生产成本的国家转移。中国二元结构含义之一就是,东部沿海地区与中西部地区在经济发展水平、收入水平、劳动力成本等方面具有明显差距,人民币升值后,东部沿海地区部分劳动密集型产业可以向中西部地区转移,降低生产成本,而不必向国外成本洼地转移,可以延长劳动密集型产业在我国的产业寿命,并解决中国至关重要的就业问题。

2. 适当的产业海外转移

从获得低成本的比较优势来看,产业向海外转移也是选择之一。20世纪60~70年代,日本在日元升值的压力下将劳动密集型产业转到中国台湾、中国香港、韩国、新加坡等亚洲四小龙国家和地区。而亚洲四小龙地区进入20世纪80年代后,由于本币升值造成比较优势丧失,又将劳动密集型产业转向中国沿海地区以及马来西亚等东南亚国家,以降低生产成本,抵消本币升值的不利影响。

尽管中国可以利用二元经济结构通过产业国内转移实现成本降低,但是在人民币升值的过程中鼓励优势企业"走出去",形成国际化品牌,也是我国实施全球化战略的重要契机。另外,目前欧美等国家对我国纺织品、部分家电产品的出口往往设有配额限制,将生产企业转移到更低的成本洼地,比如利用中国—东盟自由贸易区的优势,在泰国、印度尼西亚、马来西亚、越南、老挝等东南亚国家建立服装加工等生产企业,既可以降低成本,又可以借道销往欧美,避开设限。

但在实施产业海外转移的过程中,我们必须吸取日本的经验教训,不可盲目地将产业大规模转移,必须谨防产业空洞化的发生。

四、加大对一般贸易的支持力度

根据本书模型的理论分析,由于加工贸易"两头在外"的特征,使得人民币升值对加工贸易的影响较小,而一般贸易则受到较大冲击。为了缓解目前出口型企业的压力,政府应加大对一般贸易的扶持力度。我国目前从事加工贸易的多为外商投资企业，享受土地和税收多方面的优惠，统一对加工贸易和一般贸易的政策待遇，取消对一般贸易企业的各种进出口限制，切实提高本土企业的国际竞争力，将我国外贸进出口从依赖外商投资企业转向本土企业。

五、合理引进外商直接投资

为实现我国产业结构的升级，在引导国外产业进入国内投资时，必须着重提高外资的质量，充分发挥外商直接投资促进主导产业技术进步、参与国际间高层次水平分工的积极作用，推动我国产业结构的优化，吸纳高新技术及有高附加价值的外资。对一些污染的、高耗能产业的增长要加以限制，以缓解能源和资源约束。

新加坡发展的一个成功经验就是，大力引进国外先进产业和部门，鼓励国际著名跨国公司落户新加坡。具体地说，新加坡引进外资的重点不是利用国外资金来发展自己的劳动密集型产业，而是引进高技术产业来利用本国在当时还相对廉价的劳动力，采用这一产业发展战略取得了成功。新加坡的现代制造业部门迅速发展，现在，新加坡已成为世界电脑硬盘制造中心，世界第三大炼油中心。在许多工业领域都处于世界前列。但对先进产业的引进不能抱太大的希望，跨国公司为获得超额利润，不可能放弃核心技术和核心产业。

六、加大力度拉动内需

本书通过对本国和外国的需求价格弹性差异系数及其变动（即价格曲线的偏离）对产量汇率弹性的影响的讨论中，得到结论：在人民币升值的压力下，我国国内企业的产量将受到冲击；与此同时，美国爆发的次贷危机使得我国出口商面临的外国市场的需求价格弹性 $\eta(f)$ 变大，出口依存度高的企业或行业的产量汇率弹性 $\eta^{Q,e}$ 增大，将受到更大的冲击，而出口依存度低的企业或行业的 $\eta^{Q,e}$ 会减小，受到人民币升值的冲击较小。这一结论给我们的启示是企业或行业专注于国内市场，减小出口依存度，在本币升值和外国市场疲软的环境下将有更好的发展前景。针对我国目前以外向型经济为主导、企业普遍出口依存度较高的现状，政府必须加强经济结构调整，依靠本土内需拉动经济增长，降低出口依赖。政府应该加大对发展内需所需要的公共产品和服务业的基础设施投资的力度，变投资为出口服务的循环为投资为消费服务的循环，加大在城市公共基础设施建设，以及医疗、教育等服务资源的投入。

扩大内需不仅是降低我国企业受本币升值冲击的必要措施，对于缓解我国贸易顺差，改善国际收支失衡的状况也可以发挥重要作用，可以从根本上缓解人民币升值的巨大压力。

七、提高出口退税促进出口

出口退税是为国际贸易理论所肯定的、符合国际贸易惯例和 WTO 协议的出口促进措施，在人民币升值导致我国出口贸易受到抑制的情况下，出口退税政策必将在中国促进出口贸易、保持经济增长的实践中发挥重要作用。出口退税政策对出口贸易的促进作用表现在：综合退税率上升，出口产品的税费成本下降，可以以较低的价格进入国际市场，在同等质量下价格竞争优势增强，刺激出口并带动经济增长。陈平、黄健梅（2003）的实证研究指出，出口退税额每增加 1%，出口额将增加 0.498%；根据裴长洪、高培勇（2008）的实证研究结果，出口退税的出口激励作用更加显著，出口退税额每增加 1% 将导致下一年出口额增加 0.99%；综合退税比率提高 1%，出口增长率将提高 0.515%；退税兑现比例提高 1%，出口增长率会提高 0.415%。

因此，在目前人民币升值对出口企业造成的巨大压力下，提高出口退税率增强出口商品的价格竞争优势是短期内的有效措施。我国财政部等部门于 2009 年 3 月 27 日发出通知，明确从 2009 年 4 月 1 日起提高纺织品、服装、轻工、电子信息、钢铁等商品的出口退税率，其中，纺织品、服装的出口退税率提高到 16%。这是 2009 年以来中国第二次上调出口退税率，也是自 2008 年下半年针对外需回落重启上调出口退税政策以来的第六次调整。然而，相对于应对亚洲金融危机之际，中国几乎所有产品出口退税率都达到 17%，此次政府调控力度还有进一步调整的空间。

第五节　本书的局限性及研究展望

首先，本书在模型中引入了很多表示行业特征的变量，但是由于数据的限制，一些行业特征变量并不直接可得，也不容易构造。尽管本书尽力通过重新构造或寻找代理变量的方法解决这一问题，但是实证中还是迫不得已忽略了一些变量。

其次，本书的理论模型虽然得出了汇率变动对产业结构调整的短期效应和长期效应存在差异，但由于计量技术的限制，还不能从实证上对此结果进行验证。

最后，本书实证研究的最大障碍在于数据的收集工作。由于本书研究的核心是汇率变动的产业结构调整效应，因而必须使用分行业的数据，这给数据的收集工作带来了很大困难。特别是由于加工贸易和进口替代品等往往是分散在各行业之中的，很难区分统计分行业的加工贸易或进口替代品的产量，因而数据时间长度较短，导致结果有一定偏差。

附　　录

附录Ⅰ　投入产出表

投入产出表以矩阵形式，描述国民经济各部门在一定时期（通常为一年）生产中的投入来源和产出使用去向，揭示国民经济各部门间相互依存、相互制约的数量关系，同时，它将生产法、收入法、支出法核算的国内生产总值结合在一张表上，细化了国内生产总值核算。

一、基本结构

投入产出表由供给表、使用表和产品部门×产品部门表组成。

1. 供给表

供给表又称产出表，主栏为 n 个产品部门，宾栏为 m 个产业部门，沿行方向看，反映属于某一产品部门的货物或服务是由哪些产业部门生产的，合计为属于该产品部门的货物或服务的总产出；沿列方向看，反映某一产业部门生产各产品部门货物或服务的价值量，合计为该产业部门总产出。全部产业部门总产出等于全部产品部门总产出。通常产品部门个数多于产业部门个数。按生产者价格计算的总供给等于按生产者价格计算的总产出与进口之和；按购买者价格计算的总供给等于按生产者价格计算的总供给与商业和运输费用之和。

2. 使用表

使用表又称投入表，通常由三部分组成，第一部分的主栏包括 n 个产品部门，宾栏包括 m 个产业部门。沿行方向看，表明各产品部门生产的货物或服务提供给各产业部门使用的价值量，沿列方向看，表明各产业部门从事生产活动所消耗各产品部门生产的货物或服务的价值量；第二部分是第一部分在水平方向上的延伸,其主栏与第一部分相同,也是 n 个产品部门,其宾栏由最终消费、资本形成总额、出口等最终使用项组成,它反映各产品部门生产的货物或服务用于最终使用的价值量及其构成;第三部分是第一部分在垂直方向上的延伸,其主栏由劳动者报酬、生产税净额、固定资产折旧和营业盈余等增加值项组成,宾栏与第一部分的宾栏一致,也是 m 个产业部门,它反映各产业部门增加值的构成情况。

3. 产品部门×产品部门表

产品部门×产品部门表,形式上与使用表相似,也是由三部分组成。第一部分是由名称相同、排列次序相同、数目一致的 n 个产品部门纵横交叉而成的,其主栏为中间投入、宾栏为中间使用,它充分揭示了国民经济各产品部门之间相互依存、相互制约的技术经济联系,反映了国民经济各部门之间相互依赖、相互提供劳动对象供生产和消耗的过程。沿行方向看,反映第 i 产品部门生产的货物或服务提供给第 j 产品部门使用的价值量;沿列方向看,反映第 j 产品部门在生产过程中消耗第 i 产品部门生产的货物或服务的价值量。第二部分是第一部分在水平方向上的延伸,其主栏与第一部分的主栏相同,也是 n 个产品部门;其宾栏由最终消费、资本形成总额、出口等最终使用项组成。它反映各产品部门生产的货物或服务用于各种最终使用的价值量及其构成。第三部分是第一部分在垂直方向上的延伸,其主栏由劳动者报酬、生产税净额、固定资产折旧和营业盈余等增加值项组成;宾栏与第一部分的宾栏相同,也是 n 个产品部门,它反映各产品部门增加值的构成情况。

产品部门×产品部门表的平衡关系如下:

从纵列方向看,第 j 产品部门中间投入合计 + 第 j 产品部门增加值合计 = 第 j 产品部门总投入。

从横行方向看,第 i 产品部门中间使用合计 + 第 i 产品部门最终使用合计 − 第 i 产品部门进口 = 第 i 产品部门总产出。

从总量看,总投入 = 总产出;

第 i 产品部门总投入 = 第 i 产品部门总产出;

中间投入合计 = 中间使用合计。

二、部门分类

在投入产出核算中,部门分类包括产品部门分类和产业部门分类两种。

产品部门分类是指供给表和使用表主栏以及产品部门×产品部门表主栏和宾栏所采用的部门分类。产品部门分类遵循同质性原则,即消耗结构相同、生产工艺技术相同和经济用途相同的原则。一个产品部门就是满足上述同质性原则的同类产品组成的产品群。但在实际操作中，同一产品部门的货物或服务往往不能同时满足三个条件，而只能满足其中一个或两个条件。

产业部门分类是指供给表宾栏和使用表宾栏所采用的部门分类。产业部门由一组从事相同或相似活动的产业活动单位组成，产业活动单位从事的主要活动的增加值远远大于其他非主要活动的增加值。我国的现行统计是以企业为调查对象的，还不具备按产业部门进行分类的条件，在投入产出核算中使用行业分类代替产业部门分类。

三、基本编表方法

投入产出表的编制方法主要指编制产品部门×产品部门表的方法。产品部门×产品部门表有两种编制方法，一种是间接推导法，另一种是直接分解法。

间接推导法是以产业活动单位为统计单位，按照产业活动单位主产品的性质将其划分到某一产业部门，并编制包括全部产业部门在内的使用表和供给表，然后利用使用表和供给表，依据一定的假定，采用数学方法推导出产品部门×产品部门表的方法。

间接推导法使用的假定有两种：一是产品工艺假定，即假定不管由哪个产业部门生产，同一种产品具有相同的投入结构；二是产业部门工艺假定，即假定同一产业部门不论生产何种产品，都具有相同的投入结构。

直接分解法与间接推导法不同，其统计单位不是产业活动单位，而是一个企业。一个企业，特别是大中型企业，往往同时生产几种甚至几十种不同质的产品，它们的投入构成不同，根据产品部门的要求，将该企业生产的各种产品，按其性质划归到相应产品部门中，利用企业按产品部门直接分解后的投入构成资料，编制产品部门×产品部门表的方法。

目前我国采用的是以直接分解法为主、间接推导法为辅的编表方法。

附录Ⅱ 门槛自回归模型的 Stata 程序[①]

本程序利用 Stata 软件运行。

1 program define xtthres, eclass
2 syntax varlist [if][in], THres(varname) Dthres(varname) /*
3 */[Qn(int 400) BS1(int 300) BS2(int 300) BS3(int 300) /*
4 */Level(int 95) Minobs(int 10)]
5
6 dis _n in g "{it: Begin Time}:"_con
7 * timer, dis color(result)
8 local start_time = r(time)
9
10 qui capture tsset
11 capture confirm e `r(panelvar)´
12 if (_rc !=0){
13 dis as error "You must {help tsset} your data before using{cmd: xtthres}, see help {help xtthres}."
14 exit
15 }
16
17 //if `qn´> _N{
18 //dis as err "option" in g "qn" in r "must be less than the number of observations"
19 //exit
20 //}
21
22 local N = _N
23 if `N´ >400 {
24 qui set matsize `N´

[①] 感谢中山大学岭南（大学）学院连玉君老师提供原程序。

```
25 xt_iis `i'
26 local ivar "`s(ivar)'"
27 qui _rmcoll `varlist'
28 local retlist `r(varlist)' `ivar'
29 qui _rmcoll `retlist'
30 if "`r(varlist)'" ~= "`retlist'" {
31 dis as err "independent variables" _c
32 dis as err "are collinear with the panel variables" _c
33 dis as err "`ivar'"
34 exit 198
35 }
36 /* check balance */
37 qui xtdes
38 if r(min)!=r(max){
39 dis as err "The dataset must be balance"
40 exit
41 }
42
43
44 marksample touse
45 markout `touse' `varlist'
46 gettoken depvar indvars: varlist
47
48 qui sum
49 local level = `level'/100
50 local cc = -2*ln(1-sqrt(`level'))
51 qui tsset
52 local id "`r(panelvar)'"
53 local t "`r(timevar)'"
54
55 qui{ /* qui begin */
56 tempname pc
57 preserve
58 keep if `touse'
```

```
59 keep `thres'
60 duplicates drop
61 local qnt = _N
62 if `qn'==400 & `qnt'<400{
63 local qn = int(0.94 * `qnt')
64 }
65 else if `qn'!=400 & `qn'>`qnt'{
66 local qn = `qnt'
67 n dis in g "Note: there are only " in y `qnt' in g " unique values in threshold variable " in y " `thres'"
68 n dis in g "qn is now specified as" in y `qnt'
69 }
70
71 mat `pc'=J(`qn', 1, 0)
72 _pctile `thres', n(`=`qn'+1')
73 forvalues i=1(1)`qn'{
74 mat `pc'[`1', 1] = r(r`i')
75 }
76
77 restore, preserve
78 keep if `touse'
79 sum
80 local NT = r(N)
81 tempname data
82 save "`data'", replace
83 eret clear
84 local lim_obs = `minobs'
85 }/* qui over */
86
87 Get_rhat00 `qn' `pc' `thres' `dthres' `lim_obs' 1 `NT' `cc' "`varlist'"
88 di _n _n
89 tab_title, title(单一门槛面板模型)
90 dis
91 dis in g "第一门槛估计值:" in y e(rhat) _n
```

92

93　tempname sse1V gama1V LR1

94　local gama1 = e(rhat)

95　local Smin1 = e(Smin)

96　mat `sse1V´ = e(sse)

97　mat `gama1V´ = e(gama)

98　mat `LR1´ = e(LR)

99　local minc1 = e(minc)

100　local maxc1 = e(maxc)

101

102　* —— 计算 F 真实值 —— test

103　Xttr_F `varlist´, thres(`thres´) dthres(`dthres´) rhat1(`gama1´)/*

104　*/yhatout(0) /* single model */

105　local sse1 = e(sse)

106　qui xtreg `varlist´`dthres´, fe

107　local sse0 = e(rss)

108　local F1_true = (`sse0´/`sse1´) * `NT´

109

110　dis _n in w "STATA 自抽样中，请等待……"_n

111　qui{

112　tempfile order_id order_data

113

114　use "`data´", clear

115　tsset

116　keep if `t´ == r(tmin)

117　keep `id´

118　gen idnew = _n

119　sort `id´

120　save "`order_id´", replace

121

122　use "`data´", clear

123　tsset

124　cap drop _merge

125　merge `id´ using "`order_id´"

```
126 tsset idnew `t´
127 drop _merge
128 save "`order_data´", replace
129 tempfile M1_data ehat_data e_bs_data
130 tempname VF1_bs F1_bs
131 mat `VF1_bs´= J(`bs1´, 1, 0)
132
133 use "`order_data´", clear/*data added with idnew */
134 Xttr_F `varlist´, dthr(`dthres´) model(0) out(0)
135 tsset idnew `t´
136 save "`M1_data´", replace/* 包含 yhat 和 idnew */
137
138 use "`data´", clear
139 Xttr_F `varlist´, dthr(`dthres´) model(0) out(0) /* no thre model, get yhat */
140 keep `id´ `t´ ehat
141 save "`ehat_data´", replace
142
143 forvalues i = 1(1)`bs1´{
144 use "`ehat_data´", clear
145 reshape wide ehat, i(`id´) j(`t´)
146 bsample
147 gen idnew = _n
148 reshape long ehat, i(idnew) j(`t´)
149 rename ehat e_bs
150 tsset idnew `t´
151 save "`e_bs_data´", replace
152
153 use "`M1_data´", clear
154 cap drop _merge
155 merge idnew `t´ using "`e_bs_data´"
156 drop _merge
157 gen y_bs = yhat + e_bs
158 Xttr_F y_bs `indvars´, th(`thres´) dth(`dthres´) out(0) yhatout(0) model(0)
```

```
159  local sse0 = e(sse)
160  Xttr_F y_bs `indvars´, th(`thres´) dth(`dthres´) out(0) yhatout(0) /*
161  */ model(1) rhat1(`gama1´)
162  local sse1 = e(sse)
163  mat `VF1_bs´[`1´, 1] = (`sse0´/`sse1´-1) * `NT´
164  }
165
166  svmat `VF1_bs´, names(`F1_bs´)
167  sum `F1_bs´1, d
168  local F1_bs10 = r(p90)  /*10%、5%、1%临界值*/
169  local F1_bs5 = r(p95)
170  local F1_bs1 = r(p99)
171  count if `F1_true´<`F1_bs´1 & `F1_bs´1 !=.
172  local P1_bs = r(N)/`bs1´
173  }
174  * ------------------------ Model 1 --- BS ---- Over --------------------
175
176  * ==================================================================
177  * ====================== Double Model ==============================
178  * ==================================================================
179
180  Get_rhat `gama1´ 0 `qn´ `pc´ `thres´ `dthres´ `lim_obs´ 2 `NT´ `cc´ " `varlist´"
181  dis _n _n
182  tab_title, title(双重门槛面板模型)
183  dis
184  tab_title, title(搜索第二个门槛值)s
185  dis
186  dis in g"第二个门槛值:" in y e(rhat) _n
187
188  tempname sse22V gam(3-22)V LR22
189  local gam(3-22) = e(rhat)
190  local Smin22 = e(Smin)
191  mat `sse22V´ = e(sse)
192  mat `gam(3-22)V´ = e(gama)
```

193 mat `LR22´ = e(LR)
194 local minc22 = e(minc)
195 local maxc22 = e(maxc)
196 local rr2 = e(rhat)
197
198 Get_rhat `gam(3-22)´ `0´ `qn´ `pc´ `thres´ `dthres´ `lim_obs2´ `NT´ `cc´ "`varlist´"
199
200 dis
201 tab_title, title(重新搜索第一个门槛值) s
202 dis
203 dis in g "更新后的第一个门槛估计值" in y e(rhat) _n
204
205 tempname sse21V gam(3-21)V LR21
206 local gam(3-21) = e(rhat)
207 local Smin21 = e(Smin)
208 mat `sse21V´ = e(sse)
209 mat `gam(3-21)V´ = e(gama)
210 mat `LR21´ = e(LR)
211 local minc21 = e(minc)
212 local maxc21 = e(maxc)
213
214 * ———————— 计算F真实值 ———————— test
215 Xttr_F `varlist´, thres(`thres´) dthres(`dthres´) rhat22(`gam(3-21)´) /*
216 */rhat21(`gam(3-21)´) model(2) yhatout(0)
217 local sse1 = e(sse)
218 Xttr_F `varlist´, thres(`thres´) dthres(`dthres´) rhat1(`gama1´) /*
219 */out(0) yhatout(0) /* single model */
220 local sse0 = e(sse)
221 local F2_true = (`sse0´/`sse1´-1)*`NT´
222
223 dis _n in w "STATA自抽样中,请等待……" _n
224
225 * ——————————— Model 2 —— BS —— begin ———————————

```
226 qui{
227 tempfile M1_data ehat_data e_bs_data
228 tempname VF2_bs F2_bs
229 mat `VF2_bs´=J(`bs2´, 1, 0)
230
231 use "`order_data´", clear
232 Xttr_F `varlist´, dth(`dthres´) thr(`thres´) model(1) out(0) rhat1(`gama1´)
233 tsset idnew `t´
234 save "`M1_data´", replace
235
236 use "`data´", clear
237 Xttr_F `varlist´, dth(`dthres´) thr(`thres´) model(1) out(0) rhat1(`gama1´)
238 keep `id´`t´ehat
239 save "`ehat_data´", replace
240
241 forvalues i=1(1)`bs2´{
242 use "`ehat_data´", clear
243 reshape wide ehat, i(`id´) j(`t´)
244 bsample
245 gen idnew = _n
246 reshape long ehat, i(idnew) j(`t´)
247 rename ehat e_bs
248 tsset idnew `t´
249 save "`e_bs_data´", replace
250
251 use "`M1_data´", clear
252 cap drop _merge
253 merge idnew `t´ using "`e_bs_data´"
254 drop _merge
255
256 gen y_bs = yhat + e_bs
257 Xttr_F y_bs `indvars´, th(`thres´) dth(`dthres´) out(0) yhatout(0) model(1)
/*
258 */rhat1(`gama1´)
```

```
259 local sse0 = e(sse)
260 Xttr_F y_bs `indvars´, th(`thres´) dth(`dthres´) out(0) yhatout(0) model(2)/*
261 */rhat21(`gam(3-21)´) rhat22(`gam(3-21)´)
262 local sse1 = e(sse)
263 mat `VF2_bs´[`i´,1] = (`sse0´/`sse1´-1)*`NT´
264 }
265 svmat `VF2_bs´, names(`F2_bs´)
266 sum `F2_bs´1, d
267 local F2_bs10 = r(p90)/*10%,5%,1%临界值*/
268 local F2_bs5 = r(p95)
269 local Fw_bs1 = r(p99)
270 count if `F2_true´<`F2_bs´1 & `F2_bs´1 !=.
271 local P2_bs = r(N)/`bs2´
272 }
273 Get_rhat `gam(3-21)´ `gam(3-22)´ `qn´ `pc´ `thres´ `dthres´ `lim_obs´/*
274 */3 `NT´ `cc´ "`varlist´"
275 dis _n _n
276 tab_title, title(三重门槛面板模型)
277 dis
278 dis in g "第三个门槛估计值" in y e(rhat) _n
279 tempname sse3V gama3V LR3
280 local gama3 = e(rhat)
281 local Smin3 = e(Smin)
282 mat `sse3V´ = e(sse)
283 mat `gama3V´ = e(gama)
284 mat `LR3´ = e(LR)
285 local minc3 = e(minc)
286 local maxc3 = e(maxc)
287
288 *———— 计算F真实值 ———— test
289 Xttr_F `varlist´, th(`thres´) dth(`dthres´) rhat22(`gam(3-22)´)/* Triple model
290 */rhat21(`gam(3-21)´) rhat3(`gama3´) model(3) yhatout(0)
```

```
291 local sse1 = e(sse)
292 Xttr_F `varlist´, th(`thres´) dth(`dthres´) rhat22(`gam(3-22)´)/ *
293  */rhat21(`gam(3-21)´) model(2) out(0) yhatout(0)
294 local sse0 = e(sse)
295 local F3_true = (`sse0´/`sse1´-1) * `NT´
296
297 * ------------ Model 3 --- BS --- begin ---------------
298 qui{
299 tempfile M1_data ehat_data e_bs_data
300 tempname VF3_bs F3_bs
301 mat `VF3_bs´ = J(`bs3´, 1, 0)
302
303 use "`order_data´", clear
304 Xttr_F `varlist´, dthr(`dthres´) thr(`thres´) model(2) out(0)/ *
305  */rhat21(`gam(3-21)´) rhat22(`gam(3-22)´)
306 tsset idnew `t´
307 save "`M1_data´", replace
308
309 use "`data´", clear
310 Xttr_F `varlist´, dthr(`dthres´) thr(`thres´) model(2) out(0)/ *
311  */rhat21(`gam(3-21)´) rhat22(`gam(3-22)´)
312 keep `id´ `t´ ehat
313 save "`ehat_data´", replace
314
315 forvalues i = 1(1)`bs3´{
316 use "`ehat_data´", clear
317 reshape wide ehat, i(`id´) j(`t´)
318 bsample
319 gen idnew = _n
320 reshape long ehat, i(idnew) j(`t´)
321 rename ehat e_bs
322 tsset idnew `t´
323 save "`e_bs_data´", replace
324
```

```
325  use "`M1_data'", clear
326  cap drop _merge
327  merge idnew `t' using `e_bs_data'
328  drop _merge
329
330  gen y_bs = yhat + e_bs
331
332  Xttr_F y_bs `indvars', th(`thres') dth(`dthres') out(0) yhatout(0)/*
333  */model(2) rhat21(`gam(3-21)') rhat22(`gam(3-22)')
334  local sse0 = e(sse)
335  Xttr_F y_bs `indvars', th(`thres') dth(`dthres') out(0) yhatout(0)/*
336  */model(3) rhat21(`gam(3-21)') rhat22(`gam(3-22)') rhat3(`gama3')
337  local sse1 = e(sse)
338  mat `VF3_bs'[`i', 1] = (`sse0'/`sse1'-1)*`NT'
339  }
340
341  svmat `VF3_bs', names(`F3_bs')
342  sum `F3_bs'1, d
343  local F3_bs10 = r(p90) /*10%, 5%, 1%临界值*/
344  local F3_bs5 = r(p95)
345  local F3_bs1 = r(p99)
346  count if `F3_true'<`F3_bs'1&`F3_bs'1 !=.
347  local P3_bs = r(N)/`bs3'
348  }
349  *-------------- Model 3 ---- BS --- over ----------------
350  forvalues i = 1(1)3{
351  local pp = `P`i'_bs'
352  if `pp' > 0.1{
353  local star`i' = " "
354  }
355  else if `pp' < = 0.1 & `pp' > 0.05{
356  local star`i' = " * "
357  }
358  else if `pp' < = 0.05 & `pp' > 0.01{
```

```
359     local star`i´="**"
360   }
361   else{
362     local star`i´="***"
363   }
364 }
365 *------------门槛估计值和置信区间------------
366 di _n _n
367 tab_title，title(门槛估计值和置信区间)
368 di
369
370 dis in g in smcl "{hline 79}"
371 dis in g _col(27) "门槛估计值"_col(26) "95% 置信区间"
372 dis in g in smcl _col(3) "{hline 77}"
373 dis in g _col(3) "单一门槛模型:" in y _col(29) %7.3f `gama1´/*
374 */in g _col(52) "[" in y _col(53) %7.3f `minc1´ in g _col(62)/*
375 */"," in y _col(65) %7.3f `maxc1´ in g _col(72)"]"
376 dis in g in smcl _col(3) "{hline 77}"
377
378 dis in g _col(3) "双重门槛模型"
379 dis in g _col(7) "Ito1" in y _col(29) %7.3f `gam(3-22)´/*
380 */in g _col(52) "[" in y _col(53) %7.3f `minc22´ in g _col(62)/*
381 */"," in y _col(65) %7.3f `maxc22´ in g _col(72)"]"
382 dis in g _col(7) "Ito2" in y _col(29) %7.3f `gam(3-21)´/*
383 */in g _col(52) "[" in y _col(53) %7.3f `minc21´ in g _col(62)/*
384 */"," in y _col(65) %7.3f `maxc21´ in g _col(72)"]"
385 dis in g in smcl _col(3) "{hline 77}"
386
387 dis in g _col(3) "三重门槛模型" in y _col(29) %7.3f `gama3´/*
388 */in g _col(52) "[" in y _col(53) %7.3f `minc3´ in g _col(62)/*
389 */"," in y _col(65) %7.3f `maxc3´ in g _col(72)"]"
390 dis in g in smcl "{hline 79}"
391
392 di _n _n
```

393 tab_title, title(门槛效果自抽样检验)
394 di
395
396 dis in g in smcl "{hline 79}"
397 dis in g _col(61) "临界值"
398 dis in g in smcl _col(14) "{hline 66}"
399 dis in g _col(5) "模型" _col(18) "F 值" _col(30) "P 值" _col(39)/ *
400 */"BS 次数" _col(54) "1%" _col(63) "5%" _col(72) "10%"
401 dis in g in smcl "{hline 79}"
402 dis in g _col(3) "单一门槛" in y _col(14) %8.3f `F1_true´/ *
403 */"`star1´" _col(28) %6.3f `P1_bs´ _col(40) %4.0f `bs1´/ *
404 */_col(50) %8.3f `F1_bs1´ _col(59) %8.3f `F1_bs5´/ *
405 */_col(68) %8.3f `F1_bs10´
406
407 dis in g _col(3) "双重门槛" in y _col(14) %8.3f `F2_true´/ *
408 */"`star2´" _col(28) %6.3f `P2_bs´ _col(40) %4.0f `bs2´/ *
409 */_col(50) %8.3f `F2_bs1´ _col(59) %8.3f `F2_bs5´/ *
410 */_col(68) %8.3f `F2_bs10´
411
412 dis in g _col(3) "三重门槛" in y _col(14) %8.3f `F3_true´/ *
413 */"`star3´" _col(28) %6.3f `P3_bs´ _col(40) %4.0f `bs3´/ *
414 */_col(50) %8.3f `F3_bs1´ _col(59) %8.3f `F3_bs5´/ *
415 */_col(68) %8.3f `F3_bs10´
416
417 dis in g in smcl "{hline 89}"
418
419 * ----------- Return Values -----------
420 * est related
421 eret scalar rhat1 = `gama1´
422 eret scalar minc1 = `minc1´
423 eret scalar maxc1 = `maxc1´
424
425 eret scalar rhat22 = `gam(3-22)´
426 eret scalar minc22 = `minc22´

427 eret scalar maxc22 = `maxc22´
428 eret scalar rhat21 = `gam(3-21)´
429 eret scalar minc21 = `minc21´
430 eret scalar maxc21 = `maxc21´
431
432 eret scalar rhat3 = `gama3´
433 eret scalar minc3 = `minc3´
434 eret scalar maxc3 = `maxc3´
435
436 * bs related
437 eret scalar F1_true = `F1_true´
438 eret scalar F1_bs10 = `F1_bs10´
439 eret scalar F1_bs5 = `F1_bs5´
440 eret scalar F1_bs1 = `F1_bs1´
441 eret scalar P1_bs = `P1_bs´
442
443 eret scalar F2_true = `F2_true´
444 eret scalar F2_bs10 = `F2_bs10´
445 eret scalar F2_bs5 = `F2_bs5´
446 eret scalar F2_bs1 = `F2_bs1´
447 eret scalar P2_bs = `P2_bs´
448
449 eret scalar F3_true = `F3_true´
450 eret scalar F3_bs10 = `F3_bs10´
451 eret scalar F3_bs5 = `F3_bs5´
452 eret scalar F3_bs1 = `F3_bs1´
453 eret scalar P3_bs = `P3_bs´
454
455 * LR rest related
456 eret mat LR1 = `LR1´
457 eret mat gama1V = `gama1V´
458 eret mat LR21 = `LR21´
459 eret mat gam(3-21)V = `gam(3-21)V´
460 eret mat LR22 = `LR22´

```
461 eret mat gam(3-22)V = `gam(3-22)V'
462 eret mat LR3 = `LR3'
463 eret mat gama3V = `gama3V'
464
465 * F test related
466 eret mat F1_bs = `VF1_bs'
467 eret mat F2_bs = `VF2_bs'
468 eret mat F3_bs = `VF3_bs'
469
470 * basic information
471 eret scalar cc = `cc'
472 eret scalar NT = `NT'
473 eret mat pc = `pc'
474 eret local cmd xtthres
475 eret local thres "`thres'"
476 eret local depvar "`depvar'"
477
478 * dis over time
479 di
480 dis in g "{it: Over Time}:" _con
481 timer, dis color(result)
482 local end_time = r(time)
483 local total = `end_time' - `start_time'
484 dis as text "Total seconds the procedure spent are" as result `total'
485 restore
486
487 end
488
489 * ---------------- cal gama_min ----------------------
490 program define Min_r, rclass
491 args gama sse
492 qui sum `sse'
493 local S1_rhat = r(min)
494 qui sum `gama' if `sse' == r(min)
```

```
495 local rhat = r(mean)
496 return scalar rhat = `rhat´
497 return scalar S1 = `S1_hat´
498 end
499
500 program timer, rclass
501 syntax[, DISplay Color(string)]
502 if "`color´" == "" {
503 local color "result"
504 }
505 capture confirm e `display´
506 if (_rc == 0) {
507 dis as `color´ c(current_date) " " c(current_time)
508 }
509 local time1 = "`c(current_time)´"
510 local time2 = real(substr("`time1´", 1, 2)) * 60 * 60 + ///
511 real(substr("`time1´", 4, 2)) * 60 + real(substr("`time1´", 7, 2))
512 local time3 = "`c(current_date)´"
513 local time4 = date("`time3´", "dmy")
514 local time = `time2´ + `time4´ * 86400
515 return scalar time = `time´
516 end
517
518 program define tab_title
519 syntax, Title(string) [Simple]
520 local strl = length("`title´")
521 local lenth = `strl´ + 18
522 if "`simple´" != "" {
523 dis in w in smcl "{hline 3}" as input "`title´" in w in smcl "{hline 3}"
524 }
525 else {
526 #delimit ;
527 dis as text "{c TLC}" "{hline `lenth´}" "{c TRC}" _n /* line color */
528 "{c |}"
```

```
529 " {col 10} ---- "
530 as input "`title'" /* title color */
531 as text " ---- {col `=6+`strl'+6}" /* line color */
532 "{col `=`lenth'+2}{c |}" _n
533 "{c BLC}" "{hline `lenth'}" "{c BRC}";
534 #delimit cr
535 }
536 end
537
538 program define Get_rhat, eclass
539 args rhat1 rhat2 qn pc thres dthres lim_obs model NT cc control_vars
540 tempname se se1 se2 v
541 qui{
542 mat `se'=J(`qn', 2, .)
543 tempvar d1 d2 d3 d4 cv1 cv2 cv3 cv4
544 gen `d1'=0
545 gen `d2'=0
546 gen `d3'=0
547 gen `d4'=0
548 gen `cv1'=0
549 gen `cv2'=0
550 gen `cv3'=0
551 gen `cv4'=0
552 forvalues i=1(1)`qn'{ /* loop1 */
553 local cutregion=0
554
555 local r=`pc'[`i', 1]
556 if `model'==1{ /* single thres model */
557 replace `d1'=`thres'>`r'
558 replace `d2'=1-`d1'
559 local dlist `d1' `d2'
560 }
561 else if `model'==2{
562 local maxr=max(`r', `rhat1')
```

```
563    local minr = min(`r´, `rhat1´)
564    replace `d1´= `thres´>`maxr´
565    replace `d2´= `thres´<`minr´
566    replace `d3´= 1 - `d1´- `d2´
567    local dlist `d1´ `d2´ `d3´
568  }
569
570    else if `model´== 3 {
571    local maxr = max(`r´, `rhat1´, `rhat2´)
572    local minr = min(`r´, `rhat1´, `rhat2´)
573    local maxr = int(`maxr´* 10^4)/10^4 /* new added */
574    local minr = int(`minr´* 10^4)/10^4 /* new added */
575    foreach rrr of numlist `r´ `rhat1´ `rhat2´ {
576       local midr = `rrr´
577       continue, break
578    }
579  }
580    replace `d1´= `thres´>`maxr´
581    replace `d2´= `thres´<`minr´
582    replace `d3´= `thres´> = `minr´&`thres´<`midr´
583    replace `d4´= 1 - `d1´- `d2´- `d3´
584    local dlist `d1´ `d2´ `d3´ `d4´
585  }
586  foreach var of varlist `dlist´ {
587    count if `var´== 1
588    if r(N) <`lim_obs´ {
589       local cutregion = 1
590       continue, break
591    }
592  }
593  if `cutregion´== 1 {
594    continue /* jump to loop1 */
595  }
596  replace `cv1´= `d1´* `dthres´
```

```
597    replace `cv2´=`d2´* `dthres´
598    replace `cv3´=`d3´* `dthres´
599    replace `cv4´=`d4´* `dthres´
600    xtthres_fe `control_vars´ `cv1´ `cv2´ `cv3´ `cv4´ `if´
601    //xtreg `control_vars´ `cv1´ `cv2´ `cv3´ `cv4´ `if´, fe
602    mat `se´[`i´, 1] = `r´
603    mat `se´[`i´, 2] = e(rss)
604    }
605    svmat `se´, names(`v´)
606    Min_r `v´1 `v2
607    mat `se1´=`se´[...., 1]
608    mat `se2´=`se´[...., 2]
609    }
610    local rhat = r(rhat)
611    local Smin = r(S1)
612
613    * Calculate LR values and confidence region
614    tempname LR c1 g lr
615    mat `c1´=J(`qn´, 1, 1)
616    mat `LR´=(`se2´/r(S1) - `c1´) * `NT´
617    svmat `se1´, names(`g´)
618    svmat `LR´, names(`lr´)
619    qui sum `g´1 if `lr´1 < `cc´
620
621    eret scalar minc = r(min)
622    eret scalar maxc = r(max)
623    eret mat LR = `LR´
624    eret scalar rhat = `rhat´
625    eret scalar Smin = `Smin´
626    eret mat SSE = `se´
627    eret mat gama = `se1´ /* vector gama */
628    eret mat sse = `se2´ /* vector sse */
629    end
630
```

631　program define xtthres_fe, eclass
632　version 6, missing
633　local options "Level(integer $ S_level)"
634　syntax varlist [if] [, `options´ I(varname) Nocons]
635　tokenize `varlist´
636
637　xt_iis `i´
638　local ivar "`s(ivar)´"
639
640　tempvar x touse
641　tempname sse
642　local dv `1´
643　quietly {
644　mark `touse´ `if´
645　markout `touse´ `varlist´ `ivar´
646　sort `ivar´ `touse´
647　preserve
648　keep if `touse´
649　keep `varlist´ `ivar´ `userwgt´
650　summ `1´
651　/* del mean of depvar */
652　by `ivar´: gen double `x´=sum(`1´)/_n
653　summ `1´
654　by `ivar´: replace `x´=(`1´-`x´[_N])+r(mean)
655　drop `1´
656　rename `x´ `1´
657　mac shift
658
659　/* del mean of indepvar */
660　while("`1´" != "") {
661　by `ivar´: gen double `x´=sum(`1´)/_n
662　summ `1´
663　by `ivar´: replace `x´=(`1´-`x´[_N])+r(mean)
664　drop `1´

```
665 rename `x'`1'
666 count if `1'!=`1'[1]
667 if r(N)==0{
668 replace `1'=0
669 }
670 mac shift
671 }
672
673 //est clear
674 if "`nocons'" != "" {
675 regress `varlist', nocons
676 }
677 else{
678 regress `varlist'
679 }
680 scalar `sse'=e(rss)
681 est scalar rss = `sse'
682 restore
683 }
684 end
685
686 program define Xttr_F, eclass
687 syntax varlist[if][, rhat1(real 0) rhat22(real 0) rhat21(real 0) /*
688 */rhat3(real 0) Thres(varname) Dthres(varname) Model(int 1) /*
689 */OUTput(int1) Yhatout(int 1)]
690 tempvar d1 d2 d3 d4
691 tempname ehat yhat ehatV yhatV
692 if `model'!=0{
693 gen `d1'=0
694 gen `d2'=0
695 gen `d3'=0
696 gen `d4'=0
697 local r21 = min(`rhat22', `rhat21')
698 local r22 = max(`rhat22', `rhat21')
```

```
699 local r31 = min(`rhat22´, `rhat21´, `rhat3´)
700 local r33 = max(`rhat22´, `rhat21´, `rhat3´)
701 foreach rrr of numlist `rhat22´ `rhat21´ `rhat3´ {
702   if `rrr´<`r33´ & `rrr´>`r31´{  /* test */
703     local r32 = `rrr´
704     continue, break
705   }
706 }
707 qui{
708 if `model´==1{  /* single thres model */
709   replace `d1´=`thres´>`rhat1´
710   replace `d2´=1-`d1´
711 }
712 else if `model´==2{
713   replace `d1´=`thres´>`r22´
714   replace `d2´=`thres´<`r21´
715   replace `d3´=1-`d1´-`d2´
716 }
717 else if `model´==3{
718   replace `d1´=`thres´>`r33´
719   replace `d2´=`thres´<`r31´
720   replace `d3´=`thres´>=`r31´&`thres´<`r32´
721   replace `d4´=1-`d1´-`d2´-`d3´
722 }
723 gen `dthres´_1 = `d1´*`dthres´
724 gen `dthres´_2 = `d2´*`dthres´
725 gen `dthres´_3 = `d3´*`dthres´
726 gen `dthres´_4 = `d4´*`dthres´
727 if `model´==1{
728   local cvlist `dthres´_1 `dthres´_2
729 }
730 else if `model´==2{
731   local cvlist `dthres´_1 `dthres´_2 `dthres´_3
732 }
```

```
733 else if `model'==3{
734     local cvlist `dthres'_1 `dthres'_2 `dthres'_3 `dthres'_4
735 }
736
737 qui xtreg `varlist' `cvlist' `if', fe
738 if `output'==1{
739     n xtreg
740 }
741 predict `ehat', e
742 predict `yhat'
743 }
744 drop `d1'-`d4' `dthres'_1-`dthres'_4
745 }
746 else{  /* no threshold model */
747     qui xtreg `varlist'`dthres'`if', fe
748     qui predict `ehat', e
749     qui predict `yhat'
750 }
751 eret scalar sse = e(rss)
752 if `yhatout'==1{
753     gen yhat = `yhat'
754     gen ehat = `ehat'
755 }
```

附录 III　我国出口退税率调整过程一览表[①]

行业 时间	农业	煤炭	其他能源	食品饮料	服装	其他纺织业	化工	钢铁	汽车	部分IT产品	电子	医药
1995年7月	3%	3%	14%	10%	10%	10%	14%	14%	14%	14%	14%	14%
1995年8月	3%	3%	14%	10%	10%	10%	14%	14%	14%	14%	14%	14%
1995年9月	3%	3%	14%	10%	10%	10%	14%	14%	14%	14%	14%	14%
1995年10月	3%	3%	14%	10%	10%	10%	14%	14%	14%	14%	14%	14%
1995年11月	3%	3%	14%	10%	10%	10%	14%	14%	14%	14%	14%	14%
1995年12月	3%	3%	14%	10%	10%	10%	14%	14%	14%	14%	14%	14%
1996年1月	3%	3%	9%	10%	10%	10%	9%	9%	9%	9%	9%	9%
1996年2月	3%	3%	9%	10%	10%	10%	9%	9%	9%	9%	9%	9%
1996年3月	3%	3%	9%	10%	10%	10%	9%	9%	9%	9%	9%	9%
1996年4月	3%	3%	9%	10%	10%	10%	9%	9%	9%	9%	9%	9%
1996年5月	3%	3%	9%	10%	10%	10%	9%	9%	9%	9%	9%	9%
1996年6月	3%	3%	9%	10%	10%	10%	9%	9%	9%	9%	9%	9%
1996年7月	3%	3%	9%	10%	10%	10%	9%	9%	9%	9%	9%	9%
1996年8月	3%	3%	9%	10%	10%	10%	9%	9%	9%	9%	9%	9%
1996年9月	3%	3%	9%	10%	10%	10%	9%	9%	9%	9%	9%	9%
1996年10月	3%	3%	9%	10%	10%	10%	9%	9%	9%	9%	9%	9%
1996年11月	3%	3%	9%	10%	10%	10%	9%	9%	9%	9%	9%	9%
1996年12月	3%	3%	9%	10%	10%	10%	9%	9%	9%	9%	9%	9%
1997年1月	3%	3%	9%	10%	6%	6%	9%	9%	9%	9%	9%	9%
1997年2月	3%	3%	9%	10%	6%	6%	9%	9%	9%	9%	9%	9%
1997年3月	3%	3%	9%	10%	6%	6%	9%	9%	9%	9%	9%	9%
1997年4月	3%	3%	9%	10%	6%	6%	9%	9%	9%	9%	9%	9%

[①] 资料来源：中国国家税务总局。

续表

时间 \ 行业	农业	煤炭	其他能源	食品饮料	服装	其他纺织业	化工	钢铁	汽车	部分IT产品	电子	医药
1997年5月	3%	3%	9%	10%	6%	6%	9%	9%	9%	9%	9%	9%
1997年6月	3%	3%	9%	10%	6%	6%	9%	9%	9%	9%	9%	9%
1997年7月	3%	3%	9%	10%	6%	6%	9%	9%	9%	9%	9%	9%
1997年8月	3%	3%	9%	10%	6%	6%	9%	9%	9%	9%	9%	9%
1997年9月	3%	3%	9%	10%	6%	6%	9%	9%	9%	9%	9%	9%
1997年10月	3%	3%	9%	10%	6%	6%	9%	9%	9%	9%	9%	9%
1997年11月	3%	3%	9%	10%	6%	6%	9%	9%	9%	9%	9%	9%
1997年12月	3%	3%	9%	10%	6%	6%	9%	9%	9%	9%	9%	9%
1998年1月	5%	3%	9%	10%	11%	11%	9%	15%	9%	9%	9%	9%
1998年2月	5%	3%	9%	10%	11%	11%	9%	15%	9%	9%	9%	9%
1998年3月	5%	3%	9%	10%	11%	11%	9%	15%	9%	9%	9%	9%
1998年4月	5%	3%	9%	10%	11%	11%	9%	15%	9%	9%	9%	9%
1998年5月	5%	3%	9%	10%	11%	11%	9%	15%	9%	9%	9%	9%
1998年6月	5%	9%	9%	10%	11%	11%	9%	15%	9%	9%	9%	9%
1998年7月	5%	9%	9%	10%	11%	11%	9%	15%	9%	9%	9%	9%
1998年8月	5%	9%	9%	10%	11%	11%	9%	15%	9%	9%	9%	9%
1998年9月	5%	9%	9%	10%	11%	11%	9%	15%	9%	9%	9%	9%
1998年10月	5%	9%	9%	10%	11%	11%	9%	15%	9%	9%	9%	9%
1998年11月	5%	9%	9%	10%	11%	11%	9%	15%	9%	9%	9%	9%
1998年12月	5%	9%	9%	10%	11%	11%	9%	15%	9%	9%	9%	9%
1999年1月	5%	9%	9%	9%	13%	13%	11%	15%	17%	17%	17%	9%
1999年2月	5%	9%	9%	9%	13%	13%	11%	15%	17%	17%	17%	9%
1999年3月	5%	9%	9%	9%	13%	13%	11%	15%	17%	17%	17%	9%
1999年4月	5%	9%	9%	9%	13%	13%	11%	15%	17%	17%	17%	9%
1999年5月	5%	9%	9%	9%	13%	13%	11%	15%	17%	17%	17%	9%
1999年6月	5%	9%	9%	9%	13%	13%	11%	15%	17%	17%	17%	9%
1999年7月	5%	13%	13%	13%	17%	15%	15%	15%	15%	15%	15%	13%
1999年8月	5%	13%	13%	13%	17%	15%	15%	15%	15%	15%	15%	13%

续表

时间\行业	农业	煤炭	其他能源	食品饮料	服装	其他纺织业	化工	钢铁	汽车	部分IT产品	电子	医药
1999年9月	5%	13%	13%	13%	17%	15%	15%	15%	15%	15%	15%	13%
1999年10月	5%	13%	13%	13%	17%	15%	15%	15%	15%	15%	15%	13%
1999年11月	5%	13%	13%	13%	17%	15%	15%	15%	15%	15%	15%	13%
1999年12月	5%	13%	13%	13%	17%	15%	15%	15%	15%	15%	15%	13%
2000年1月	5%	13%	13%	13%	17%	15%	15%	15%	15%	15%	15%	13%
2000年2月	5%	13%	13%	13%	17%	15%	15%	15%	15%	15%	15%	13%
2000年3月	5%	13%	13%	13%	17%	15%	15%	15%	15%	15%	15%	13%
2000年4月	5%	13%	13%	13%	17%	15%	15%	15%	15%	15%	15%	13%
2000年5月	5%	13%	13%	13%	17%	15%	15%	15%	15%	15%	15%	13%
2000年6月	5%	13%	13%	13%	17%	15%	15%	15%	15%	15%	15%	13%
2000年7月	5%	13%	13%	13%	17%	15%	15%	15%	15%	15%	15%	13%
2000年8月	5%	13%	13%	13%	17%	15%	15%	15%	15%	15%	15%	13%
2000年9月	5%	13%	13%	13%	17%	15%	15%	15%	15%	15%	15%	13%
2000年10月	5%	13%	13%	13%	17%	15%	15%	15%	15%	15%	15%	13%
2000年11月	5%	13%	13%	13%	17%	15%	15%	15%	15%	15%	15%	13%
2000年12月	5%	13%	13%	13%	17%	15%	15%	15%	15%	15%	15%	13%
2001年1月	5%	13%	13%	13%	17%	15%	15%	15%	15%	15%	15%	13%
2001年2月	5%	13%	13%	13%	17%	15%	15%	15%	15%	15%	15%	13%
2001年3月	5%	13%	13%	13%	17%	15%	15%	15%	15%	15%	15%	13%
2001年4月	5%	13%	13%	13%	17%	15%	15%	15%	15%	15%	15%	13%
2001年5月	5%	13%	13%	13%	17%	15%	15%	15%	15%	15%	15%	13%
2001年6月	5%	13%	13%	13%	17%	15%	15%	15%	15%	15%	15%	13%
2001年7月	5%	13%	13%	13%	17%	15%	15%	15%	15%	15%	15%	13%
2001年8月	5%	13%	13%	13%	17%	15%	15%	15%	15%	15%	15%	13%
2001年9月	5%	13%	13%	13%	17%	15%	15%	15%	15%	15%	15%	13%
2001年10月	5%	13%	13%	13%	17%	15%	15%	15%	15%	15%	15%	13%
2001年11月	5%	13%	13%	13%	17%	15%	15%	15%	15%	15%	15%	13%
2001年12月	5%	13%	13%	13%	17%	15%	15%	15%	15%	15%	15%	13%

续表

行业 时间	农业	煤炭	其他能源	食品饮料	服装	其他纺织业	化工	钢铁	汽车	部分IT产品	电子	医药
2002年1月	5%	13%	13%	13%	17%	15%	15%	13%	15%	15%	15%	13%
2002年2月	5%	13%	13%	13%	17%	15%	15%	13%	15%	15%	15%	13%
2002年3月	5%	13%	13%	13%	17%	15%	15%	13%	15%	15%	15%	13%
2002年4月	5%	13%	13%	13%	17%	15%	15%	13%	15%	15%	15%	13%
2002年5月	5%	13%	13%	13%	17%	15%	15%	13%	15%	15%	15%	13%
2002年6月	5%	13%	13%	13%	17%	15%	15%	13%	15%	15%	15%	13%
2002年7月	5%	13%	13%	13%	17%	15%	15%	13%	15%	15%	15%	13%
2002年8月	5%	13%	13%	13%	17%	15%	15%	13%	15%	15%	15%	13%
2002年9月	5%	13%	13%	13%	17%	15%	15%	13%	15%	15%	15%	13%
2002年10月	5%	13%	13%	13%	17%	15%	15%	13%	15%	15%	15%	13%
2002年11月	5%	13%	13%	13%	17%	15%	15%	13%	15%	15%	15%	13%
2002年12月	5%	13%	13%	13%	17%	15%	15%	13%	15%	15%	15%	13%
2003年1月	5%	13%	13%	13%	17%	15%	15%	13%	15%	15%	15%	13%
2003年2月	5%	13%	13%	13%	17%	15%	15%	13%	15%	15%	15%	13%
2003年3月	5%	13%	13%	13%	17%	15%	15%	13%	15%	15%	15%	13%
2003年4月	5%	13%	13%	13%	17%	15%	15%	13%	15%	15%	15%	13%
2003年5月	5%	13%	13%	13%	17%	15%	15%	13%	15%	15%	15%	13%
2003年6月	5%	13%	13%	13%	17%	15%	15%	13%	15%	15%	15%	13%
2003年7月	5%	13%	13%	13%	17%	15%	15%	13%	15%	15%	15%	13%
2003年8月	5%	13%	13%	13%	17%	15%	15%	13%	15%	15%	15%	13%
2003年9月	5%	13%	13%	13%	17%	15%	15%	13%	15%	15%	15%	13%
2003年10月	5%	13%	13%	13%	17%	15%	15%	13%	15%	15%	15%	13%
2003年11月	5%	13%	13%	13%	17%	15%	15%	13%	15%	15%	15%	13%
2003年12月	5%	13%	13%	13%	17%	15%	15%	13%	15%	15%	15%	13%
2004年1月	5%	11%	11%	13%	13%	13%	13%	11%	13%	13%	13%	11%
2004年2月	5%	11%	11%	13%	13%	13%	13%	11%	13%	13%	13%	11%
2004年3月	5%	11%	11%	13%	13%	13%	13%	11%	13%	13%	13%	11%
2004年4月	5%	11%	11%	13%	13%	13%	13%	11%	13%	13%	13%	11%

续表

时间\行业	农业	煤炭	其他能源	食品饮料	服装	其他纺织业	化工	钢铁	汽车	部分IT产品	电子	医药
2004年5月	5%	11%	11%	13%	13%	13%	13%	11%	13%	13%	13%	11%
2004年6月	5%	11%	11%	13%	13%	13%	13%	11%	13%	13%	13%	11%
2004年7月	5%	11%	11%	13%	13%	13%	13%	11%	13%	13%	13%	11%
2004年8月	5%	11%	11%	13%	13%	13%	13%	11%	13%	13%	13%	11%
2004年9月	5%	11%	11%	13%	13%	13%	13%	11%	13%	13%	13%	11%
2004年10月	5%	11%	11%	13%	13%	13%	13%	11%	13%	13%	13%	11%
2004年11月	5%	11%	11%	13%	13%	13%	13%	11%	13%	17%	13%	11%
2004年12月	5%	11%	11%	13%	13%	13%	13%	11%	13%	17%	13%	11%
2005年1月	5%	11%	11%	13%	13%	13%	13%	11%	13%	17%	13%	11%
2005年2月	5%	11%	11%	13%	13%	13%	13%	11%	13%	17%	13%	11%
2005年3月	5%	11%	11%	13%	13%	13%	13%	11%	13%	17%	13%	11%
2005年4月	5%	11%	11%	13%	13%	13%	13%	11%	13%	17%	13%	11%
2005年5月	5%	8%	11%	13%	13%	13%	13%	11%	13%	17%	13%	11%
2005年6月	5%	8%	11%	13%	13%	13%	13%	11%	13%	17%	13%	11%
2005年7月	5%	8%	11%	13%	13%	13%	13%	11%	13%	17%	13%	11%
2005年8月	5%	8%	11%	13%	13%	13%	13%	11%	13%	17%	13%	11%
2005年9月	5%	8%	11%	13%	13%	13%	13%	11%	13%	17%	13%	11%
2005年10月	5%	8%	11%	13%	13%	13%	13%	11%	13%	17%	13%	11%
2005年11月	5%	8%	11%	13%	13%	13%	13%	11%	13%	17%	13%	11%
2005年12月	5%	8%	11%	13%	13%	13%	13%	11%	13%	17%	13%	11%
2006年1月	5%	8%	11%	13%	13%	13%	13%	11%	13%	17%	13%	11%
2006年2月	5%	8%	11%	13%	13%	13%	13%	11%	13%	17%	13%	11%
2006年3月	5%	8%	11%	13%	13%	13%	13%	11%	13%	17%	13%	11%
2006年4月	5%	8%	11%	13%	13%	13%	13%	11%	13%	17%	13%	11%
2006年5月	5%	8%	11%	13%	13%	13%	13%	11%	13%	17%	13%	11%
2006年6月	5%	8%	11%	13%	13%	13%	13%	11%	13%	17%	13%	11%
2006年7月	5%	8%	11%	13%	13%	13%	13%	11%	13%	17%	13%	11%
2006年8月	5%	8%	11%	13%	13%	13%	13%	11%	13%	17%	13%	11%

续表

行业 时间	农业	煤炭	其他能源	食品饮料	服装	其他纺织业	化工	钢铁	汽车	部分IT产品	电子	医药
2006年9月	5%	8%	11%	13%	13%	13%	13%	11%	13%	17%	13%	11%
2006年10月	5%	0%	11%	13%	13%	11%	13%	8%	13%	17%	13%	11%
2006年11月	5%	0%	11%	13%	13%	11%	13%	8%	13%	17%	13%	11%
2006年12月	5%	0%	11%	13%	13%	11%	13%	8%	13%	17%	13%	11%
2007年1月	5%	0%	11%	13%	13%	11%	13%	8%	13%	17%	13%	11%
2007年2月	5%	0%	11%	13%	13%	11%	13%	8%	13%	17%	13%	11%
2007年3月	5%	0%	11%	13%	13%	11%	13%	8%	13%	17%	13%	11%
2007年4月	5%	0%	11%	13%	13%	11%	13%	8%	13%	17%	13%	11%
2007年5月	5%	0%	11%	13%	13%	11%	13%	5%	13%	17%	13%	11%
2007年6月	5%	0%	11%	13%	13%	11%	13%	5%	13%	17%	13%	11%
2007年7月	5%	0%	11%	13%	11%	11%	13%	5%	17%	17%	13%	11%
2007年8月	5%	0%	11%	13%	11%	11%	13%	5%	17%	17%	13%	11%
2007年9月	5%	0%	11%	13%	11%	11%	13%	5%	17%	17%	13%	11%
2007年10月	5%	0%	11%	13%	11%	11%	13%	5%	17%	17%	13%	11%
2007年11月	5%	0%	11%	13%	11%	11%	13%	5%	17%	17%	13%	11%
2007年12月	5%	0%	11%	13%	11%	11%	13%	5%	17%	17%	13%	11%
2008年1月	5%	0%	11%	13%	11%	11%	13%	5%	17%	17%	13%	11%
2008年2月	5%	0%	11%	13%	11%	11%	13%	5%	17%	17%	13%	11%
2008年3月	5%	0%	11%	13%	11%	11%	13%	5%	17%	17%	13%	11%
2008年4月	5%	0%	11%	13%	11%	11%	13%	5%	17%	17%	13%	11%
2008年5月	5%	0%	11%	13%	11%	11%	13%	5%	17%	17%	13%	11%
2008年6月	5%	0%	11%	13%	11%	11%	13%	5%	17%	17%	13%	11%
2008年7月	5%	0%	11%	13%	11%	11%	13%	5%	17%	17%	13%	11%
2008年8月	5%	0%	11%	13%	13%	13%	13%	5%	17%	17%	13%	11%
2008年9月	5%	0%	11%	13%	13%	13%	13%	5%	17%	17%	13%	11%
2008年10月	5%	0%	11%	13%	13%	13%	13%	5%	17%	17%	13%	11%
2008年11月	5%	0%	11%	13%	14%	14%	13%	5%	17%	17%	13%	11%
2008年12月	5%	0%	11%	13%	14%	14%	13%	5%	17%	17%	13%	11%

续表

时间\行业	农业	煤炭	其他能源	食品饮料	服装	其他纺织业	化工	钢铁	汽车	部分IT产品	电子	医药
2009年1月	5%	0%	11%	13%	14%	14%	13%	5%	17%	17%	13%	11%
2009年2月	5%	0%	11%	13%	14%	15%	13%	5%	17%	17%	13%	11%
2009年3月	5%	0%	11%	13%	14%	15%	13%	5%	17%	17%	13%	11%
2009年4月	5%	0%	11%	13%	16%	16%	13%	5%	17%	17%	17%	11%
2009年5月	5%	0%	11%	13%	16%	16%	13%	5%	17%	17%	17%	11%
2009年6月	5%	0%	11%	13%	16%	16%	13%	5%	17%	17%	17%	11%
2009年7月	5%	0%	11%	13%	16%	16%	13%	5%	17%	17%	17%	11%
2009年8月	5%	0%	11%	13%	16%	16%	13%	5%	17%	17%	17%	11%
2009年9月	5%	0%	11%	13%	16%	16%	13%	5%	17%	17%	17%	11%
2009年10月	5%	0%	11%	13%	16%	16%	13%	5%	17%	17%	17%	11%
2009年11月	5%	0%	11%	13%	16%	16%	13%	5%	17%	17%	17%	11%
2009年12月	5%	0%	11%	13%	16%	16%	13%	5%	17%	17%	17%	11%
2010年1月	5%	0%	11%	13%	16%	16%	13%	5%	17%	17%	17%	11%
2010年2月	5%	0%	11%	13%	16%	16%	13%	5%	17%	17%	17%	11%
2010年3月	5%	0%	11%	13%	16%	16%	13%	5%	17%	17%	17%	11%
2010年4月	5%	0%	11%	13%	16%	16%	13%	5%	17%	17%	17%	11%
2010年5月	5%	0%	11%	13%	16%	16%	13%	5%	17%	17%	17%	11%
2010年6月	5%	0%	11%	13%	16%	16%	13%	5%	17%	17%	17%	11%
2010年7月	5%	0%	11%	13%	16%	16%	13%	0%	17%	17%	17%	11%
2010年8月	5%	0%	11%	13%	16%	16%	13%	0%	17%	17%	17%	11%
2010年9月	5%	0%	11%	13%	16%	16%	13%	0%	17%	17%	17%	11%
2010年10月	5%	0%	11%	13%	16%	16%	13%	0%	17%	17%	17%	11%
2010年11月	5%	0%	11%	13%	16%	16%	13%	0%	17%	17%	17%	11%
2010年12月	5%	0%	11%	13%	16%	16%	13%	0%	17%	17%	17%	11%
2011年1月	5%	0%	11%	13%	16%	16%	13%	0%	17%	17%	17%	11%
2011年2月	5%	0%	11%	13%	16%	16%	13%	0%	17%	17%	17%	11%
2011年3月	5%	0%	11%	13%	16%	16%	13%	0%	17%	17%	17%	11%
2011年4月	5%	0%	11%	13%	16%	16%	13%	0%	17%	17%	17%	11%

续表

行业 时间	农业	煤炭	其他能源	食品饮料	服装	其他纺织业	化工	钢铁	汽车	部分IT产品	电子	医药
2011年5月	5%	0%	11%	13%	16%	16%	13%	0%	17%	17%	17%	11%
2011年6月	5%	0%	11%	13%	16%	16%	13%	0%	17%	17%	17%	11%
2011年7月	5%	0%	11%	13%	16%	16%	13%	0%	17%	17%	17%	11%
2011年8月	5%	0%	11%	13%	16%	16%	13%	0%	17%	17%	17%	11%
2011年9月	5%	0%	11%	13%	16%	16%	13%	0%	17%	17%	17%	11%
2011年10月	5%	0%	11%	13%	16%	16%	13%	0%	17%	17%	17%	11%
2011年11月	5%	0%	11%	13%	16%	16%	13%	0%	17%	17%	17%	11%
2011年12月	5%	0%	11%	13%	16%	16%	13%	0%	17%	17%	17%	11%
2012年1月	5%	0%	11%	13%	16%	16%	13%	0%	17%	17%	17%	11%
2012年2月	5%	0%	11%	13%	16%	16%	13%	0%	17%	17%	17%	11%
2012年3月	5%	0%	11%	13%	16%	16%	13%	0%	17%	17%	17%	11%
2012年4月	5%	0%	11%	13%	16%	16%	13%	0%	17%	17%	17%	11%
2012年5月	5%	0%	11%	13%	16%	16%	13%	0%	17%	17%	17%	11%
2012年6月	5%	0%	11%	13%	16%	16%	13%	0%	17%	17%	17%	11%
2012年7月	5%	0%	11%	13%	16%	16%	13%	0%	17%	17%	17%	11%
2012年8月	5%	0%	11%	13%	16%	16%	13%	0%	17%	17%	17%	11%
2012年9月	5%	0%	11%	13%	16%	16%	13%	0%	17%	17%	17%	11%
2012年10月	5%	0%	11%	13%	16%	16%	13%	0%	17%	17%	17%	11%
2012年11月	5%	0%	11%	13%	16%	16%	13%	0%	17%	17%	17%	11%
2012年12月	5%	0%	11%	13%	16%	16%	13%	0%	17%	17%	17%	11%

参考文献

[1] Agenor, Pierre – Richard, 1991, "Output, Devaluation and the Real Exchange Rate in Developing Countries", *Weltwirtschaftliches Archiv*, Vol. 127, 18 – 41.

[2] Alejandro, C. F. D., 1963, "A Note on the Impact of Devaluation and the Redistributive Effect", *The Journal of Political Economy*, 577 – 580.

[3] Asea, P. K. and E. G. Mendoza, 1994, "The Balassa – Samuelson Model: A General – Equilibrium Appraisal", *Review of International Economics*, Vol. 2, 244 – 267.

[4] Bacchetta, P. and E. Van Wincoop, 2000, "Does Exchange – Rate Stability increase Trade and Welfare?" *American Economic Review*, 1093 – 1109.

[5] Bacchetta, P. and E. Van Wincoop, 2005, "A theory of the Currency Denomination of International Trade", *Journal of International Economics*, Vol. 67, 295 – 319.

[6] Bacchetta, P. and E. Van Wincoop, 2003, "Why Do Consumer Prices React Less Than Import Prices to Exchange Rates?" *Journal of the European Economic Association*, Vol. 1, 662 – 670.

[7] Bai, J., 1997, "Estimating Multiple Breaks one at a Time", *Econometric theory*, Vol. 13, 315 – 352.

[8] Balassa, B., 1964, "The Purchasing – Power Parity Doctrine: A Reappraisal", *The Journal of Political Economy*, Vol. 72, 584 – 596.

[9] Baldwin, R., 1988, "Hysteresis in Import Prices: the Beachhead Effect", *American Economic Review*, Vol. 78, 773 – 787.

[10] Baldwin, R. and P. Krugman, 1989, "Persistent Trade Effects of Large Exchange Rate Shocks", *The Quarterly Journal of Economics*, Vol. 104, 635 – 654.

[11] Baldwin, R., 1998, "Some Empirical Evidence on Hysteresis in Aggregate US Import Prices", *NBER Working Paper*, No. 2483.

[12] Balke, N. S. and T. B. Fomby, 1997, "Threshold Cointegration", *International Economic Review*, 627 –645.

[13] Ball, L. and N. G. Mankiw, 1995, "Relative – Price Changes as Aggregate Supply Shocks", *The Quarterly Journal of Economics*, Vol. 110, 161 – 193.

[14] Basevi, G. , D. Cocchi and P. L. Lischi, 1985, "The Choice of Currency inthe Foreign Trade of Italy", *Dipartimento Scienze Economiche, Universita' di Bologna*, No. 17.

[15] Belke, A. , 2005, "Exchange Rate Movements and Unemployment in the EU Accession Countries——A Panel Analysis", *Review of Development Economics*, Vol. 9, 249 –263.

[16] Bénassy – Quéré, A. , L. Fontagné and A. Lahrèche – Révil, 2001, "Exchange – Rate Strategies in the Competition for Attracting Foreign Direct Investment", *Journal of the Japanese and International Economies*, Vol. 15, 178 – 198.

[17] Bernhofen, D. M. and P. Xu, 2000, "Exchange Rates and Market Power: Evidence from the Petrochemical industry", *Journal of International Economics*, Vol. 52, 283 – 297.

[18] Betts, C. and M. B. Devereux, 1996, "The Exchange Rate in A Model of Pricing – to – Market", *European Economic Review*, Vol. 40, 1007 – 1021.

[19] Betts, C. M. and T. J. Kehoe, 2001, "Tradability of Goods and Real Exchange Rate Fluctuations", *Federal Reserve Bank of Minneapolis Staff Report*.

[20] Bhagwati, J. N. , 1988, "The Pass – Through Puzzle: the Missing Prince from Hamlet", *Columbia University (December)* .

[21] Bilson, J. F. , 1983, "The Choice of An invoice Currency in International Transactions", *Economic Interdependence and Flexible Exchange Rates*, 384 – 402.

[22] Black, S. W. , 1985, "International Money and International Monetary Arrangements", *Handbook of International Economics*, Vol. 2, 1153 – 1193.

[23] Blonigen, B. A. , 1997, "Firm – Specific Assets and the Link between Exchange Rates and Foreign Direct Investment", *The American Economic Review*, 447 –465.

[24] Bodnar, G. M. , B. Dumas and R. C. Marston, 2002, "Pass – Through and Exposure", *The Journal of Finance*, Vol. 57, 199 – 231.

[25] Bowe, M. and T. M. Saltvedt, 2004, "Currency Invoicing Practices, Exchange Rate Volatility and Pricing – to – Market: Evidence from Product Level Data", *International Business Review*, Vol. 13, 281 – 308.

[26] Branson, W. H. and J. P. Love, 1987, "The Real Exchange Rate and

Employment in US Manufacturing: State and Regional Results", *NBER Working Paper*, No. W2435.

[27] Branson, W. H. and J. P. Love, 1988, *United States Manufacturing and the Real Exchange Rate*, University of Chicago Press.

[28] Broll, U. and B. Eckwert, 1999, "Exchange Rate Volatility and International Trade", *Southern Economic Journal*, 178 – 185.

[29] Broll, U., K. P. Wong and I. Zilcha, 1999, "Multiple Currencies and Hedging", *Economica*, Vol. 66, 421 – 432.

[30] Burgess, S. M. and M. M. Knetter, 1998, "An International Comparison of Employment Adjustment to Exchange Rate Fluctuations", *Review of International Economics*, Vol. 6, 151 – 163.

[31] Burstein, A. T., J. C. Neves and S. Rebelo, 2003, "Distribution Costs and Real Exchange Rate Dynamics during Exchange – Rate – Based Stabilizations", *Journal of Monetary Economics*, Vol. 50, 1189 – 1214.

[32] Calvo, Guillermo and Carlos A. Vegh, 1993, "Exchange Rate Based Stabilization under Imperfect Credibility", *Open Economy Macroeconomics*, London: MacMillan, 3 – 28.

[33] Campa, J. M., 2004, "Exchange Rates and Trade: How Important is Hysteresis in Trade?" *European Economic Review*, Vol. 48, 527 – 548.

[34] Campa, J. M. and L. S. Goldberg, 2001, "Employment versus Wage Adjustment and the US Dollar", *Review of Economics and Statistics*, Vol. 83, 477 – 489.

[35] Chakrabarti, R. and B. Scholnick, 2002, "Exchange Rate Expectations and Foreign Direct Investment Flows", *Weltwirtschaftliches Archiv*, Vol. 138, 1 – 21.

[36] Chan, N. H., 1993, "On the Noninvertible Moving Average Time Series with Infinite Variance", *Econometric Theory*, Vol. 9, 680 – 680.

[37] Cheffert, J. M., 1994, "Exchange Rate and Prices in Models of Imperfect Competition", Phd thesis, University of Namur.

[38] Chinn, M. D., 2000, "The Usual Suspects? Productivity and Demand Shocks and Asia – Pacific Real Exchange Rates", *Review of International Economics*, Vol. 8, 20 – 43.

[39] Choudhri, E. U. and D. S. Hakura, 2006, "Exchange Rate Pass – Through to Domestic Prices: Does theinflationary Environment Matter?" *Journal of International Money and Finance*, Vol. 25, 614 – 639.

[40] Clark, T., M. Kotabe and D. Rajaratnam, 1999, "Exchange Rate Pass –

Through and International Pricing Strategy: A Conceptual Framework and Research Propositions", *Journal of International Business Studies*, 249 – 268.

[41] Copelman, M. and A. M. Werner, 1995, "The Monetary Transmission Mechanism in Mexico", *Board of Governors of the Federal Reserve System*, No. 521.

[42] Corbo, V. and P. D. Mcnelis, 1989, "The Pricing of Manufactured Goods during Trade Liberalization: Evidence from Chile, Israel, and Korea", *The Review of Economics and Statistics*, 491 – 499.

[43] Corden, W. M., 1960, "The Geometric Representation of Policies to attain internal and External Balance", *The Review of Economic Studies*, Vol. 28, 1 – 22.

[44] Cross, R., 1993, "On the Foundations of Hysteresis in Economic Systems", *Economics and Philosophy*, Vol. 9, 53 – 74.

[45] Cushman, D. O., 1988, "Exchange – Rate Uncertainty and Foreign Direct Investment in the United States", *Weltwirtschaftliches Archiv*, Vol. 124, 322 – 336.

[46] De Gregorio, J., A. Giovannini and H. C. Wolf, 1994, "International Evidence on Tradables and Nontradables Inflation", *European Economic Review*, Vol. 38, 1225 – 1244.

[47] Dellas, H. and B. Z. Zilberfarb, 1993, "Real Exchange Rate Volatility and International Trade: A Reexamination of the theory", *Southern Economic Journal*, 641 – 647.

[48] Devereux, M. and C. Engel, 2001, "Monetary Policy in the Open Economy Revisited: Exchange Rate Flexibility and Price Setting Behavior", *University of Wisconsin – Madison, Manuscript*.

[49] Devereux, M. B., C. Engel and P. E. Storgaard, 2004, "Endogenous Exchange Rate Pass – Through when Nominal Prices Are Set in Advance", *Journal of International Economics*, Vol. 63, 263 – 291.

[50] Dewenter, K. L., 1995, "Do Exchange Rate Changes Drive Foreign Direct Investment?" *Journal of Business*, 405 – 433.

[51] Dickey, D. A. and W. A. Fuller, 1981, "Likelihood Ratio Statistics for Autoregressive Time Series with a Unit Root", *Econometrica: Journal of the Econometric Society*, 1057 – 1072.

[52] Dixit, A. K., 1989, "Hysteresis, Import Penetration, and Exchange Rate Pass – Through", *The Quarterly Journal of Economics*, Vol. 104, 205 – 228.

[53] Dixit, A. K., 1989, "Entry and Exit Decisions under Uncertainty", *Journal of Political Economy*, 620 – 638.

[54] Dixit, A. K., 1994, "Investment under Uncertainty", *Princeton University Press*.

[55] Cushman, D. O., 1985, "Real Exchange Rate Risk, Expectations, and the Level of Direct Investment", *The Review of Economics and Statistics*, 297–308.

[56] Gross, D. M. and N. Schmitt, 2000, "Exchange Rate Pass–Through and Dynamic Oligopoly: An Empirical investigation", *Journal of International Economics*, Vol. 52, 89–112.

[57] Dornbusch, R., 1987, "Exchange Rates and Prices", *American Economic Review*, Vol. 77, 93–106.

[58] Edison, H. J., and J. T. Klovland, 1987, "A Quantitative Reassessment of the Purchasing Power Parity Hypothesis: Evidence from Norway and the United Kingdom", *Journal of Applied Econometrics*, Vol. 2, 309–333.

[59] Edwards, S., 1985, "Stabilization with Liberalization: An Evaluation of Ten Years of Chile's Experiment with Free–Market Policies, 1973–1983", *Economic Development and Cultural Change*, Vol. 33, 223–254.

[60] Edwards, S., 1989, "Real Exchange Rates, Devaluation, and Adjustment: Exchange Rate Policy in Developing Countries", *Cambridge, MA: MIT Press*.

[61] Edwards, S., 1989, "Exchange Rate Misalignment in Developing Countries", *The World Bank Research Observer*, Vol. 4, 3–21.

[62] Edwards, S., 1993, "Openness, Trade Liberalization, and Growth in Developing Countries", *Journal of Economic Literature*, Vol. 31, 1358–1393.

[63] Erol, Turan and S. Van Wijnbergen, 1997, "Real Exchange Rate Targeting and inflationin Turkey: An Empirical Analysis with Policy Credibility", *World Development*, Vol. 25, 1717–1730.

[64] Feenstra, R. C., 1989, "Symmetric Pass–Through of Tariffs and Exchange Rates under Imperfect Competition: An Empirical Test", *Journal of International Economics*, Vol. 27, 25–45.

[65] Feenstra, R. C., J. E. Gagnon and M. M. Knetter, 1996, "Market Share and Exchange Rate Pass–Through in World Automobile Trade", *Journal of International Economics*, Vol. 40, 187–207.

[66] Feenstra, R. C. and J. D. Kendall, 1997, "Pass–Through of Exchange Rates and Purchasing Power Parity", *Journal of International Economics*, Vol. 43, 237–261.

[67] Feinberg, R. M., 1986, "The Interactionof Foreign Exchange and Market

Power Effects on German Domestic Prices", *The Journal of Industrial Economics*, 61 – 70.

[68] Feinberg, R. M., 1989, "The Effects of Foreign Exchange Movements on US Domestic Prices", *The Review of Economics and Statistics*, 505 – 511.

[69] Feinberg R. M. and M. Meurs, 2005, "Market Reform, infrastructure and Exchange Rate Pass – Throughin Central and Eastern Europe", *Post – Communist Economies*: Forthcoming.

[70] Franke, G., 1991, "Exchange Rate Volatility and International Trading Strategy", *Journal of International Money and Finance*, Vol. 10, 292 – 307.

[71] Frankel, J. A. and K. Froot, 1987, "Understanding the US Dollar in the Eighties: the Expectations of Chartists and Fundamentalists", *NBER Working Paper*, (R0957).

[72] Froot, K. A. and P. D. Klemperer, 1989, "Exchange Rate Pass – Through when Market Share Matters", *American Economic Review*, Vol. 79, 637 – 654.

[73] Krasnosel' skiĭ, M. A. and A. V. Pokrovskiĭ, 1989, "Systems with Hysteresis", *Springer Verlag*.

[74] Frenkel, R., 2009, "Real Exchange Rate and Employment in Argentina, Brazil, Chile and Mexico", XVIII G24 Technical Group Meeting.

[75] Frenkel, R. and L. Taylor, 2005, "Real Exchange Rate, Monetary Policy, and Employment: Economic Development in A Garden of Forking Paths", in *Conference Alternatives to Inflation Targeting Monetary Policy for Stable and Egalitarian Growth in Developing Countries, CEDES, Buenos Aires*.

[76] Froot, K. A. and J. C. Stein, 1991, "Exchange Rates and Foreign Direct Investment: An Imperfect Capital Markets Approach", *The Quarterly Journal of Economics*, Vol. 106, 1191 – 1217.

[77] Froot, K. A. and K. Rogoff, 1995, "Perspectives on PPP and Long – Run Real Exchange Rates", *Handbook of International Economics*, Vol. 3, 1647 – 1688.

[78] Froot, K. A., M. Kim and K. Rogoff, 1995, "The Law of one Price over 700 Years", *National Bureau of Economic Research Working Paper Series*, No. 5132.

[79] Fukuda, S. I. and J. Cong, 1994, "On the Choice ofinvoice Currency by Japanese Exporters: the PTM Approach", *Journal of the Japanese and International Economies*, Vol. 8, 511 – 529.

[80] Gagnon, J. E. and J. Ihrig, 2004, "Monetary Policy and Exchange Rate Pass – Through", *International Journal of Finance and Economics*, Vol. 9, 315 – 338.

[81] Ge, W. , 1999, "The Dynamics of Export – Processing Zones", *United Nations Conference on Trade and Development.*

[82] Ghosh, A. R. , A. M. Gulde – Wolf and H. C. Wolf, 2002, "Exchange Rate Regimes: Choices and Consequences", *MIT Press*, Vol. 1.

[83] Giovannini, A. , 1988, "Exchange Rates and Traded Goods Prices", *Journal of International Economics*, Vol. 24, 45 – 68.

[84] Giovannetti, G. and H. Samiei, 1995, "Hysteresis in Exports", Discussion Paper 1352: CEPR (Center For Economic and Policy Research), Washington, D. C.

[85] Goldberg, L. S. and C. D. Kolstad, 1994, "Foreign Direct Investment, Exchange Rate Variability and Demand Uncertainty", *National Bureau of Economic Research Working Paper Series*, No. 4815.

[86] Goldberg, P. K. and M. M. Knetter, 1996, "Goods Prices and Exchange Rates: What Have We Learned?" *National Bureau of Economic Research Working Paper Series*, No. 5862.

[87] Goldberg, L. S. and M. W. Klein, 1997, "Foreign Direct Investment, Trade and Real Exchange Rate Linkages in Southeast Asia and Latin America", *National Bureau of Economic Research Working Paper Series*, No. 6344.

[88] Goldberg, L. S. and J. Tracy, 2000, "Exchange Rates and Local Labor Markets", In *The Impact of International Trade on Wages* (269 – 307). University of Chicago Press.

[89] Goldfajn, I. and D. C. Werlang, 2000, "The Pass – Through from Depreciationtoinflation: A Panel Study", *Banco Central De Brasil Working Paper*, Vol. 5.

[90] Gourinchas, P. O. , 1999, "Exchange Rates and Jobs: What Do We Learn from Job Flows?" in *NBER Macroeconomics Annual*, 1998, Vol. 13, 153 – 222. MIT Press.

[91] Graham, F. D. , 1922, "International Trade under Depreciated Paper: the United States, 1862 – 1879", *The Quarterly Journal of Economics*, 36 (2), 220 – 273.

[92] Grassman S. and K. Wakelin, 2001, "The Impact of Exchange Rate Variability on US Direct Investment", Paper Prepared for GEP Conference on FDI and Economics Integration. University of Nottingham. UK. 29 – 30.

[93] Gron, A. and D. L. Swenson, 2000, "Cost Pass – Through inthe US Automobile Market", *Review of Economics and Statistics*, Vol. 82, 316 – 324.

[94] Gust, C. , S. Leduc and R. Vigfusson, 2010, "Trade integration, Competition, and the Decline in Exchange – Rate Pass – Through", *Journal of Monetary Economics*, Vol. 57, 309 – 324.

[95] Hansen, B. E. , 1999, "Threshold Effects in Non – Dynamic Panels: Estimation, Testing, and inference", *Journal of Econometrics*, Vol. 93, 345 – 368.

[96] Harrod, Roy F. , 1933, "International Economics", Nisbet and Cambridge University Press.

[97] Pealy, P. M. and K. G. Palepu, 1993, "The Effect of Firm's Financial Disclosure Strategies on Stock Prices", *Accounting Horizons*, Vol. 7, 1 – 11.

[98] Hooper, P. and C. L. Mann, 1989, "Exchange Rate Pass – Through in the 1980s: the Case of US Imports of Manufactures", *Brookings Papers on Economic Activity*, Vol. 1, 297 – 337.

[99] HüFner, F. and M. Schröder, 2002, "Exchange Rate Pass – Through to Consumer Prices: A European Perspective", Center for European Economic Research Discussion Paper 2 – 20 (Mannheim, Germany: Center for European Economic Research).

[100] Huang, H. and P. Malhotra, 2005, "Exchange Rate Regimes and Economic Growth: Evidence from Developing Asian and Advanced European Economies", *China Economic Quarterly Beijing*, Vol. 4, 971.

[101] Isard, P. , 1977, "How Far Can We Push the 'Law ofone Price'?" *The American Economic Review*, Vol. 67, 942 – 948.

[102] Itagaki, T. , 1981, "The theory of the Multinational Firm under Exchange Rate Uncertainty", *Canadian Journal of Economics*, 276 – 297.

[103] Cukrowski, J. and E. Aksen, 2003, "Perfect Competition and Intra – industry Trade", *Economics Letters*, Vol. 78, 101 – 108.

[104] Barney, J. B. , 1997, "Gaining and Sustaining Competitive Advantage", *Reading*: Addison – Wesley.

[105] Jayanthakumaran, K. , 2002, "An Overview of Export Processing Zones: Selected Asian Countries", *University of Wollongong*.

[106] Jeanneret, A. , 2005, "Does Exchange Rate Volatility Really Depress Foreign Direct Investment in OECD Countries?" Working paper, International Center for Financial Asset Management and Engineering, *University of Lausanne*, Lausanne.

[107] Johnson, A. , 1977, "An Australian Episode", *International Journal of Dermatology*, Vol. 16, 426 – 428.

[108] Johansson, H. and L. Nilsson, 1997, "Export Processing Zones as Cata-

lysts", *World Development*, Vol. 25, 2115 - 2128.

[109] Kadiyali, V., 1997, "Exchange Rate Pass - Through for Strategic Pricing and Advertising: An Empirical Analysis of the US Photographic Film industry", *Journal of International Economics*, Vol. 43, 437 - 461.

[110] Kamin, S. B., 1988, "Devaluation, External Balance, and Macroeconomic Performance: A Look atthe Numbers", International Economics Section, Departement of Economics Princeton University, No. 62.

[111] Kandogan, Y., 2003, "Intra - industry Trade of Transition Countries: Trends and Determinants", *Emerging Markets Review*, Vol. 4, 273 - 286.

[112] Kawai, M. and I. Zilcha, 1986, "International Trade with Forward - Futures Markets under Exchange Rate and Price Uncertainty", *Journal of International Economics*, Vol. 20, 83 - 98.

[113] Kenny, G. and D. McGettigan, 1996, "Exchange Rate Pass - Through and Irish Import Prices", Central Bank of Ireland, No. 6/RT/96.

[114] Kiguel, M. A., and N. Liviatan, 1992, "The Business Cycle Associated with Exchange Rate - Based Stabilizations", *The World Bank Economic Review*, Vol. 6, 279 - 305.

[115] Klein, M. W. and E. Rosengren, 1994, "The Real Exchange Rate and Foreign Direct Investment in the United States: relative wealth vs. relative wage effects", *Journal of International Economics*, Vol. 36, 373 - 389.

[116] Klein, M. W. and S. Schuh, 2003, "Job Creation, Job Destruction, and International Competition", Kalamazoo, MI: *W. E. Upjohn Institute for Employment Research*.

[117] Klemperer, P., 1987, "Markets with Consumer Switching Costs", *The Quarterly Journal of Economics*, Vol. 102, 375 - 394.

[118] Knetter, M. M., 1992, "International Comparisons of Pricing - to - Market Behavior", *National Bureau of Economic Research Working Paper Series*, No. 4098.

[119] Kohlhagen, S. W., 1977, "Exchange Rate Changes, Profitability, and Direct Foreign Investment", *Southern Economic Journal*, 43 - 52.

[120] Koren, M., 2001, "Employment Response to Real Exchange Rate Movements: Evidence from Hungarian Exporting Firms", *Harvard University, Department of Economics, Littauer*, 200.

[121] Kravis, I. B. and R. E. Lipsey, 1977, "Export Prices and the Transmis-

sion of inflation", *The American Economic Review*, Vol. 67, 155 – 163.

[122] Krasnosel' skiĭ, M. A. and A. V. Pokrovskiĭ, 1989, "Systems with Hysteresis", *Springer Verlag*.

[123] Kreinin, M. E., 1977, "The Effect of Exchange Rate Changes on the Prices and Volume of Foreign Trade", *Staff Papers – International Monetary Fund*, 297 – 329.

[124] Krugman, P. R., 1986, "Pricing to Market when the Exchange Rate Changes", in *Real – financial Linkages among Open Economics*, Cambridge: MIT Press, 1987, 49 – 70.

[125] Krugman, P. and L. Taylor, 1978, "Contractionary Effects of Devaluation", *Journal of International Economics*, Vol. 8, 445 – 456.

[126] Krugman, P. R., 1989, "Exchange – Rate Instability", *Cambridge, MA: MIT Press*, Vol. 28.

[127] Lane, P. R., 2001, "The New Open Economy Macroeconomics: A Survey", *Journal of International Economics*, Vol. 54, 235 – 266.

[128] Lebow, D. E., 1993, "Import Competition and Wages: The Role of the Nontradable Goods Sector", *The Review of Economics and Statistics*, 552 – 558.

[129] Leiderman, L. and H. Bar – Or, 2000, "Monetary Policy Rules and Transmission Mechanisms under inflation Targeting in Israel", *Central Bank of Chile*.

[130] Trevino, L. J., J. D. Daniels and H. Arbeláez, 2002, "Market Reform and FDI in Latin America: An Empirical Investigation", *Transnational Corporations*, Vol. 11, 29 – 48.

[131] Levy – Yeyati, E. and F. Sturzenegger, 2001, "To Float or to Trail: Evidence on the Impact of Exchange Rate Regimes", Working paper, *Universidad torcuato Di Tella*.

[132] Lizondo, J. S. and P. J. Montiel, 1989, "Contractionary Devaluation in Developing Countries: an Analytical Overview", *IMF Staff Papers*, Vol. 36, 182 – 227.

[133] Longin, F. M., 2000, "From Value at Risk to Stress Testing: The Extreme Value Approach", *Journal of Banking and Finance*, Vol. 24, 1097 – 1130.

[134] MacDonald, R., 1993, "Long – Run Purchasing Power Parity: Is It for Real?" *The Review of Economics and Statistics*, 690 – 695.

[135] Mann, C. L., 1986, "Prices, Profit Margins, and Exchange Rates", *Fed. Res. Bull.*, Vol. 72, 366.

[136] Marquez, J., 1990, "Bilateral Trade Elasticities", *The Review of Eco-*

nomics and Statistics, 70 - 77.

[137] Marston, R. C. , 1989, "Real Exchange Rates and Productivity Growth in the United States and Japan", in S. Arndt and J. D. Richardson eds. , *Real Financial Linkages among Open Economies*, Cambridge: MIT Press, 71 - 96.

[138] Martens, M. , P. Kofman and T. C. Vorst, 1998, "A Threshold Error - Correction Model for intraday Futures andindex Returns", *Journal of Applied Econometrics*, Vol. 13, 245 - 263.

[139] Martínez - Zarzoso, Inmaculada and Felicitas Nowak - Lehmann, 2003, "Augmented Gravity Model: An Empirical Application to Mercosur - European Union Trade Flows", *Journal of Applied Economics*, Vol. 6, 291 - 316.

[140] MacCarthy, J. , 2000, "Pass - Through of Exchange Rates and Import Prices to Domestic inflation in some Industrialized Economies", Staff Report, Federal Reserve Bank of New York, No. 111.

[141] McCloskey, D. N. , and J. R. Zecher, 1984, "The Success of Purchasing - Power Parity: Historical Evidence and Its Implications for Macroeconomics", in *A Retrospective on the Classical Gold Standard*, 1821 - 1931 (pp. 121 - 172) . University of Chicago Press.

[142] McCulloch, R. , 1989, "Japanese Investment in the United States", *The Internationalization of US Markets*, 171 - 197.

[143] McDougall, I. A. , 1965, "Non - Traded Goods and the Transfer Problem", *The Review of Economic Studies*, Vol. 32, 67 - 84.

[144] Mendoza, E. and M. Uribe, 1997, "The Syndrome of Exchange - Rate - Based Stabilizations and the Uncertain Durationof Currency Pegs", IF Discussion Paper 548 (Federal Reserve Board, Washington DC) .

[145] Menon, J. , 1993, "Exchange Rate Pass - Through: Australian Imports of Motor Vehicles", *International Economic Journal*, Vol. 7, 93 - 109.

[146] Menon, J. , 1993, "The Pass - Through Puzzle: A Tale of Two Missing Princes?" *Atlantic Economic Journal*, Vol. 21, 88.

[147] Morley, S. A. , 1992, "On the Effect of Devaluation during Stabilization Programs in LdCs", *The Review of Economics and Statistics*, 21 - 27.

[148] Noren R. , 1998, "Industrial Transformation in the Open Economy: A Multi - sectoral View", *Journal of Policy Modeling*, Vol. 20, 111 - 117.

[149] Obstfeld, M. and K. Rogoff, 1996, "Exchange Rate Dynamics Redux", *National Bureau of Economic Research Working Paper Series*, No. 4693.

[150] Ohlin, B. , 1929, "The Reparation Problem: A Discussion", *Economic Journal*, Vol. 39, 172 – 182.

[151] Olivei, G. P. , 2002, "Exchange Rates and the Prices of Manufacturing Products Imported into the United States", *New England Economic Review*, 3 – 18.

[152] Parsley, D. C. and S. J. Wei, 1994, "Insignificant and Inconsequential Hysteresis: the Case of the US Bilateral Trade", *National Bureau of Economic Research Working Paper Series*, No. 4738.

[153] Pearce, I. F. , 1961, "The Problem of the Balance of Payments", *International Economic Review*, Vol. 2, 1 – 28.

[154] Williamson, P. J. , 1986, "Multinational Enterprise Behaviour and Domestic Industry Adjustment under Import Threat", *The Review of Economics and Statistics*, 359 – 368.

[155] Pollard, P. S. and C. C. Coughlin, 2003, "Size Matters: Asymmetric Exchange Rate Pass – Through at the industry Level", *Federal Reserve Bank of St. Louis Working Paper Series*.

[156] Ray, E. J. , 1989, "The Determinants of Foreign Direct Investment in the United States, 1979 – 1985", in *Trade Policies for International Competitiveness* (pp. 53 – 84). University of Chicago Press.

[157] Reinhart, C. M. and K. S. Rogoff, 2004, "The Modern History of Exchange Rate Arrangements: A Reinterpretation", *the Quarterly Journal of Economics*, Vol. 119, 1 – 48.

[158] Revenga, A. L. , 1992, "Exporting Jobs? The Impact of Import Competitionon Employment and Wages in US Manufacturing", *the Quarterly Journal of Economics*, Vol. 107, 255 – 284.

[159] Rezitis, A. N. and A. B. Brown, 1999, "Pass – Through of Exchange Rates and Tariffs in Greek – US tobacco Trade", *Agricultural Economics*, Vol. 21, 269 – 277.

[160] Ricardo, D. and Q. Li, 1819, "The Principles of Political Economy and Taxation", J. M. Dent and Son. London.

[161] Richardson, J. D. , 1978, "Some Empirical Evidence on Commodity Arbitrage and the Law of one Price", *Journal of International Economics*, Vol. 8, 341 – 351.

[162] Rodriguze G. H. and G. G. Diaz, 1995, "Fluctuations Macroeconomic Asian La Economic Peruana", Working Paper, Barco Central de Reserve Del Peni.

[163] Rogoff, K., 1992, "Traded Goods Consumption Smoothing and the Random Walk Behavior of The Real Exchange Rate", *National Bureau of Economic Research Working Paper Series*, No. 4119.

[164] Roldos, J. E., 1995, "Supply – Side Effects of Disinflation Programs", *Staff Papers – International Monetary Fund*, 158 – 183.

[165] Salter, W. E., 1959, "Internal and External Balance: The Role of Price and Expenditure Effects", *Economic Record*, Vol. 35, 226 – 238.

[166] Samuelson, P. A., 1964, "Theoretical Notes on Trade Problems", *The Review of Economics and Statistics*, Vol. 46, 145 – 154.

[167] Stevens, G. V., 1998, "Exchange Rates and Foreign Direct Investment: A Note", *Journal of Policy Modeling*, Vol. 20, 393 – 401.

[168] Sung, H. and H. E. Lapan, 2000, "Strategic Foreign Direct Investment and Exchange - Rate Uncertainty", *International Economic Review*, Vol. 41, 411 – 423.

[169] Swenson, D. L., 1994, "The Impact of US Tax Reform on Foreign Direct Investment in the United States", *Journal of Public Economics*, Vol. 54, 243 – 266.

[170] Tange, T., 1997, "Exchange Rates and Export Prices of Japanese Manufacturing", *Journal of Policy Modeling*, Vol. 19, 195 – 206.

[171] Taussig, F. W., 1917, "International Trade under Depreciated Paper: A Contribution to theory", *The Quarterly Journal of Economics*, Vol. 31, 380 – 403.

[172] Taussig, F. W., 1920, "Germany's Reparation Payments", *The American Economic Review*, Vol. 10, 33 – 49.

[173] Taylor, J. B., 2000, "Low Inflation, Pass – Through, and the Pricing Power of Firms", *European Economic Review*, Vol. 44, 1389 – 1408.

[174] Tiao, G. C. and R. S. Tsay, 1994, "Some Advances in Non – Linear and Adaptive Modelling in Time – Series", *Journal of Forecasting*, Vol. 13, 109 – 131.

[175] Tong, H., 1978, "On a Threshold Model", *Sijthoff and Noordhoff*, No. 29, 575 – 586.

[176] Uribe, M., 1997, "Exchange – Rate – Based inflation Stabilization: the initial Real Effects of Credible Plans", *Journal of Monetary Economics*, Vol. 39, 197 – 221.

[177] Viaene, J. M. and C. G. De Vries, 1992, "International Trade and Exchange Rate Volatility", *European Economic Review*, Vol. 36, 1311 – 1321.

[178] Viaene, J. M. and C. G. De Vries, 1992, "On the Design of invoicing Practices in International Trade", *Open Economies Review*, Vol. 3, 133 – 142.

[179] W. Swan, T., 1960, "Economic Control in a Dependent Economy", *Economic Record*, Vol. 36, 51 – 66.

[180] Wang, K. L. and C. S. Wu, 1999, "Exchange Rate Pass – Through and industry Characteristics: the case of Taiwan's exports of midstream petrochemical products", In *Changes in Exchange Rates in Rapidly Developing Countries: Theory, Practice, and Policy Issues* (*NBER – EASE volume* 7) (pp. 211 – 234). University of Chicago Press.

[181] Woo, W. T. and P. Hooper, 1984, "Exchange Rates and the Prices of Nonfood, Nonfuel Products", *Brookings Papers on Economic Activity*, Vol. 2, 511 – 536.

[182] Wu, Y., 1996, "Are Real Exchange Rates Nonstationary? Evidence from a Panel – Data Test", *Journal of Money, Credit and Banking*, Vol. 28, 54 – 63.

[183] Yang, J., 1997, "Exchange Rate Pass – Through in US Manufacturing industries", *Review of Economics and Statistics*, Vol. 79, 95 – 104.

[184] Yang, Y. Y. and M. Hwang, 1994, "Price Behavior in Korean Manufacturing", *the Review of Economics and Statistics*, 461 – 470.

[185] Yousefi, A. and T. S. Wirjanto, 2003, "Exchange Rate of the US Dollar and the J Curve: the Case of Oil Exporting Countries", *Energy Economics*, Vol. 25, 741 – 765.

[186] 毕玉江、朱钟棣：《人民币汇率变动的价格传递效应——基于协整与误差修正模型的实证研究》，《财经研究》，2006 年第 7 期。

[187] 毕玉江：《人民币汇率变动对中国进口商品价格的传递效应——基于 VECM 的实证研究》，《数量经济技术经济研究》，2008 年第 8 期。

[188] 卜永祥：《人民币汇率变动对国内物价水平的影响》，《金融研究》，2001 年第 3 期。

[189] 陈彪如：《人民币汇率研究》，上海：华东师范大学出版社，1992 年版。

[190] 陈国伟、夏江：《人民币实际汇率变动对总产出影响的实证分析》，《经济科学》，2002 年第 4 期。

[191] 陈华、李波：《人民币汇率波动对我国经济影响的实证分析》，《渝州大学学报》，2000 年第 3 期。

[192] 陈浪南、何秀红、陈云：《人民币汇率波动的价格传导效应研究》，《国际金融研究》，2008 年第 6 期。

[193] 陈平、黄健梅：《我国出口退税效应分析：理论与实证》，《管理世界》，2003 年第 12 期。

[194] 戴祖祥：《我国贸易收支的弹性分析》，《经济研究》，1997 年第

7期。

[195] 丁剑平、鄂永健：《实际汇率、工资和就业——对中国贸易部门和非贸易部门的实证研究》，《财经研究》，2005年第11期。

[196] 杜进朝：《汇率变动与贸易发展》，上海：上海财经大学出版社，2004年版。

[197] 范言慧、宋旺：《实际汇率对就业的影响——中国制造业总体的经验分析》，《世界经济》，2005年第41期。

[198] 傅建设：《从基本假定看马歇尔—勒纳条件的内在缺陷及其实际应用》，《世界经济研究》，1997年第1期。

[199] 谷克鉴：《中国对外贸易发展中的竞争政策选择》，《中国社会科学》，2000年第3期。

[200] 何新华、吴海英、刘仕华：《人民币汇率调整对中国宏观经济的影响》，《世界经济》，2003年第11期。

[201] 黄菁、赖明勇：《加工贸易与中国经济增长的经验研究》，《云南财经大学学报》，2005年第5期。

[202] 黄素章：《人民币升值对我国劳动密集型产业的影响分析》，江西财经大学，硕士论文，2007年。

[203] 黄万阳：《人民币实际汇率与经济增长关系的实证研究》，《大连海事大学学报（社会科学版）》，2005年第2期。

[204] 姜凌、韦伟：《论人民币汇率机制改革的产业转移与结构优化效应——以四川省为例的分析》，《天府新论》，2007年第2期。

[205] 居励：《汇率变动对工资和就业结构影响的实证分析》，《世界经济研究》，2007年第9期。

[206] 李敏：《人民币实际有效汇率与经济增长》，武汉大学硕士论文，2005年。

[207] 李未无：《实际汇率与经济增长：来自中国的证据》，《管理世界》，2005年第2期。

[208] 李小云、李鹤：《人民币升值对农业经济的影响——以大豆为例的可能性分析》，《农业经济问题》，2005第1期。

[209] 李颖：《人民币汇率变动对进口价格传导效应的实证研究》，《经济评论》，2008年第5期。

[210] 李质仙、张维文：《人民币升值对纺织行业及重点公司影响的定量化研究》，国泰君安证券研究所，2004年10月。

[211] 厉以宁、秦宛顺：《中国对外经济与国际收支研究》，北京：国际文

化出版有限公司，1991年版。

[212] 廖国民、郑东：《人民币汇率变动对经济增长的影响分析》，《金融经济》，2006年第8期。

[213] 刘志忠、王耀中：《加工贸易对我国经济增长作用的实证研究》，《财经理论与实践》，2003年第11期。

[214] 刘紫荻、陈瑜：《浅析人民币升值对我国纺织业的影响》，《商场现代化》，2005年第7期。

[215] 隆国强：《加工贸易——工业化的新道路》，北京：中国发展出版社，2003年版。

[216] 卢万青、陈建梁：《人民币汇率变动对我国经济增长影响的实证研究》，《金融研究》，2007年第2期。

[217] 罗兴武、蔡宜斌：《加工贸易对我国经济增长作用的实证研究》，《对外经贸实务》，2002年第5期。

[218] 罗忠州：《论本币升值对国内物价的影响途径》，《广东金融学院学报》，2008年第6期。

[219] 马君潞、郭廓：《发展非贸易部门对缓解贸易顺差及货币升值的作用》，《世界经济》，2008年第4期。

[220] 裴长洪、高培勇：《出口退税与中国对外贸易》，北京：社会科学文献出版社，2008年6月版。

[221] 彭茸、胡文红：《人民币汇率变动对中国经济增长影响的实证分析》，《金融与经济》，2008年第3期。

[222] 秦晓钟：《人民币汇率变动对外商直接投资的影响》，《江苏统计》，1998年第1期。

[223] 盛斌、马涛：《中间产品贸易对中国劳动力需求变化的影响：基于工业部门动态面板数据的分析》，《世界经济》，2008年第3期。

[224] 宋旺、钟正生：《我国贸易回滞的实证分析》，《管理科学》，2003年第6期。

[225] 孙楚仁、沈玉良、赵红军：《加工贸易和其他贸易对经济增长贡献率的估计》，《世界经济研究》，2006年第3期。

[226] 孙立坚、江彦：《关于"通缩出口"论的检验：中、日、美三国比较》，《管理世界》，2003年第10期。

[227] 万解秋、徐涛：《汇率调整对中国就业的影响——基于理论与经验的研究》，《经济研究》，2004年第2期。

[228] 王晨钟：《加工贸易对我国经济增长影响的实证分析》，《现代财经》，

2005年第8期。

[229] 王根蓓：《汇率调整、定价模式与出口加工企业盈利能力——汇率调整微观效应的弹性分析》，《世界经济》，2008年第7期。

[230] 王勇、赵波：《加工贸易与中国经济增长》，《对外经贸实务》，2006年第5期。

[231] 吴玉兰：《人民币实际有效汇率对我国加工贸易的影响研究》，湖南大学硕士论文，2007年。

[232] 谢建国、陈漓高：《人民币汇率与贸易收支：协整研究与冲击分解》，《世界经济》，2002年第2期。

[233] 许梅恋：《人民币升值对降低我国贸易顺差的作用分析——基于不同贸易方式的分析》，《国际贸易问题》，2008年第1期。

[234] 许少强：《东亚经济体的汇率变动》，上海：上海财经大学出版社，2002年版。

[235] 荀青：《人民币实际有效汇率与外商直接投资关系研究——基于1996~2005年季度数据》，《金融经济》，2006年第11期。

[236] 闫国庆、陈丽静：《加工贸易对我国经济增长作用的实证分析》，《国际经贸探索》，2005年第3期。

[237] 杨帆：《透视汇率：兼论非均衡市场与中国涉外经济、股票和房地产》，北京：中国经济出版社，2005年版。

[238] 姚大庆：《汇率波动对国际贸易的影响——基于出口加工企业的微观视角》，《当代财经》，2007年第10期。

[239] 叶志英：《外汇风险与跨国公司FDI模式选择》，《国际商务研究》，2003年第7期。

[240] 于津平：《汇率变化如何影响外商直接投资》，《世界经济》，2007年第4期。

[241] 于津平、赵佳：《人民币——美元汇率与中国FDI利用关系的实证分析》，《世界经济研究》，2007年第12期。

[242] 俞乔：《论我国汇率政策与国内目标的冲突与协调》，《经济研究》，1999年第7期。

[243] 喻春娇、喻美辞：《关于加工贸易的经济增长效应的再考察》，《北方经贸》，2005年第1期。

[244] 喻卫斌、苏国强：《人民币升值对广东加工贸易影响的实证研究》，《南方金融》，2006年第1期。

[245] 袁东明：《回滞理论及其在当代西方经济学中的应用》，《经济评论》，

2003年第2期。

［246］詹姆斯·米德:《国际收支》,上海:上海译文出版社,1985年版。

［247］张伟科、韩娇:《汇率调整对中国对外贸易及引进外资的影响》,《黑龙江对外贸易》,2006年第7期。

［248］张学毅:《汇率波动与经济增长的关系——基于实际有效汇率的分析》,《中南财经政法大学学报》,2006年第6期。

［249］郑恒、董波:《浙粤两省一般贸易、加工贸易与经济增长的比较分析》,《统计与预测》,2003年第6期。

［250］周呈奇:《人民币汇率改革与产业升级》,《广西社会科学》,2007年第7期。

［251］邹闻、潘国陵:《外国直接投资与人民币汇率间的相互影响》,《中国纺织大学学报》,1998年第6期。

后　记

本书是在谭秋梅博士学位论文的基础上完善而成的，也是三个项目的最终成果，从酝酿、构思、写作到修改，历时四年有余。期间得到了中山大学岭南学院内外许多同仁的帮助。金融系连玉君老师为本书的实证研究慷慨地提供了 TAR 的原程序，使研究更加顺利；世界经济专业博士生殷明明同学补充撰写了本书第三章第五节第一部分"可贸易品部门汇率变动与就业关系的实证研究"和第七章第三节第一部分"汇率变动与就业的经验分析"的内容，并负责本书的数据更新和后期整理工作，使得本书的研究更加完善。香港城市大学金融系的 Cai Jun 教授、纽约城市大学的 Wang Tao 教授为本书的写作提供了诸多建设性的意见；原美国花旗银行战略分析部副总裁，现纽约州立大学商学院、数学学院兼物理学院教授 Wang Jin 教授在本书的写作过程中也给予了很大帮助。他们的辛勤付出、提出的问题和意见为本书的撰写带来了莫大的裨益，在此表示由衷的谢意。

本书的付梓，离不开中山大学岭南（大学）学院资金上的大力支持，对此深表感谢。此外，感谢本书的责任编辑、经济管理出版社的王光艳女士对本书出版所付出的辛勤劳动，特别感谢她对本书在交稿时限上的一再宽容，使我们有更多时间对本书进行修改和完善。

本书内容和方法有些创新之处，也自认能成一套完整的理论分析体系。然而，由于水平有限，纰漏甚至错误之处在所难免，恳望读者向作者不吝赐教，以使本书的质量不断提高。联系方式：yinmm@hotmail.com。

谭秋梅　陈平
2013 年 8 月 30 日于广州康乐园